【企画展】

伊勢と出雲

ISE and IZUMO

島根県立古代出雲歴史博物館
Shimane Museum of Ancient Izumo

会期　令和五年十月十三日（金）～十二月十日（日）
会場　島根県立古代出雲歴史博物館
主催　島根県立古代出雲歴史博物館、島根県古代文化センター
後援　朝日新聞松江総局、産經新聞社、日本経済新聞社松江支局、
毎日新聞松江支局、読売新聞松江支局、中国新聞社、
山陰中央新報社、島根日日新聞社、新日本海新聞社、
共同通信社松江支局、時事通信社松江支局、ＮＨＫ松江放送局、
ＴＳＫさんいん中央テレビ、テレビ朝日松江支局、日本海テレビ、
ＢＳＳ山陰放送、エフエム山陰、出雲ケーブルビジョン、
山陰ケーブルビジョン、ひらたＣＡＴＶ株式会社

ごあいさつ

「神風の伊勢」と「八雲立つ出雲」。対比的にとらえられることの多いこの二つの地域は、古代より神々の聖地とされてきました。そのような地域像には、伊勢神宮と出雲大社の存在が大きく影響しています。

伊勢神宮は天照大神を祀る皇大神宮（内宮）と、食物の生産を司る豊受大神宮（外宮）を核に、合計一二五の神社からなっています。古くは天皇以外のお供えを禁じた「私幣禁断の制」が敷かれ、皇祖神を祀る至高の存在とされてきました。一方の出雲大社は国作りをおこなった大国主神を祀り、地方の神社でありながら国造出雲臣氏が宮中で祝詞を奏するなど、特異な霊力を具えた神社とされていました。このように伊勢神宮と出雲大社はまったく性格の異なる神社ではありますが、ともに朝廷・幕府や権力者の崇敬を得ながら造営・遷宮が繰り返されてきました。とりわけ江戸時代になると、御師による布教活動によって全国に信仰が広まり、庶民にとって憧れの参詣地となっていきます。

本企画展は、島根県古代文化センターが令和二〜五年度に実施したテーマ研究事業「出雲と伊勢」の成果を公開するものです。両地域の歴史的風土に焦点を当て、伊勢神宮・出雲大社の祭儀と造営遷宮の歴史をひもとき、さらに近世の参詣文化と信仰に着目することによって、今日に引き継がれる聖地としての伊勢像・出雲像が全国に広まって行く過程を明らかにします。

今年は、平成二十五年におこなわれた伊勢神宮第六二回式年遷宮・出雲大社平成の大遷宮からちょうど十年の節目の年です。この企画展を通じて、伊勢と出雲という個性豊かな二つの地域の歴史文化の魅力を感じていただければ幸いです。

終わりに、本企画展に貴重な文化財を出品いただきました神宮をはじめとする御所蔵者の皆さま、また研究事業に御指導・御協力をいただいた客員研究員をはじめとする皆さまに深く御礼を申し上げ、ご挨拶といたします。

令和五年十月

島根県立古代出雲歴史博物館　館長　多根　純

謝辞

本展の開催ならびに本書の作成にあたり、貴重な宝物・文化財を出品いただいた所蔵者をはじめとする左記の方々に多大な御協力をいただきました。厚く御礼申し上げます。

協力機関

神宮司庁、神宮文庫、神宮徴古館
出雲大社、出雲大社教、出雲教北島国造館
出雲弥生の森博物館、出雲文化伝承館、伊勢市文化政策課、伊勢市教育総務課、伊勢古市参宮街道資料館、伊勢市立修道小学校、伊勢志摩国立公園協会、内神社、大阪歴史博物館、（株）大林組、斎宮歴史博物館、志摩市歴史民俗資料館、杉本哲郎顕彰会、島根県立図書館、津市教育委員会、手銭美術館、鳥羽市教育委員会、鳥羽市立海の博物館、二見興玉神社、佛谷寺、松江歴史館、三重県総合博物館、三重県埋蔵文化財センター、南伊勢町教育委員会、明和町斎宮跡・文化観光課、本居宣長記念館、八代神社、山辺神社

協力者

吾郷和史、家原孝史、井田もも、伊藤純、稲積和夫、稲積祐爾、稲積量子、乾哲也、上村安生、榎村寛之、大前優子、大森拓土、小川倫太郎、長田圭介、笠井今日子、金子清郎、川部浩司、工藤正弘、窪寺恭秀、栗原礼子、黒澤保夫、小林秀、坂口泰章、佐々木杏里、笹田遥子、塩川哲朗、滋野峻、新庄正典、杉本太郎、須山麻美、世古富保、髙橋重宗、俵和馬、豊田祥三、錦織洋、西村忠臣、西山杏奈、野田幸範、服部英世、濱口憲子、東博武、平岡邦彦、平賀大蔵、深田一郎、藤原雄高、藤原好康、藤森馨、穂積裕昌、松田茜、村井紀子、村川立美、村木一弥、山田拓也、山本真示、山本翔麻（以上、敬称略・五十音順）

凡　例

◆本書は島根県立古代出雲歴史博物館令和五年度企画展「伊勢と出雲」の展示図録である。
◆本図録の図版番号は展示の列品番号と一致する。
◆重要文化財は◎、県指定文化財は●で表記した。
◆本書に掲載する写真の提供元は巻末一覧に明示した。
◆本展の実施体制は次のとおりである。

［総務担当］　髙橋直之（総務部長）
三成陽子（調整監／広報総括）
土屋寿子（主幹／総務担当）
濱田沙矢佳（会計年度任用職員）

［学芸担当］　品川知彦（学芸部長）
松尾充晶（専門学芸員／主担当）
岡　宏三（専門学芸員）
濱田恒志（専門学芸員）
平石　充（（兼）主席学芸員）
橋本　剛（（兼）主任学芸員）
田村　亨（（兼）主任学芸員）

［交流普及スタッフ／関連行事担当］
守岡正司（調整監）
中川　寧（専門学芸員）
藤原宏夫（専門学芸員）
下澤　望（主事）
今岡仁美（会計年度任用職員）

［展示企画］　有限会社ササキ企画　柳澤澄
［広　　報］　ミュージアムいちばた
［広報制作］　福代亜寿男（ミュージアムいちばた）
［美術輸送］　株式会社日本通運松江営業所
［図録印刷］　株式会社谷口印刷

◆本展にかかる研究体制は次のとおりである。
島根県古代文化センター　テーマ研究事業
「出雲と伊勢」（令和二～五年度）

［客員研究員］
藤森　馨（国士舘大学文学部教授）
榎村寛之（斎宮歴史博物館主査）
穂積裕昌（三重県埋蔵文化財センター所長）
塩川哲朗（皇學館大学神道研究所助教）

［研究担当］
品川知彦、岡宏三、平石充、久保田一郎、
松尾充晶、濱田恒志、吉松大志、橋本剛、田村亨

◆本書の執筆・編集は、担当者の協力を得て松尾がおこなった。

◇正式名称は「神宮」であるが、一般的に知られる「伊勢神宮」の呼称を併用した。また「杵築大社」は「出雲大社」と表記を統一した。
◇神名表記は「天照大神」「大国主神」に統一し、その他は史料中の表記などを適宜用いた。

目次

序章

神話が語る、鎮座の由来

奈良時代の『古事記』『日本書紀』には、伊勢神宮・出雲大社がどのようにして創建されたのか、その経緯が詳しく語られている。すべての出発点は、『古事記』『日本書紀』にあったのだ。

上：伊勢神宮　内宮（皇大神宮）御正殿　　写真提供：神宮司庁
下：出雲大社　御本殿　　写真提供：出雲大社

出雲大社の創建神話

第七幅「大国主神の物語」　Photo : Gakken/DNP artcom

◆我が国最古の歴史書『古事記』で語られる神話において、出雲大社の主祭神である大国主神は極めて重要な役割を果たす。同神は、八十神《やそがみ》の迫害、須佐能男命の試練を乗り越えて、少名毘古那神《すくなびこなのかみ》とともに、国を作り堅め成した。葦原中国の国土創成を果たした、国作りの主役とされている。

◆葦原中国は我が御子が治めるべき、との天照大神の命により進められたのが、いわゆる「国譲り」である。その際、大国主神が国を譲る代償として求めたのが自らの住まい、すなわち出雲大社の建立であった。神話の基本構造は『日本書紀』でも同様であり、「天日隅宮」という立派な社殿を建てること、その祭祀を天穂日命《あめのほひのみこと》（=出雲国造の祖神）が司ること、などが示される（第九段一書第二）。国土造成神である大国主神が国を譲った、という建国神話を実体化したのが出雲大社である。国の成り立ちに関わる特別な存在だったのである。

1 古事記絵詞《こじきえことば》
・第七幅「大国主神の物語」
・第八幅「国譲り物語」

二幅
江戸時代
縦一二七・五×横五六・五センチ
山辺神社（島根県江津市）

『古事記』上巻（天地初発から神武天皇即位まで）の神話を、十幅の絵画に仕立てた稀有な作品。上から下へと物語が進んでいく。ことば書きはなく、登場する神名のみが小さく記される。

今回展示するのは、大国主神が登場する二幅。第七幅は神の系譜から国作り、根《ね》の堅州《かたす》国《くに》での試練まで、第八幅が国譲りである。

作者の款記・印章は無いが、所蔵する山辺神社の伝によれば、出雲を代表する絵師、堀江友聲《ほりえゆうせい》（一八〇二〜七三）が文政九（一八二六）年頃に、同社祠官の高橋家に逗留して制作した作品とされる。友聲は緻密な花鳥画に優れ、地元では著名な絵師である。本品のような神話絵画、それも絵巻風のものは類例が無く、作者、制作の経緯は謎が多い。

第八幅「国譲り物語」　Photo : Gakken/DNP artcom

天孫降臨

伊勢神宮の創祀伝承

伊勢神宮鎮座の経緯

2 国史絵画

・「天孫降臨《てんそんこうりん》」 ※展示は高精細複製

昭和十年代／狩野探道画

縦一三三・五×横一〇九・五センチ

（原画：縦一八一・〇×横一五一・〇センチ）

神宮徴古館（三重県伊勢市）

・「皇大神宮奉祀《こうたいじんぐうほうし》」

昭和十年代／矢沢弦月画

縦一一〇・〇×横一三四・〇センチ

（原画：縦一五一・〇×横一八二・〇センチ）

神宮徴古館（三重県伊勢市）

国史絵画は昭和八年の皇太子（現在の上皇陛下）御誕生を記念し、東京府（当時）による奉祝事業として制作された七八点からなる絵画群である。国史上の重要場面を、五五名の画家が描き、昭和十七年に完成した。今回は、ひとまわり縮小した高精細複製画を展示する。

「天孫降臨」は狩野探道《かのうたんどう》（一八九〇～一九四八）の代表作である。国譲りの後、天照大神が「この鏡を私だと思って祭るように」（『日本書紀』第九段一書第二）と言って授けた宝鏡（八咫鏡）を奉持して、瓊瓊杵尊《ににぎのみこと》が天降る場面を描く。

矢沢弦月《やざわげんげつ》（一八八六～一九五二）による「皇大神宮奉祀」は、皇大神宮（内宮）御正殿に鎮まった天照大神を、霞がたつ中で倭姫命《やまとひめのみこと》が拝する情景を描く。

◆伊勢神宮は皇祖神、天照大神を祭る内宮《ないくう》（皇大神宮《こうたいじんぐう》）と、天照大神の食物を司る豊受大神を祭る外宮《げくう》（豊受大神宮）を中核とする。その創祀の経緯は『日本書紀』に次のように記される。

◆天孫降臨以来、第一〇代崇神天皇六年までの間、天照大神は天皇の御殿内で祭られていた。しかし神威があまりに強大で畏く、天皇が安らかでなかったため、豊鍬入姫命《とよすきいりひめのみこと》に託して、倭の笠縫邑《かさぬいむら》に遷し祭ることになった。

◆さらに垂仁天皇二十五年、天照大神は皇女、倭姫命に託されて適切な鎮座地を求める旅路に就く。菟田《うだ》の筱幡《ささはた》（現奈良県宇陀市）、近江、美濃を経て伊勢国に至ったところ、天照大神が「是の国に居ようと思う」と倭姫命に告げ教えた。そこで、その教えのとおり、五十鈴川《いすずがわ》の川上に「磯宮《いそのみや》」を建てた。これが『日本書紀』が述べる内宮のはじまりである。

◆一方、外宮の創祀については『日本書紀』に記述が無く、『等由気《とゆけ》太神宮儀式帳』（列品35）に次のようにある。雄略天皇の夢に天照大神があらわれて、自らの食事を安らかにするため、丹波国の比治の真名井に鎮座する御饌都《みけつ》神、等由気大神を側に置きたい、と神託した。そこで天皇は度会《わたらい》の山田原に宮を定めて御饌殿を建て、天照大神の朝夕の食事を日々供えることとした。

◆以上が伊勢神宮（内宮・外宮）の創祀伝承である。高天原から降臨した天孫が、皇祖神天照大神とその食物神を祭る、という点が神宮祭祀の根幹であり、国の成り立ち上、最も重要な神社ということになる。

皇大神宮奉祀

◆鎌倉時代中期（十三世紀後半）頃に、伊勢神宮の外宮祠官が創唱した神道説を伊勢神道という。神は仏の化身にすぎないという本地垂迹説に反発し、神を仏の上位に置く理論を構築して後世の神道思想に多大な影響を与えた。

◆伊勢神道の教典書跡のうち、主要な五冊を「神道五部書《しんとうごぶしょ》」と呼ぶ。そこでは、『日本書紀』と神宮に伝わった古伝承・古記録等をもとにしながら、神宮鎮座の次第が歴史的経緯として述べられている。『日本書紀』・『皇太神宮儀式帳』（列品34）と基本事項は同じだが、独自の内容も多い。

天照太神、倭姫命に誨へて曰たまはく、「是の神風の伊勢国は、即ち常世の浪の重浪帰する国也。傍国の可怜し国也。是の国に居らむと欲ふ」と。故れ大神の教の随に、其の祠を伊勢国に立てたまふ。因りて斎宮を五十鈴川上に興し立つ。是を磯宮と謂ふ。天照太神始めて天自り降ります処也。
〈『日本書紀』垂仁天皇二十五年〉

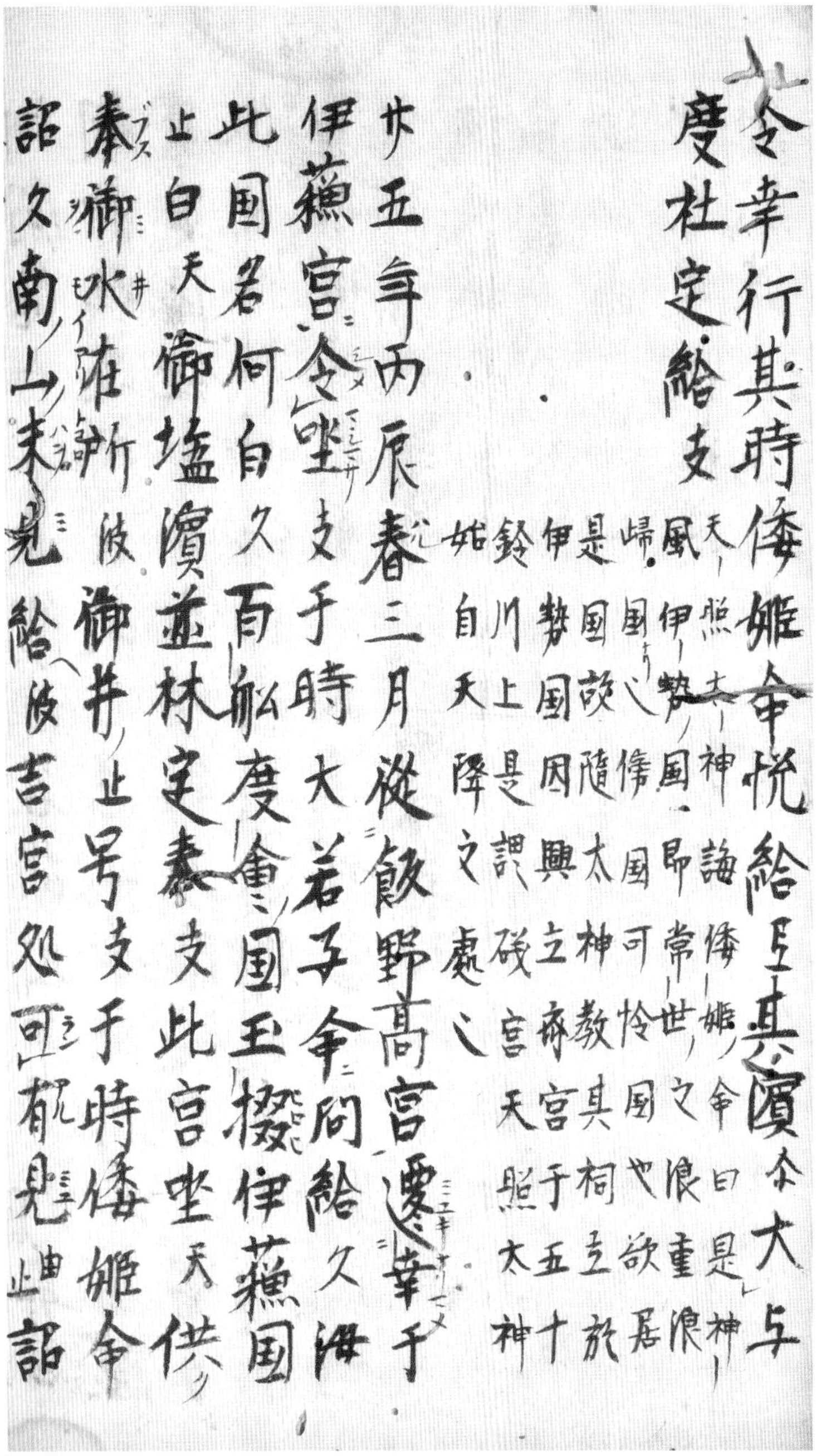
令幸行其時倭姫命悦給且其濱尒大与度社定給支
天照太神誨倭姫命曰是神風伊勢国常世之浪重浪帰国也傍国可怜国也欲居是国故随太神教其祠立於伊勢国因興斎宮于五十鈴川上是謂磯宮天照太神始自天降之処也
廿五年丙辰春三月從飯野高宮遷幸于伊蘓宮令坐支于時大若子命問給久海此国名何白久百船度會国玉掇伊蘓国止白天御塩濱並林定奉支此宮坐天供奉御水雖蘇波御井止号支于時倭姫命詔久南山末見給倍波吉宮処可有見由止詔

天照大神が「伊勢国に居たい」と神託する部分（『日本書紀』からの引用）

常世の浪の重浪帰する国　傍国の可怜し国

3 倭姫命世記《やまとひめのみことせいき》

一冊
鎌倉時代中期成立
貞享四（一六八七）年写本
縦二五・七×横一八・四セチ
内神社（島根県松江市）（当館寄託）

長い巡幸の終盤、伊蘓宮（磯宮）に遷幸する場面で、『日本書紀』にみえる天照大神の宣言が織り込まれている。

この神風の伊勢国は、常世の波がしきりに打ち寄せる国である。大和の傍らにある国で、美しいよい国である。この国におりたいと思う

『倭姫命世記』は神道五部書のひとつ。国譲り・天孫降臨から伊勢の五十鈴川上に鎮座するまでの経緯、雄略二十三年に「自ら尾上山峯に退いて石隠れ坐す」までの、倭姫命の事績が述べられる。命が人々を教え諭した託宣のなかに、「神心は則ち天地の本基…元を元として元の初に入り…仏法の息を屏して、神祇を再拝し奉れ。…須らく正直の項を照らすべし」といった教説が述べられており、これが近世伊勢神道の中核的思想として尊重された。

外宮の神は丹波から　奉遷の由来

4 ●伊勢二所皇太神御鎮座伝記《いせにしょこうたいじんごちんざでんき》

一巻
鎌倉時代中期成立／建武二（一三三五）年写本
縦二六・七×横七三二・三センチ
神宮文庫（三重県伊勢市）

外宮の豊受大神が伊勢に鎮座した経緯を述べた部分。内容は『等由気太神宮儀式帳』（列品35）を元にしたものである。

雄略天皇二十一年（『儀式帳』は二十二年）、倭姫命の夢（『儀式帳』は雄略天皇の夢）に天照大神があらわれて

「私ひとりでは御饌（食事）も安らかに取ることができない。丹波国与佐《よさ》の小見比治《こみひじ》の魚井原《ういはら》に坐す道主《みちぬし》の子、八乎止女《やおとめ》が斎奉る、御饌都神《みけつかみ》（食物を司る神）、止由気《とゆけ》太神を、私が居る伊勢の国に欲しい」

と教え諭された。『日本書紀』の年紀上では、内宮鎮座から四八〇年余りの時間を経た後のこと、と位置付けられている。

『伊勢二所皇太神御鎮座伝記』は「神道五部書」のひとつ。伊勢神道は外宮祠官の度会氏が主唱したものであり、内宮に対する外宮の相対的位置向上を図った側面もある。本史料においても、豊受大神の出現と神徳、天照大神との関係を述べたうえで、両宮の神徳を併述し「両宮は天神地祇の大宗なり」とする。

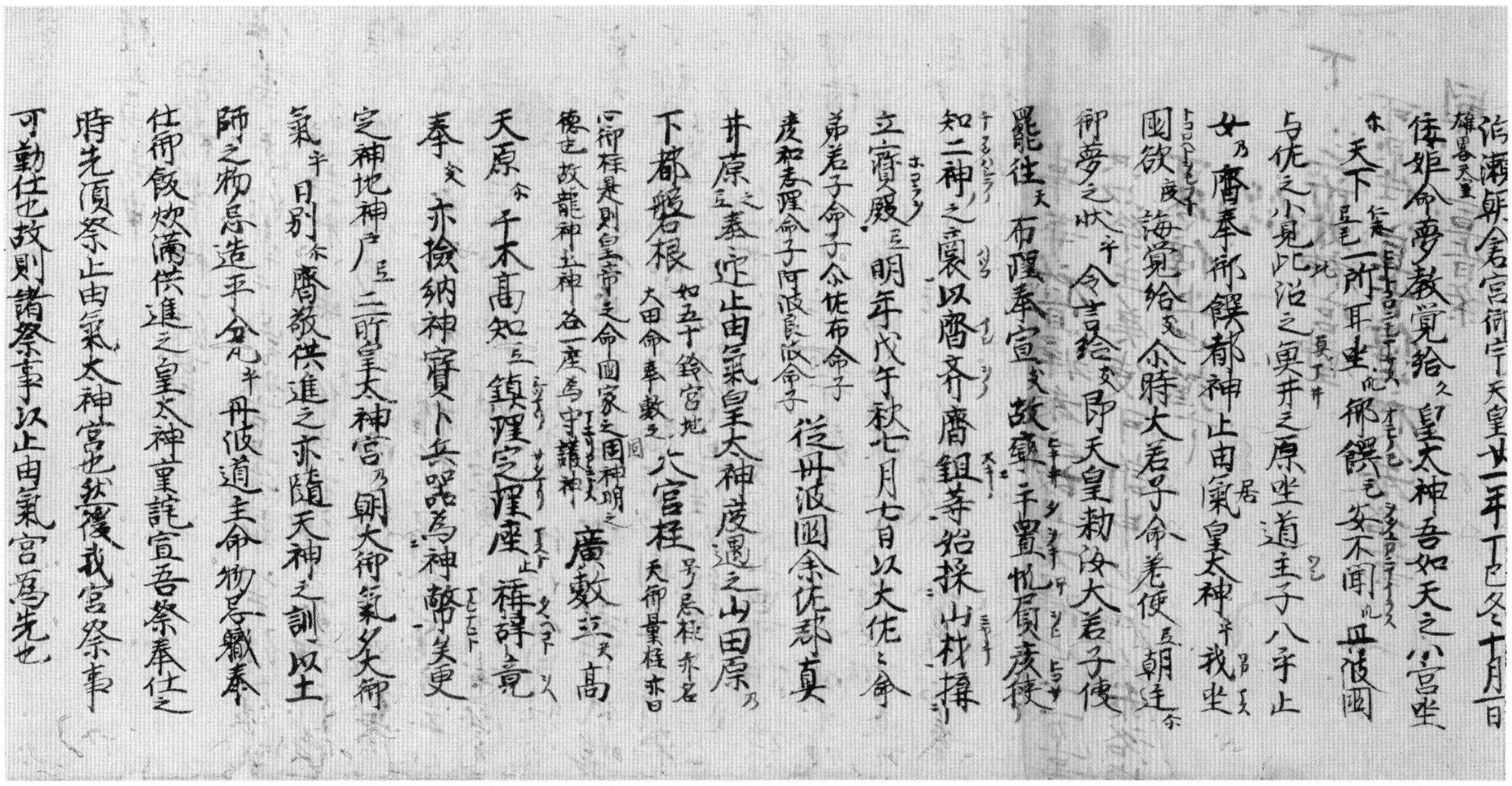

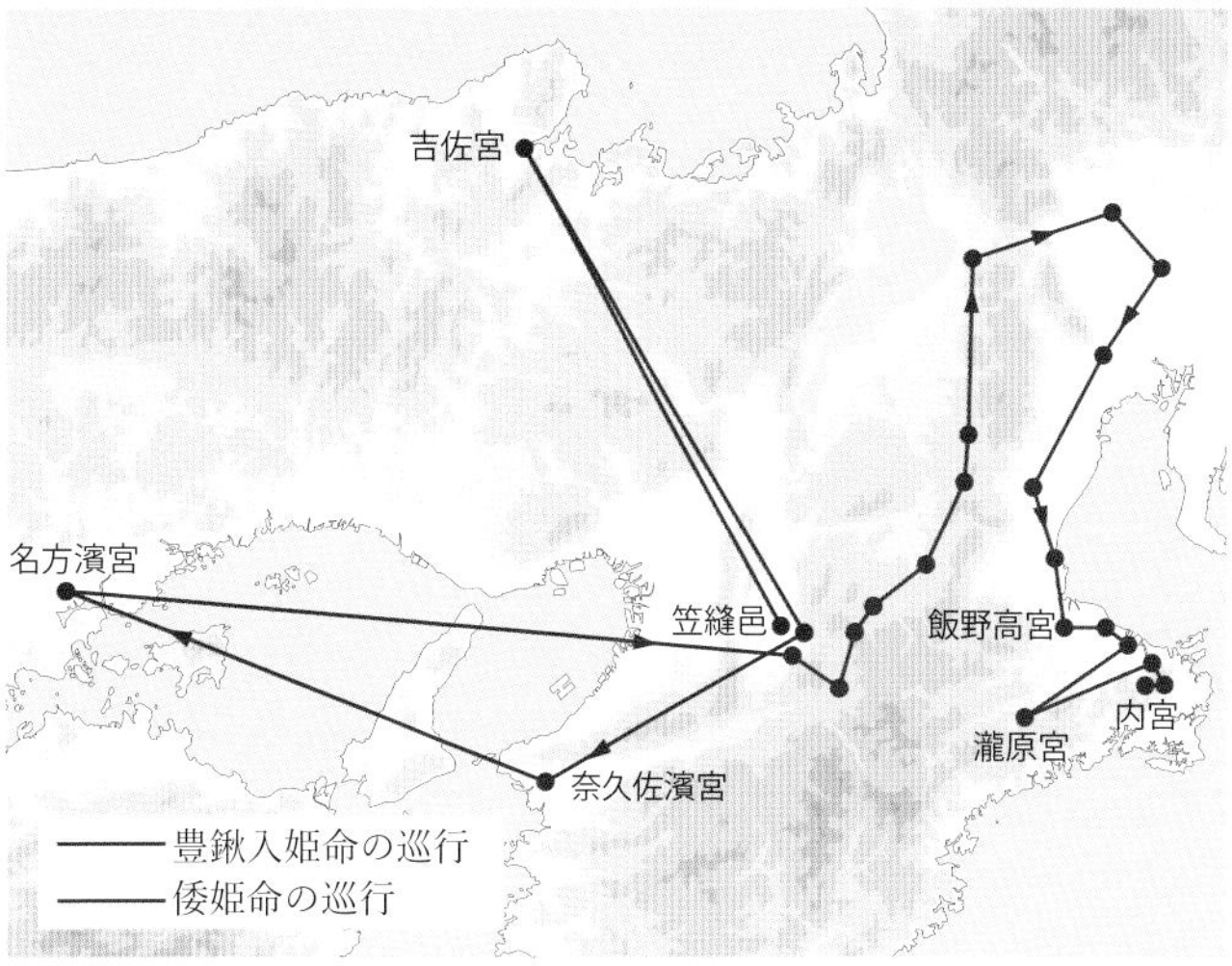

『倭姫命世紀』の巡行経路

◆『日本書紀』、延暦二十三（八〇四）年選録の『皇太神宮儀式帳』（列品34）、鎌倉時代中頃にまとめられた『倭姫命世紀』（列品3）の三者に語られた倭姫命の巡幸ルートは途中の経路に異同が大きい。

◆『倭姫命世紀』では、出発地である笠縫邑から五十鈴川上鎮座に至るまでに八八年を要しており、その間に二四箇所の宮（天照大神の滞在地）がある。滞在地では在地の国造らより神田・神戸が奉られたとされ、それらの地は後の神宮神領と密接な関係がある。丹後籠《この》神社をはじめ、元伊勢伝承が残るところも多い。

『記』『紀』伝承上の出雲

『古事記』『日本書紀』は、国譲り後の出雲をどのような地域として描いているだろうか。須佐能男命・大国主神の一連の神話以降、出雲に関する記述は少ないながらも、個性的な地域として描写される。そのうち、最も良く知られてきたのが「ヤマト王権（朝廷）に制圧される出雲」という図式であろう。

出雲大神の神宝をめぐって

『日本書紀』崇神天皇六十年、天皇は「出雲大神の宮には、出雲臣（国造）の祖、武日照命《たけひなてる》が高天原から将来した神宝が納められている。これを見たい。」とのたまって武諸隅《たけもろすみ》を出雲へ派遣した。神宝を管理していたのは出雲振根《ふるね》であるが、その時は築紫国へ出向いていて不在だったので、その弟、飯入根《いいいりね》が天皇の命に従って神宝を献上した。築紫から帰ってきた出雲振根は、飯入根が神宝を献上したことを聞いて怒り、「何を恐れることがあろう、なぜ、そのようにたやすく神宝を渡してしまったのか!」と弟を責めた。

弟を恨んだ出雲振根は、実物に似せて木で作った刀を腰に佩いて「止屋の淵に、水草がたくさん生えている。一緒に行って見よう」と飯入根を誘い出した。淵に着くと、「水がきれいだ、一緒に水浴びをしよう」という兄の言葉にしたがって、二人は佩いていた刀を解いて水浴びをした。振根が先に水から上がり、弟の本物の刀を取ったので、弟は驚いて兄の刀を取ったが、それは木刀であったので、弟は刀を抜くことができなかった。そして振根は弟、飯入根を撃ち殺した。時の人が歌をよむに、

や雲立つ　出雲梟帥が　佩ける太刀
黒葛多巻き　さ身無しに　あはれ

神宝を献上した際の使者、甘美韓日狭《うましからひさ》・鸕濡《うかづ》渟《くぬ》が、朝廷へこの経緯を報告したので、天皇は吉備津彦と渟河別《ぬなかわわけ》を派遣し、出雲振根を誅殺した。出雲臣の者たちは、この事件を畏れて出雲大神を祭らなかった。

神宝をめぐって出雲側の勢力が朝廷に抵抗し、結果的に制圧されたという構造は、国家統一をはかるヤマト勢力に、出雲が服属する歴史的過程を反映したもの、と捉えられることが多かった。この記事と同様に、天皇が出雲大神の神宝を検

【参考】『古事記』　倭建命と出雲建

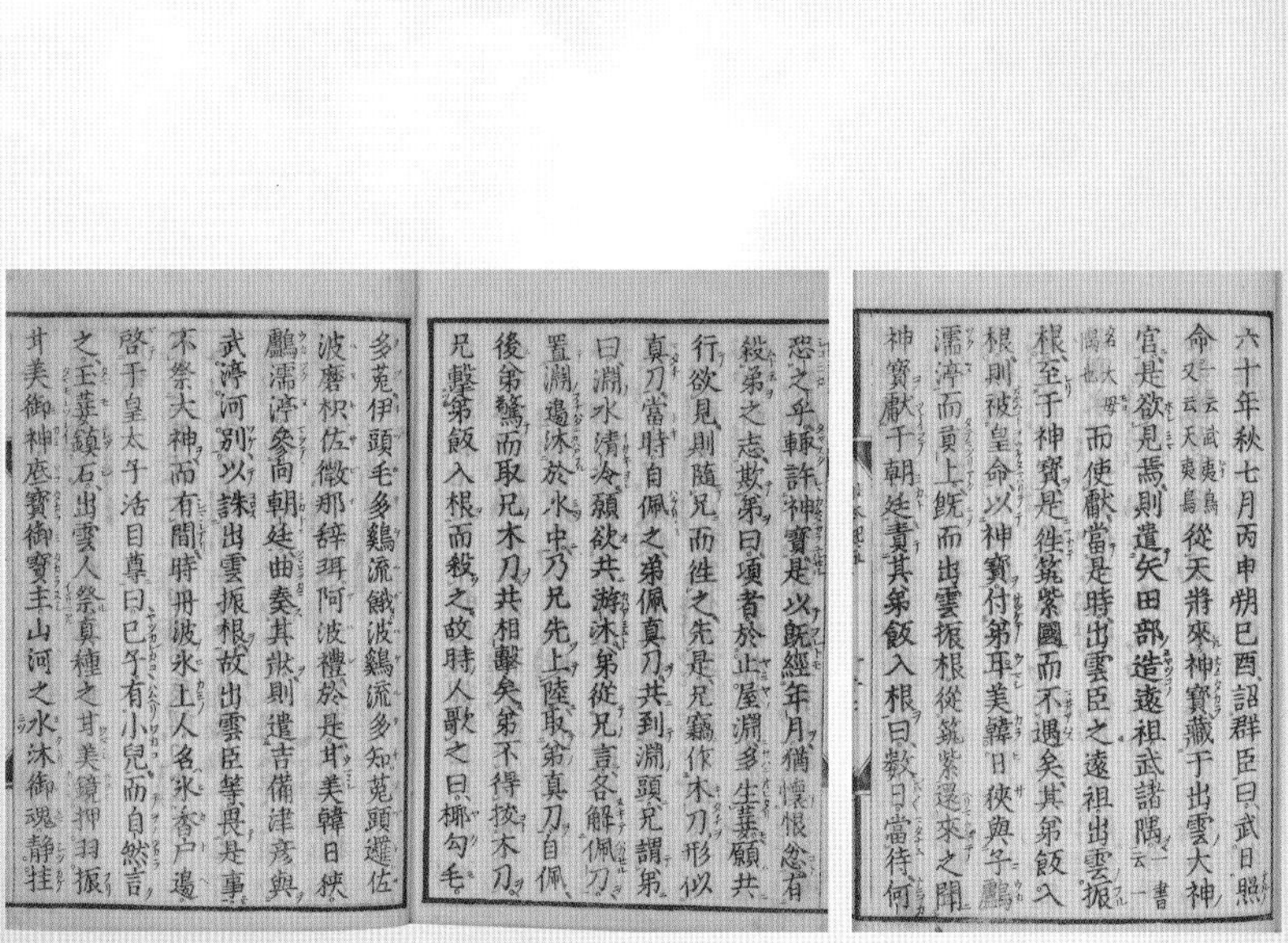

【参考】『日本書紀』　出雲振根と飯入根

校する記事は垂仁天皇二十六年にもみえる。ここでは天皇が物部十千根《とおちね》大連に、「自ら出雲国に行き、神宝を確かめてくるように」と命じ、十千根大連は神宝を掌握した、とある。

抜けない刀
～ヤマトタケルとイズモタケル～

出雲振根が弟、飯入根にニセの刀を持たせて討った、というストーリーと同工異曲の説話が『古事記』に載る。

景行天皇の代、天皇の御子である倭建命《やまとたける》は熊《くま》曽《そ》建を討伐した帰り、出雲建を殺そうと企て出雲国に入った。まず出雲建と親しくなり、自分は木で作った偽物の刀を腰に佩いて、共に肥河に入って水浴びをした。倭建命は先に河から上がって出雲建が脱ぎ置いていた大刀を取り、「刀を取り換えよう」と言った。そこで、遅れて河から上がった出雲建は、倭建命の偽物の刀を腰に佩いた。倭建命が「いざ、刀合わせをしよう」と言って刀を抜いたので、出雲建も抜こうとしたが偽物だったので抜けなかった。倭建命は出雲建を討ち殺した。そして歌うには

やつめさす　出雲建が　佩ける大刀
黒葛多纏き　さ身無しにあはれ

抜けない刀で相手をだましたのが『紀』では出雲側（出雲振根）、『記』では朝廷側（倭建命）という違いはあるが、両者は同じ歌謡を採っており、抜けない刀を以てイズモタケルが誅殺された、という同一の語り伝承に基づくものである。

物言わぬ御子、ホムチワケ

『古事記』『日本書紀』は崇神天皇・垂仁天皇の時代に天皇と神々の関係秩序が進展し整った、という前提で歴史を描いている。その点で、出雲大神と天皇の関係性を示す重要な記事が本牟智和気御子（『紀』誉津別王）の説話である。

垂仁天皇の御子、本牟智和気は成人してあごひげが胸に届くほどになっても、言葉を発することができなかった。これを憂いていた天皇の夢に神が現れ「我が宮を天皇の宮殿のごとく造り修めれば、御子は必ず物を言うであろう。」と言う。占ったところ、御子が話せない理由は出雲大神の御心であった。そこで御子を出雲へ遣わして大神を拝ませた。拝み終えて帰る途上、肥河の中に造った仮宮に留まったとき、その下流で出雲国造の祖が青葉を山のように飾って大神に御饌を奉ろうとしていた。それを見て御子は、「この下流に見える山のような青葉は、山に見えるが山ではない。もしや、葦原色許男《あしはらのしこお》大神（大国主神の異名）を祀る祭場か。」と言葉を発した（しゃべれるようになった）。使者が「大神を拝んだところ、御子は話せるようになりました」と報告したところ、天皇はたいへん喜んで、使者に命じて神の宮を造営させた。

『日本書紀』では垂仁二十三年に同じく物言わぬ御子の記事を載せるが、出雲大神への参拝や神宮造営はなく、出雲で捕獲された鳴鵠《くぐい》（白鳥か）を捧げたところ御子がしゃべれるようになった、とする。

天皇の皇子ホムチワケが話せないのは出雲大神の意思「祟」と捉えられており、その霊威はときに天皇の身辺に、重大な支障を及ぼすことがあった。そのような畏れを解消するためにおこなわれたのが、御子の参拝（天皇による派遣）と「神宮」造営という構造である。実は、ホムチワケと同様の出来事が七世記中頃の歴史的事実として存在した。『日本書紀』は斉明四（六五八）年に、斉明天皇が溺愛する皇孫、建《たける》王が八歳で薨去したことを記す。王はことばが不自由であった。王の死を嘆いた斉明天皇は悲傷歌を残している。そして翌五（六五九）年に「出雲国造に命じて、神の宮を修厳させた」という記事がある。これを、歴史的に最初の出雲大社建造ととらえる見方が強い。伝承性の強いホムチワケ説話

は、歴史上の事実として斉明天皇の時代に再現された。愛する王の夭折を出雲大神の意思と捉えた斉明天皇により、大神を和めるための社殿造営が命じられたのである。天皇は大土木工事を多く実行したことで知られる。出雲大社の高大な社殿は、この時に現実のものとなっていたとする説も有力だ。

説話伝承上の、伊勢と出雲の関わり

ここまで見てきた『古事記』『日本書紀』に描かれる伝承上の出雲像は、出雲大神の霊的世界であり、一方では制圧すべき存在であった。それは天皇・朝廷と出雲との関係であって、伊勢と出雲の直接的な接触あるいは対比といったものではない。

強いて言えば、かすかな痕跡が、前記の倭建命と出雲建の周辺にある。『古事記』では、出雲建を誅殺、出雲を平定した倭建命はその後も、天皇の意にまつろわぬ地方勢力を平定するため大車輪の活躍をする。伊勢神宮に参って、叔母にあたる倭姫命から草那芸剣を与えられる話も、その間に挟まれているものだ。その剣を持たぬまま伊服岐能山（伊吹山）の神を平らげようと出かけ、逆に反撃に遭い衰弱した倭建命は、「私の足は三重に曲がるほど、疲れきってしまった」（＝三重の地名起源）と言って、能煩野《のぼの》に至り、遂に亡くなった。倭建命の魂は白鳥となって、天高く飛んでいった。葬られた能煩野陵は白鳥塚（三重県鈴鹿市石薬師町）あるいは能褒野《のぼの》王塚古墳（同亀山市田村町）に比定されており、伊勢北部（北勢）が、倭建命の没し葬られた地とされる。

出雲は倭建命に平らげられる側の地のひとつ、として登場するだけである。しかし、討たれたはずの出雲建が伊勢に名を残す説話が、『伊勢国風土記』逸文中にみえる。伊勢という国名の起源を語る部分だ。

出雲の神の子、出雲建の子の命（＝伊賀の穴志の社に坐す神）の伊勢都彦神（またの名は天櫛玉命）が、昔、石でもって城《き》を築いてその地におられた。そこへ安倍志彦神が奪おうと来たが勝つことができず退却した。この「石城《いしき》」という語が訛って、伊勢という地名ができた。

出雲の神－（子）出雲建－（子）伊勢都彦神、という系譜が語られている。出雲建とは『古事記』倭建命段のイズモタケルと同名であるが、両伝承の間に直接の関係は考えにくい。しかしながら、伊勢という地名の由来となったイセツヒコの父祖系譜に出雲の勇者と名に負う出雲建、さらに出雲大神があるとする、在地説話が伝承されていたことは注目すべきことである。ここには伊勢の人々が抱いた出雲への観念、が反映されているとみることができよう。

もうひとつの国譲り神話

国ごとに編纂された『風土記』は地誌であり、土地の来歴や、地名の由来を説くために、古老の伝、すなわち土地の神話が採録された。国家の正史として編まれた『日本書紀』との整合を念頭に置きつつも、それとは全く異なる、土地に根差した語りが織り込まれている点が、『風土記』の特徴である。先に見た『伊勢国風土記』逸文に語られる、伊勢という国名の由来も同様である。伊勢を名に負う伊勢都彦神という神は、出雲の神・出雲建に連なり、大国主神と同様に天孫へ国譲りをして去った、という伝承が地域社会に存在した。

ひるがえって天平五（七三三）年に撰進された『出雲国風土記』には、『古事記』『日本書紀』とは微妙に異なる国譲り神話が語られる。

天下をお造りになった大神、大穴持命が越の国の八口を平定して出雲へお帰りになった時、長江山に坐しておっしゃるには、「私が造った国は、皇御孫がお治めになるだろう。ただし、八雲立つ出雲の国は、私が静かに坐す国とし

て、青垣を山に廻らせ玉のように大切にまもろう。」よって、ここを母理郷という。
（意宇郡母理郷条）

『古事記』では、葦原中国を天孫に奉った後の大国主神は、百八十坰手《ももやそくまで》（『紀』は百八十隅）に隠れてしまうのであるが、『出雲国風土記』では神隠れするのではなく、出雲国だけは自身が鎮まる地として大切に護ることを宣言する。『日本書紀』の神話体系と整合がはかられつつも、ここには出雲独自の神話伝承が巧みに埋め込まれているといえる。これは出雲における在地伝承というより、『出雲国風土記』編纂の責任者であった国造出雲臣の主張が織り込まれたものとみるべきだろう。

さらに『出雲国風土記』は出雲大社の造営に関し、神魂命《かみむすひ》（高天原の造化三神）が「天の御量をもって所造天下大神《あめのしたつくらししおおかみ》の宮を造るように」と命じたり（楯縫郡条）、皇神たちが宮地に参集し、所造天下大神のために地面を杵で突き固めた（出雲郡杵築郷条）といった説話を盛り込んでいる。国譲りの代償として「汝が住むべき天日隅宮」（『日本書紀』第九段一書第二）を建てたという国家神話と、在地にある地名起源を融合させつつ、出雲大社の起源にまつわる出雲国造の主張があらわれる部分といえるだろう。

「出雲国造神賀詞」の国譲り神話

天皇の即位・出雲国造の代替わりの際、新たな国造による儀式がおこなわれる。このとき、天皇の前で奏上したのが「出雲国造神賀詞《かんよごと》」であり、その内容は天皇の長寿安寧を言祝ぐものであった。国史上は霊亀二（七一六）年から天長十（八三三）年までの間に一五回の奏上儀礼がおこなわれた記録がある。

出雲国造は「神賀詞」の中で、国譲りの際に自らの祖神である天穂比命とその子、天夷鳥命《あめのひなとり》が大きな功績をあげて活躍したことを述べる。高天原から派遣された天穂比命は、豊葦原の水穂の国が混沌とした世界であることを復命したうえで、皇御孫が治めるために平定して鎮めましょう、と申し上げる。そして子の天夷鳥命に布都《ふつ》怒志《ぬし》命をそえて遣わし、荒ぶる神たちを払い平らげ、大国主神の心を和らげ鎮めた。

この点は『古事記』『日本書紀』における位置付けとは異なり、出雲国造が祖神以来、天皇の統治の為に力を尽くして貢献してきたことを強調する内容となっている。「国の成り立ちは大国主神の国譲りが前提であり、同神が和らいで鎮まっていることが天皇の長久、ひいては国家の安寧に不可欠である。その祭祀を担う出雲国造は、御寿の神宝を捧げて、明つ御神（天皇）が大八島国を安らけく平らけく統治されるよう吉詞を申し上げる。その態度は今だけでなく、国譲りの時点に祖神が体現した恭順と変わることがない。」このように、国譲りの場面を儀礼的に再現することが、「神賀詞」奏上儀礼の趣旨であった。

出雲の存在意義、重要性はあくまで国譲り神話に由来するものであり、出雲大社の創建、大国主神の重要性もそこに帰結する。一方、当初は天皇の宮殿にて祀られていた（同床共殿）皇祖神、天照大神が伊勢の地に鎮座したのは、神話ではなく崇神・垂仁天皇の時代という歴史上の出来事と位置付けられた。豊受大神が丹波から伊勢に遷り外宮が成立したのはさらに下り、雄略天皇の時代（五世紀後半）である。奈良時代の『古事記』『日本書紀』において、出雲大社の鎮座が神話で語られるのに対し、伊勢神宮の鎮座はあくまで歴史的事実、であった。

5 宗教画家が描いた、ヤマトタケル

日本武尊《やまとたける》

一点
昭和五十一（一九七六）年／杉本哲郎画
縦一六二・五×横一五五・五㌢
当館

東国平定に赴いた日本武尊（『記』倭建命）は、相模国で賊（相模国造）に騙されて周りに火を放たれる。そのとき、倭姫命から授かった草薙剣で草を刈り払い、火打ち石で逆向きの火を付けて燃え来る火を退け、どうにか脱出することができた。そして賊をことごとく焼き滅ぼした。これにより、その地が焼津（現静岡県）と名付けられた。

本品は、迫り来る火の中で、剣を抜き振りかぶる日本武尊を描く。作者の杉本哲郎（一八九九～一九八五）は宗教絵画、特に菩薩像をはじめとする仏画で知られる日本画家。インドをはじめアジア各地に渡航し、仏教・ヒンドゥー教の古美術を研究して、精神性の高い独自の仏画様式をなした。作中に時代性を正しく反映させるリアリズムに徹底しており、本品も古墳時代の双龍環頭大刀をモデルに草薙剣を描いている。腰をくねらせた姿勢や腕の所作はヒンドゥーの神を思わせるもので、画家独自の表現である。

第一章
聖地の黎明

大和と伊勢は地理的に近い。ヤマト王権にとって伊勢は海に開け、豊かな海産物を生む、朝日の昇る地であった。
一方の出雲は夕日の沈む地であり、遙か彼方、異界への入口でもある。
両者の歴史風土は、その黎明期から大きく異なっていた。

伊勢と出雲の地勢

◆伊勢は三重県の北中部に相当し、七世紀末に分割・立国されるまでは伊賀・志摩も伊勢国に含まれていた。伊勢湾に面して直線的な海岸線が長く続き、これに沿って広大な伊勢平野が南北に広がっている。鈴鹿山脈・布引山地から流れる河川がつくる段丘上や山麓の台地上で、縄文時代以来の遺跡が多く確認されている。

◆縄文時代の遺跡から関東・瀬戸内・北陸・東海地域系統の土器が出土することが示すように、伊勢は早くから、海岸線に沿って遠隔地の人々が行き来する地域という特性があった。

◆比較的安定した耕地が広い伊勢は生産力が高く、弥生時代以降、規模の大きい集落が展開する。総じて近畿・東海地域との結びつきが強く、銅鐸が大型化する弥生時代後期には、東海地域に多くみられる三遠《さんえん》式銅鐸の分布圏となる。

◆太平洋側を舞台に、伊勢が近畿／東海～関東と盛んな交流を見せるのに対し、出雲は日本海側のネットワークにおいて存在感を発揮していた。弥生時代中期～古墳時代前期にかけて、朝鮮半島～北部九州～北陸を結ぶ日本海交通上、出雲は本州最大の拠点地域だったのである。また、中国山地を越えた吉備地域とも様々な交渉をおこなった。

◆出雲では弥生時代中期後半に青銅器を多量一括埋納する独特の儀礼がみえ、さらに有力者の墓制として誕生した四隅突出型墳丘墓が大型化し首長階層が明確になっていく。弥生時代の墳墓としては全国的にも傑出した規模・内容であった。

◆このように伊勢と出雲はそれぞれの地勢を背景にした地域間交渉と文化形成がある。両地域の間には物理的な距離の隔たりと海域の相違があり、直接的な文化的接触は乏しい。

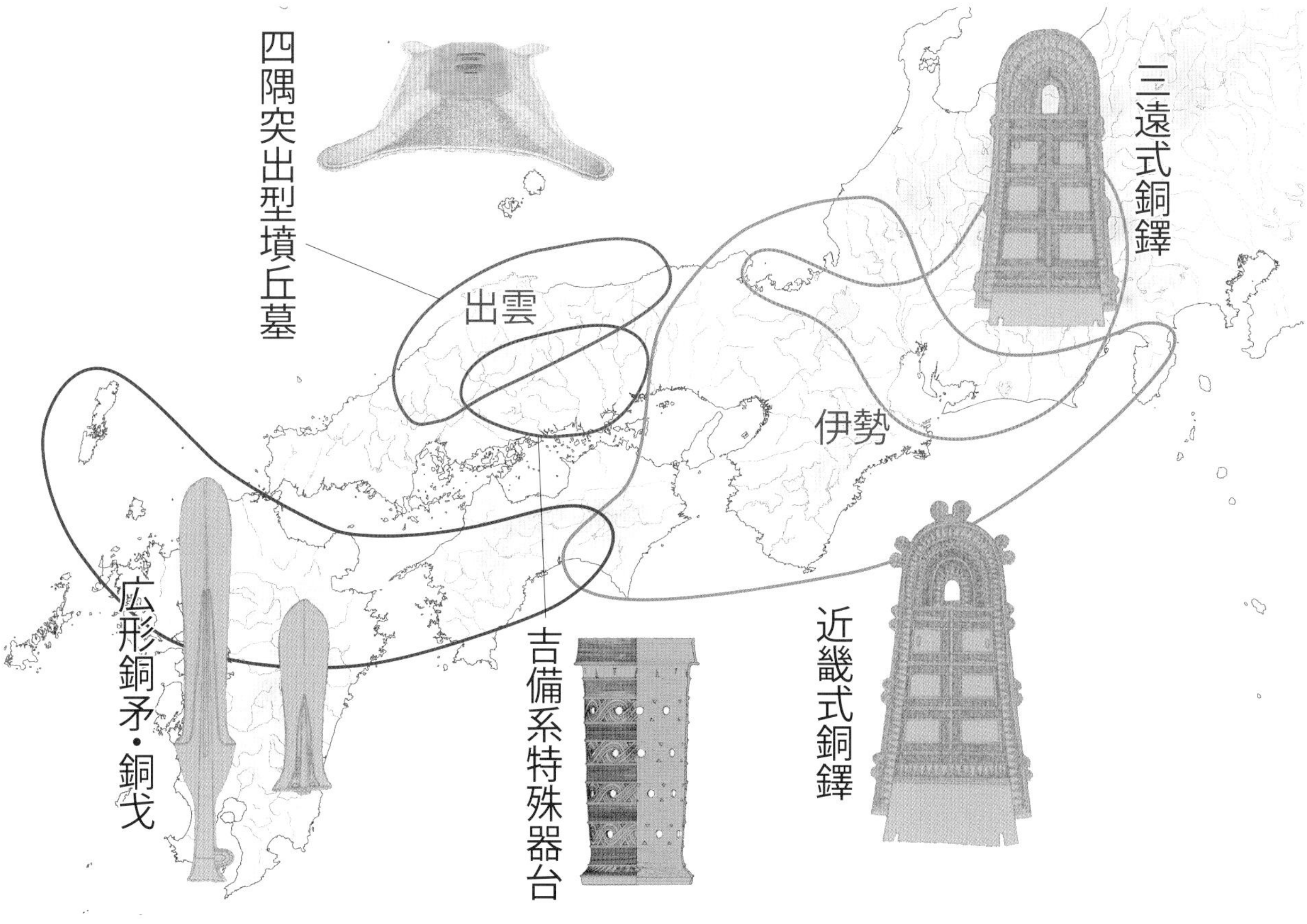

弥生時代後期（2～3世紀）の土器様式、墳墓、青銅器に表れる「文化圏」

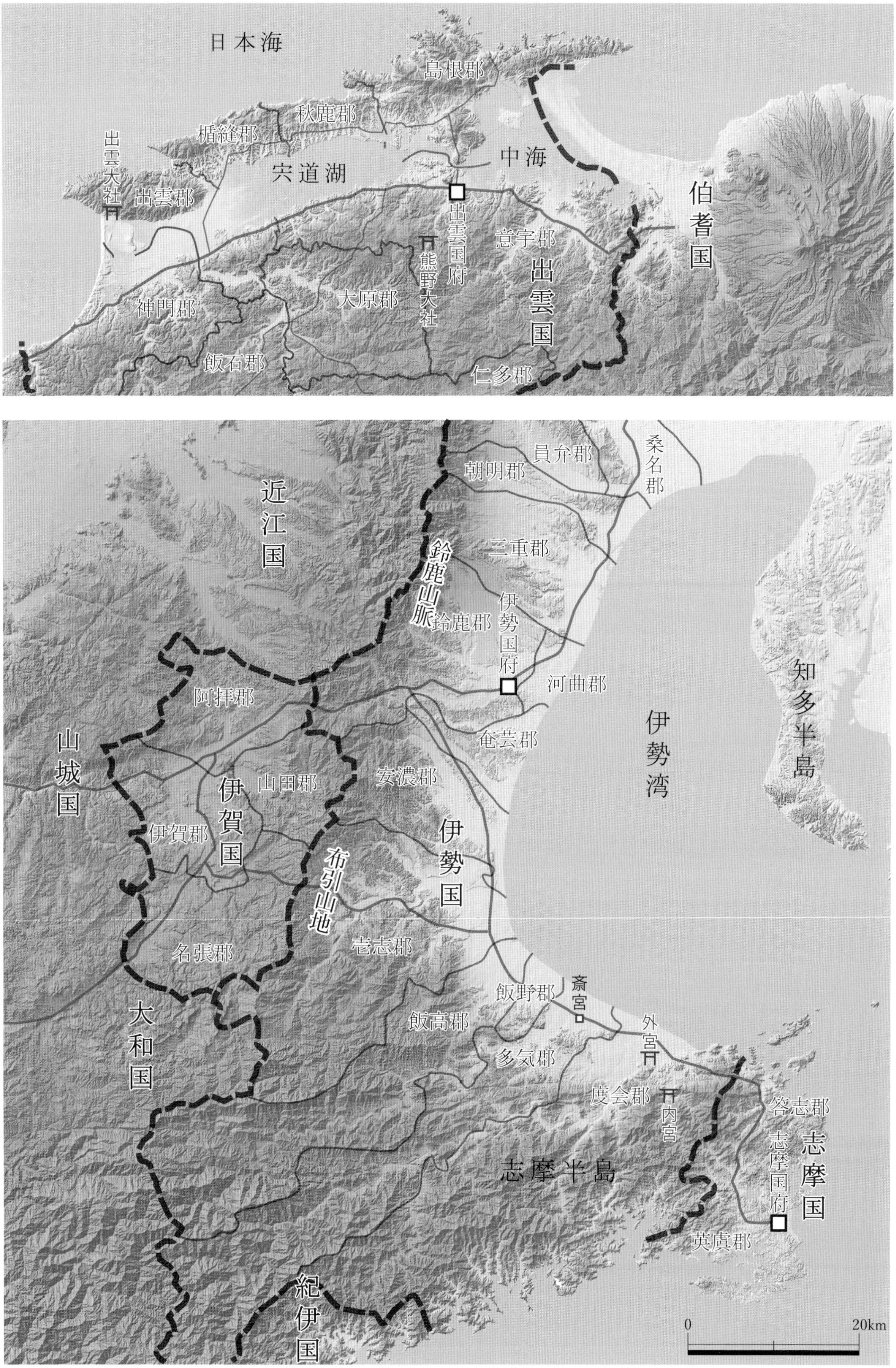

国堺 郡堺 駅路 伝路

奈良時代の出雲（上）と伊勢（下）

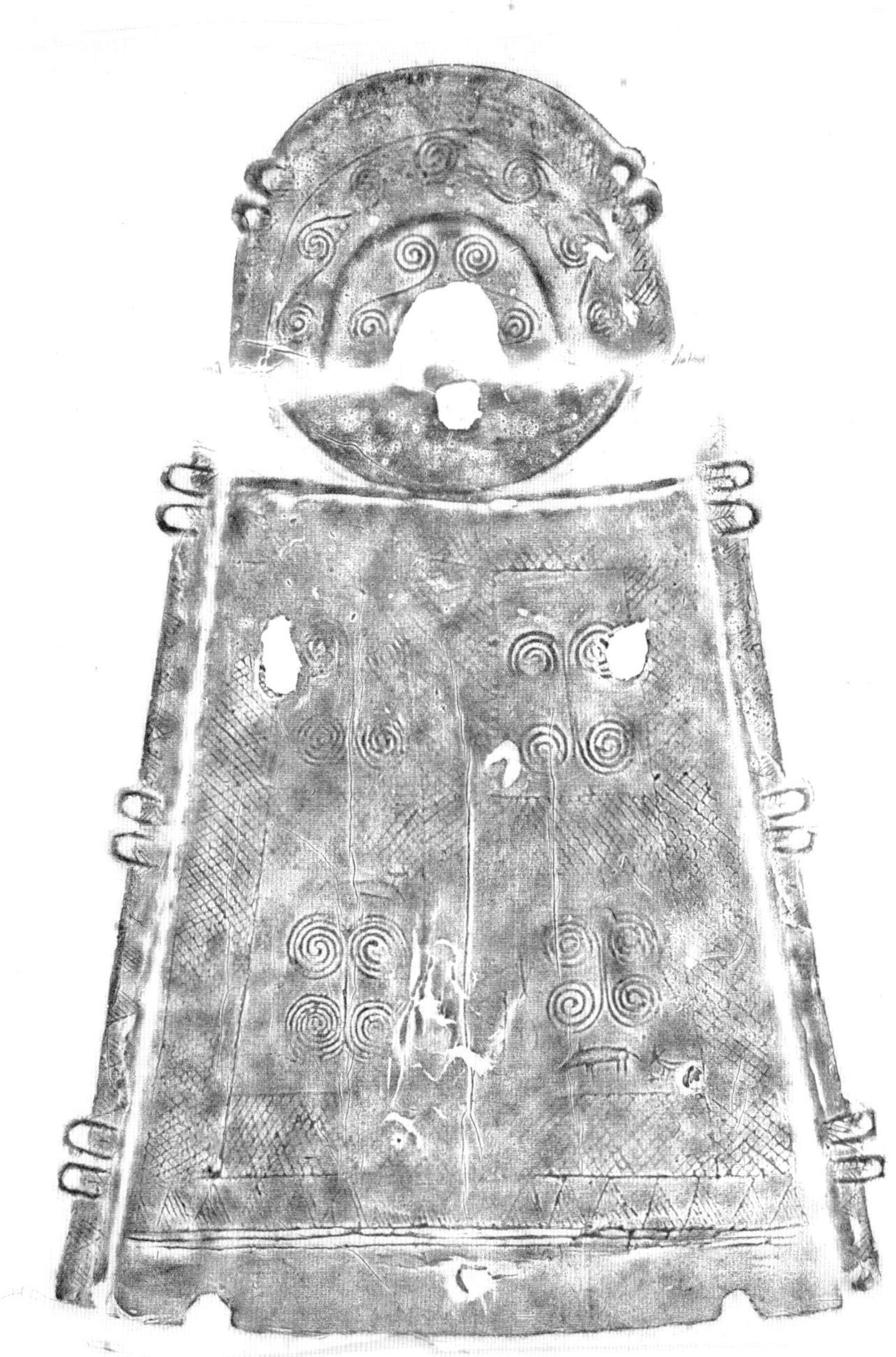

伊勢の銅鐸

6
磯山銅鐸拓本

三重県鈴鹿市

一枚
原資料：弥生時代／昭和四十年代か、
三木文雄氏採拓
縦四九・二×横三六・二センチ
当館

明治十二（一八七九）年に、鈴鹿市磯山町黒石から出土した銅鐸の拓本である。四区袈裟襷文の区画のうち、右下区画には猪と犬が、左下区画には魚（？）が鋳出され、さらに裏面の裾には横一列に複数の鹿と猪が表現されている。狩猟をモチーフとした絵画銅鐸として知られる。

銅鐸の原資料は東京国立博物館に所蔵される。本品は同館考古課長を務めた三木文雄氏（一九一一～二〇〇三）による拓本である。三木氏が作成した図や拓本などの資料約五万点は、平成十七年に島根県に寄贈され当館で保管している。銅鐸研究の第一人者であった三木氏は、磯山銅鐸に四区袈裟襷文銅鐸の中でも古い様相がみられることから「前期の銅鐸」と位置付けた。今日一般的な鈕形態に基づく分類では外縁付鈕２式に相当し、左頁の加茂岩倉23号鐸より型式的に古い。

6

島根県雲南市

加茂岩倉23号銅鐸 3D画像

平成八年に加茂岩倉遺跡から出土した39個の銅鐸のうちのひとつ。四区袈裟襷文の区画内に四頭渦巻文を配す点、鹿・猪といった狩猟をモチーフとする絵画を表す点は右頁の磯山銅鐸と共通する。しかし本品は扁平《へんぺい》鈕2〜突線《とっせん》鈕1式段階で中期後葉に位置付けられ、磯山銅鐸よりかなり新しい。また本品と18・35号銅鐸は縦横帯の切り合いなどに他地域にない独特な特徴をもつ銅鐸群で、出雲周辺で鋳造された可能性も指摘される資料である。一見すると二つの銅鐸は似ているようだが、製作時期も、産地もまったく異なっているのだ。

弥生時代中期まで銅鐸を用いた共同体祭祀をおこなう点で、伊勢と出雲は広い意味での弥生文化を共有しているものの、その具体的あり方には様々な差異があった。

大和から東国へ　交通ルートと伊勢の古墳

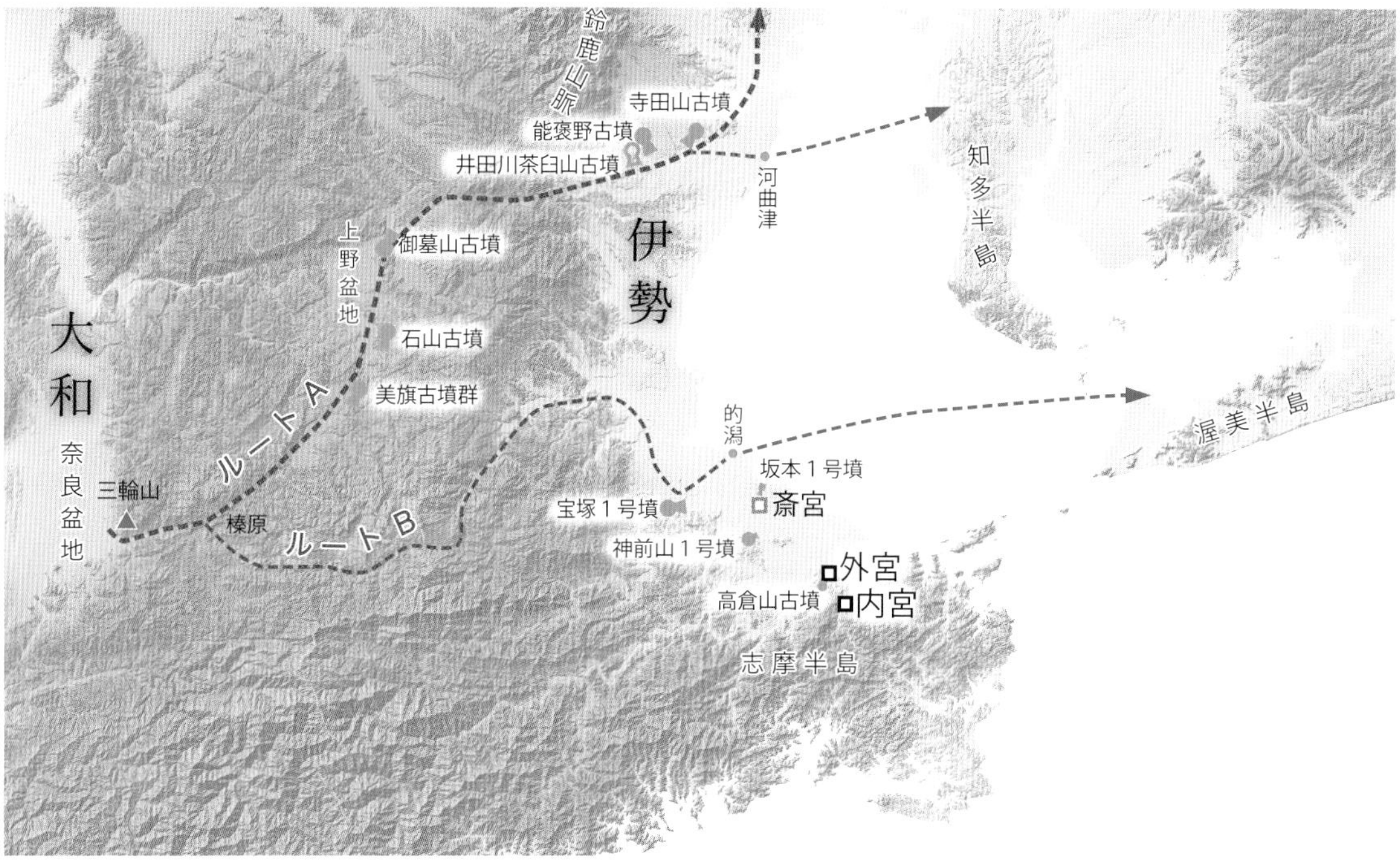

大和〜伊勢〜東国の交通路
（地形図は「地理院地図　自分で作る色別標高図」を使用）

◆伊勢は大和と隣接している。したがって、ヤマト王権誕生の地であり藤原京が置かれた奈良盆地南部から東海・東国へ抜けるには、伊勢を通る必要があったのである。古墳時代の有力な首長墳はこのルートに沿うように分布している。

◆主要ルートのひとつは、伊賀を北上して上野盆地に至り、加太越から現亀山市に入り北上するルート（上図A）。もうひとつは榛原《はいばら》から山中を東進して雲出川沿いに下るルートである（同B）。Aルート上には石山古墳（伊賀市）や能褒野《のぼの》古墳（亀山市）など、前期後半からヤマトとの関係が深い首長墳が築かれる。また壬申の乱の際の、大海人《おおあま》皇子の進軍経路とも一致する。一方のBルートは、宝塚一・二号墳（松阪市）など一志郡・飯高郡の首長墳所在地を経由して的潟《まとがた》より海上で東方へ通じるものだ。

◆このような、ヤマトと東国をつなぐ東西幹線路は、伊勢神宮を経由しない。すなわち、伊勢神宮および、後に神郡として神宮奉斎の基盤となる多気《たき》郡・度会郡は、東西交通路から大きく外れた伊勢湾岸の南方、奥まった場所にあたる。

王権を支えた北勢の首長

7

三重県亀山市

井田川茶臼山古墳《いだがわちゃうすやまこふん》　副葬品

［画文帯神獣鏡］一面／径二一・〇センチ、［捩り環頭大刀］一振、［馬具］一四点
古墳時代後期（六世紀）
三重県埋蔵文化財センター

上記Aルート上に築かれた、六世紀前半の首長墳。日本武尊の墓「能褒野墓」に比定される能褒野王塚古墳とは安楽川をはさんだ位置にある。横穴式石室内に二つの石棺が置かれ、三回以上おこなわれた埋葬に伴う豊富な副葬品が出土した。

画文帯《がもんたい》神獣鏡、銀象嵌の入った捩《ねじ》り環頭大刀、金銅装馬具はヤマト王権から配与されたもので、継体天皇が地方の首長を掌握するために与えた豪華な財である。この頃のヤマト王権は、不安定な政治的連合体から、頂点に立つ天皇（大王）の突出した権力を核とした強固なものへと変容しつつあった。継体天皇の擁立を支えた地域や、物流と軍事行動の核となる交通上の拠点地域を押さえる豪族には、本品のような特別な武器・馬具が与えられ、死後、古墳に副葬された。

7-1　画文帯神獣鏡

7-2　銀象嵌捩り環頭大刀
鞘金具に龍文が象嵌される

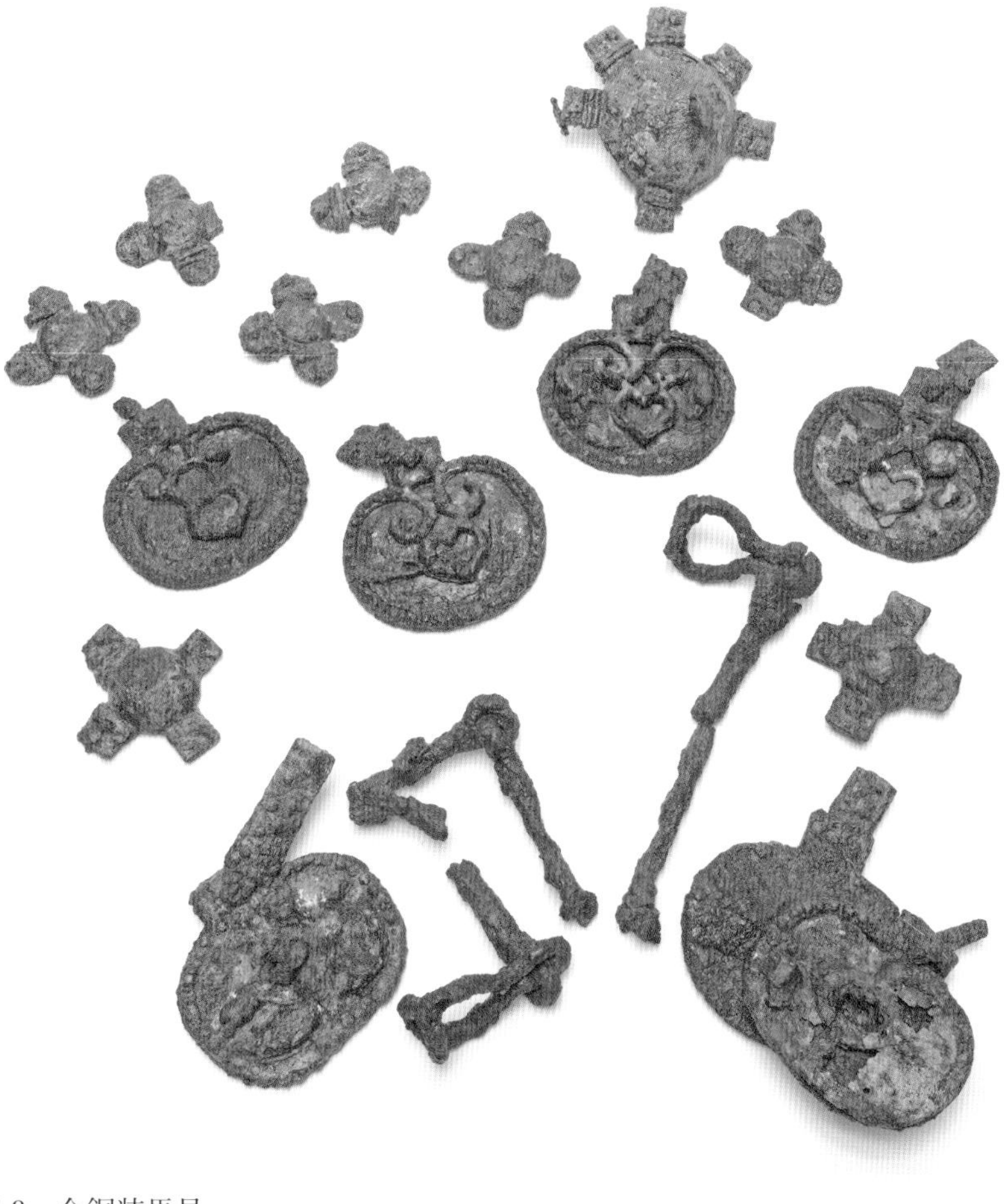

7-3　金銅装馬具
十字文楕円形鏡板付轡、猪目文楕円形杏葉《ぎょうよう》、雲珠《うず》、辻金具のセット

多気郡・度会郡の古墳

◆飛鳥・奈良時代に、伊勢神宮の経済基盤となったのは「神郡」と位置付けられた、多気郡・度会郡の二郡であった。郡内のほぼ全戸が神戸（神領民のようなもの）とされ、その労働・生産活動によって神宮が支えられたのである。まさに神宮のお膝元、という地域である。

◆この地は大和と東国を結ぶ東西ルートから外れ（24ページ）、さらには熊野灘—志摩半島—伊勢湾を結ぶ海上交通においても、核となる港津がない（39ページ）。古墳時代前期に多気・度会郡に目立った有力古墳が築かれないのは、こうした地勢と関係するとみられる。

◆古墳時代中期前半には、伊勢最大の前方後円墳である宝塚1号墳（全長一一一メートル／松阪市）が出現する。この古墳は飯高郡に位置しており、大和と東国を結ぶBルート上にあった。内宮は直線で二二キロ離れ、地理的隔たりが大きい。

◆この頃、すでに内宮域では大規模な祭祀行為がおこなわれていた（66ページ）。王権が関与する聖地と位置付けられていた可能性もある。しかし、肝心の地元、多気・度会郡域には、それを支える在地首長の姿がうかがえないのである。

宝塚1号墳（手前）と2号墳（奥）

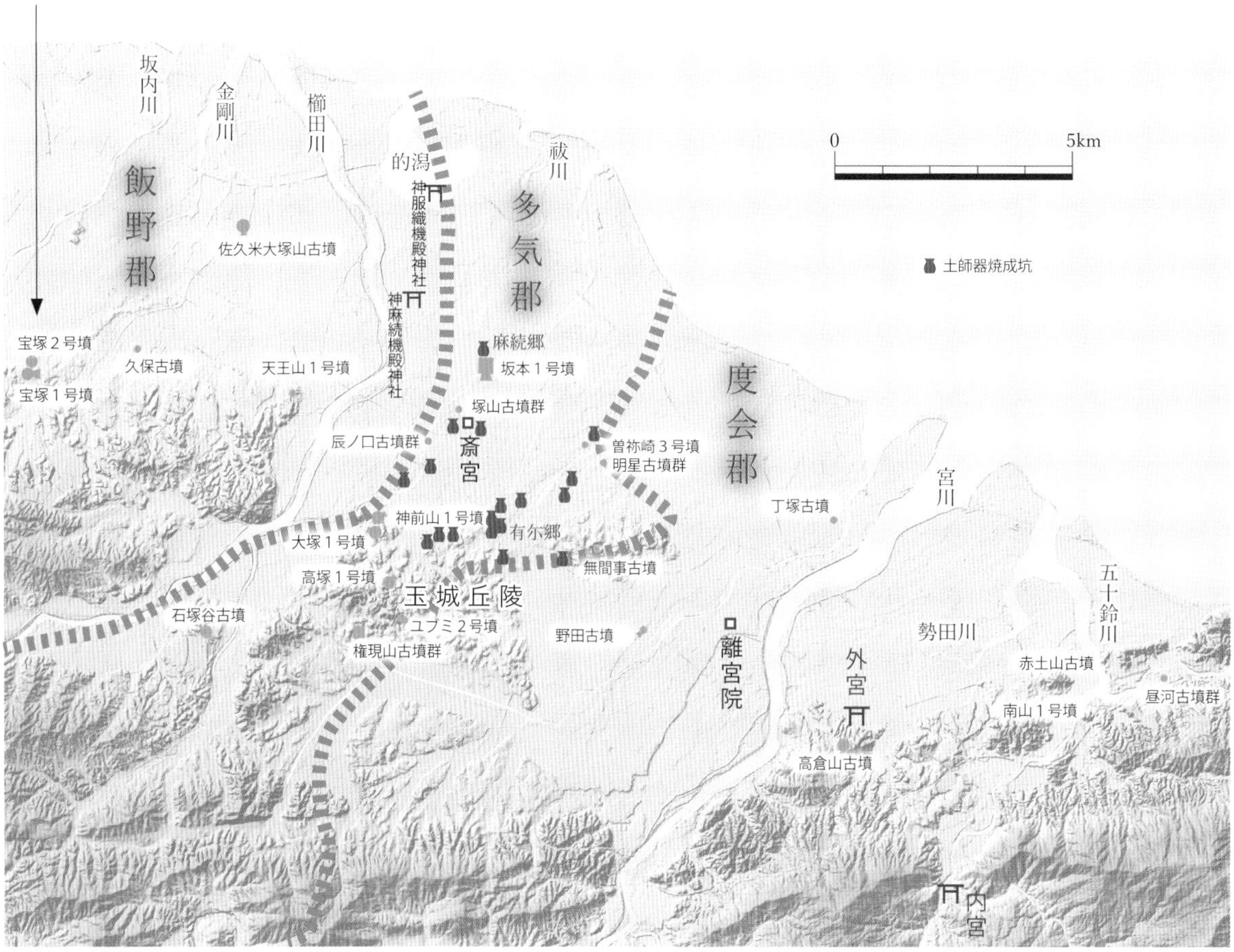

多気郡・度会郡の古墳と関連遺跡

◆五世紀後半になると、伊勢南部の首長墳系列が多気郡域（玉城丘陵）に移り、帆立貝形古墳・造出《つくりだし》付大型円墳として築かれるようになる。後に神郡となり、神宮奉斎を支えた集団と有力氏族の動態が見えてくるのはこの頃のことだ。

◆玉城丘陵の首長墳のうち、神前山一号墳（全長四〇メートル、造出付円墳）は円筒埴輪列と形象埴輪群をともない、三面の画文帯神獣鏡、古式須恵器を副葬していた。画文帯神獣鏡は井田川茶臼山古墳（列品7）や神島祭祀遺物（列品25）と同型のものである。前代の最上位首長墳と比べて墳丘は縮小し独立性は弱まるが、優れた副葬品と墳丘外装をなし、ヤマト王権の直接的統制が強まった首長像が想定される。

神宮のお膝元、多気郡の首長

8

神前山《かんざきやま》一号墳　出土品

三重県多気郡明和町

二点

古墳時代中期（五世紀）

明和町

方形造出上でおこなわれた儀礼で供献された須恵器の酒器。二重𤭯《はそう》は外側の坩に透かしを設け、内外の間に土玉（丸）を入れ鈴状に仕立てたもの。鳥形𤭯は水鳥を表現したものか。頭部・尾部・翼は破損しており出土後の復元である。

8-1　須恵器　二重𤭯　高さ一三・五センチ

8-2　須恵器　鳥形𤭯　高さ一〇・三センチ

斎宮を迎えた、度会郡の有力氏族

◆七世紀後半、伊勢国度会郡に斎宮《さいくう》が置かれる。斎宮とは、朝廷から神宮祭祀を目的に派遣する斎王《さいおう》のための施設。その場所は内宮から約一四kmを隔てた地点（現多気郡明和町）であった。元々、その付近には有力氏族である竹首《たけのおびと》氏がおり、さらに度会郡の郡司氏族として麻績《おみの》連《むらじ》氏、磯部《いそべ》氏がいた。

◆この地に斎宮が成立する以前の、在地有力氏族の活動を示すのが古墳群の存在である。斎宮の至近にある塚山古墳群や、約一・七km離れた坂本古墳群は、斎宮を受け入れた地元氏族の、六~七世紀にわたる墳墓群である。坂本古墳群は後世ほとんどの墳丘が削られてしまったものの、一五〇基を超える大規模な古墳群だ。

◆坂本一号墳はその一族の盟主となる最有力者の古墳とみられる。築造は七世紀前・中葉であるが、その時期には珍しい前方後方形の墳丘に木棺を直接埋める（直葬）という葬法をとる。被葬者は斎宮成立直前に活躍した人物であり、彼らの存在・活動は斎宮の立地にも影響した。

地位と身分を示す大刀

9 坂本《さかもと》一号墳 金銅装頭椎大刀《こんどうそうかぶつちたち》

三重県多気郡明和町

［出土品レプリカ］一振、［復元制作品］一振
原資料：古墳時代後期（七世紀）
長一〇五センチ
明和町

木棺の上に副葬されていた大刀。出土品を精巧に模したレプリカと、古墳時代当時の技術で再現的に制作した復元品のセット。

頭椎大刀はヤマト王権が伊勢湾~東海ルート上の有力者へ集中的に配与したもので、神島祭祀遺物にも含まれる。被葬者は神島を経て東海に至る交通を掌握した人物であろうか。

御食つ国、志摩

◆志摩半島は平野が少なく、複雑に入り組んだリアス式海岸には数々の岩礁地帯、入江が分布する。また、古くは「島（嶋）国」と表記されていたことが示唆するように、大小の島々が点在し明媚な自然景観を呈する。海藻が繁茂する岩場が多く、貝類、魚類、さらには真珠といった豊かな海産物資源に恵まれている。

◆古代、志摩の海産物は都に調《ちょう》（贄《にえ》）として運ばれた。『古事記』猿女君《さるめのきみ》の段には、代々の天皇に「嶋《しま》の速贄《はやにえ》」すなわち新鮮な海産物が奉られたことが述べられる。志摩は都に地理的に近いことから、朝廷に海産物を供給する重要な役割を負っていた。ほとんど水田耕作可能な平地が無《な》いにもかかわらず、一つの令制国として重要視されたのはそのためである。志摩は豊かな海の幸をもたらす、御食《みけ》つ国であった。藤原京・平城京から出土した荷札木簡（列品15）からは、志摩国の各郷より海藻類、魚類（鯛・堅魚）、塩などが都に運ばれ、消費されたことが確かめられる。

◆さらに、志摩の海産物は伊勢神宮の神饌、すなわち神々に供えられる食事としても重要な役割を担った。志摩国には伊勢神宮の神戸が置かれ、両宮ならびに伊雑宮《いざわのみや》への御贄進上をおこなうことになっていた。両宮『儀式帳』（列品34・35）には、六月月次祭《つきなみ》、神嘗祭《かんなめ》に志摩国の神戸人夫らが「干生贄」や種々の贄を進上することが定められている。このような志摩の特性は、天照大神が「傍国の可怜《うま》し国也。是の国に居らむと欲ふ」と言って内宮が定まった背景にも、大きな影響を与えたことが考えられる。

空から見た志摩（真珠筏が浮かぶ英虞《あご》湾） 写真提供：伊勢志摩国立公園協会

アワビを捕る海女たち

◆『倭姫命世記』（列品3）には、倭姫命が船に乗って志摩の国崎《くざき》島に赴き、「湯貴潜女《かづきめ》等」、すなわち海女《あま》に対して、天照大神の朝御饌・夕御饌に奉る「御膳御贄処」を定めたとある。古来、志摩の海産物の中でも最も重要なアワビを、海中に潜って採集するのは潜女、つまり海女の役割であった。ここに登場する国崎は海藻が繁茂するアワビの好漁場で、現在も神宮の神饌には同地にある御料鰒調製所で調製されたアワビが供せられている。

伊勢神宮に供進するアワビの産地として知られる国崎の岩礁

熨斗鮑の作り方

10　伊勢《いせ》の海士《あま》長鮑制《のしをせいす》ノ《の》図《ず》

三枚一組・大判錦絵
万延元（一八六〇）年
縦三六・八×横七六・二《センチ》
三重県総合博物館

海女が熨斗鮑《のしあわび》を加工する様子を描く。まず右の小舟から運ばれてきた鮑の身をヘラで取り外す。左の海女が小刀を使って鮑を桂剥きにし、細長い帯のようにしたものを隣の海女が束ね揃えている。これを筵上に並べて天日に干す（左上）。絵にはないが、生乾きの頃、竹を転がし薄く伸ばしてよく乾燥させると、熨斗鮑の完成である。

熨斗鮑は縁起物として慶事の贈答に供されたり、儀式に用いられるなど重宝された。また伊勢の御師が大麻に添えて配っていたことでも知られる。伊勢神宮では三節祭をはじめ年間祭典に欠かすことができない最重要な神饌のひとつである。神宮の調製所は浮世絵に描かれるような熨斗鮑の加工技術を唯一、現在に伝えている。

本品は浮世絵界を代表し多くの作品を残した歌川豊国（三代）による。江戸時代の風俗を描いた浮世絵には、このような海女を題材としたものが比較的多い。

志摩といえば、やっぱり海女さん

11 伊勢志摩国立公園ポスター

二枚
昭和三十一・三十二年
楯一〇三・〇×横七三・〇センチ
一般社団法人　伊勢志摩国立公園協会（三重県鳥羽市）

白い磯着に磯メガネをかけ、磯桶を携えた海女のスタイルは志摩を象徴するモチーフである。昭和の初め頃、海女を写した絵はがきが多く売り出され、志摩のイメージとして広く定着した。志摩観光といえば海女の素潜り漁、というくらいに観光の目玉であり、志摩を代表する存在であった。

伊勢志摩国立公園の指定がなされたのは昭和二十一年。本品は、その一〇年後頃に、同公園と国鉄、民間交通会社等がおこなった、美し国伊勢志摩キャンペーンを広報するためのポスターである。伊勢志摩観光の魅力をアピールするモチーフに選ばれたのはやはり、海女であった。これらのポスターは全国の駅に貼られたという。

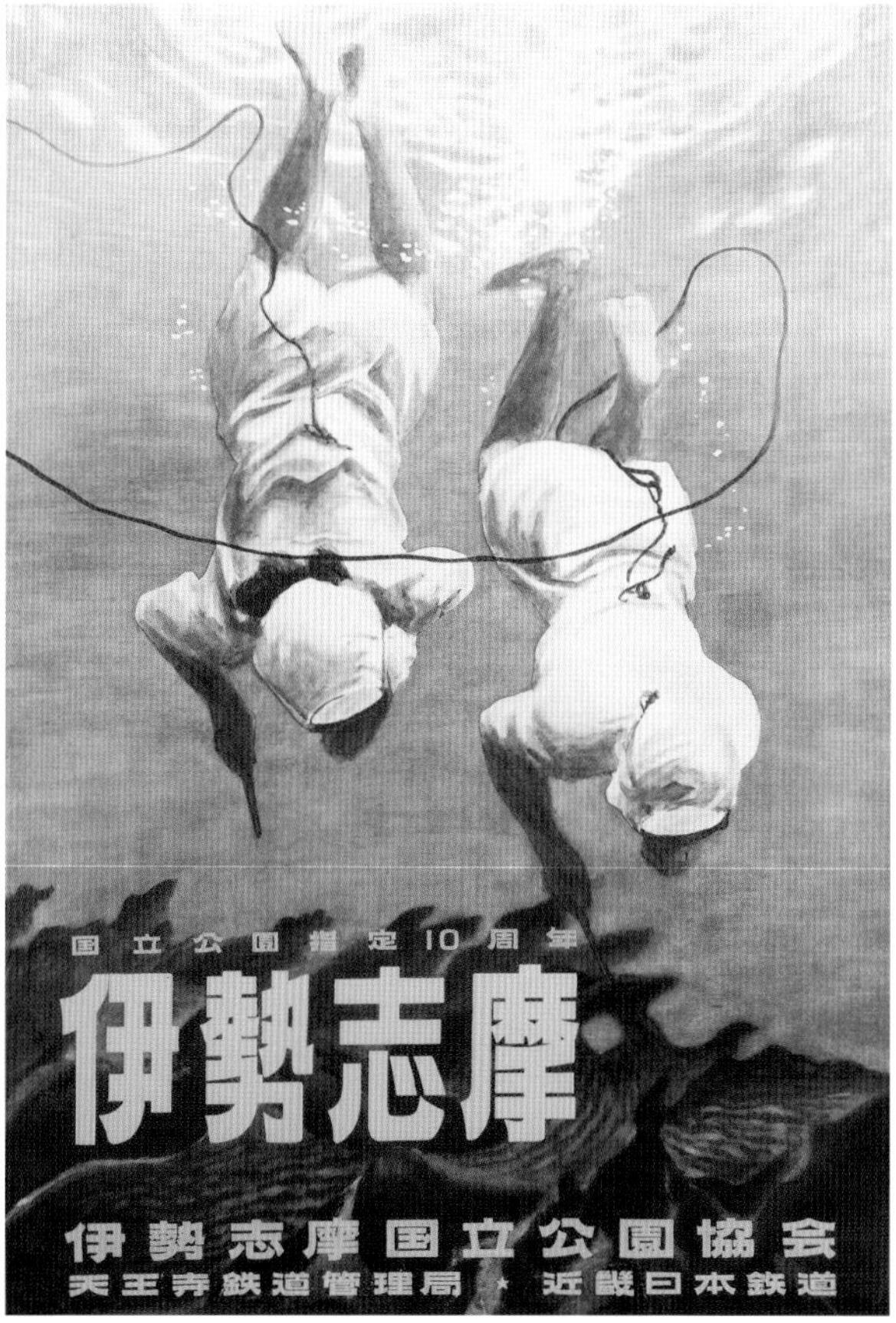

「水中の海女」昭和三十一（一九五六）年

「海女」昭和三十二（一九五七）年

海女のルーツは弥生時代に

12

白浜《しらはま》遺跡　骨角器漁具《こっかくきぎょぐ》

三重県鳥羽市

弥生時代後期～古墳時代前期（二～四世紀）
［ヤス］二一点、［疑似餌］一点、［モリ］一点、
［釣針］二点、［アワビオコシ］二点、［貝殻］二点
現代
［カツオ釣用疑似餌］一点、［アワビオコシ］一点
鳥羽市立海の博物館・鳥羽市教育委員会

鳥羽市浦村《うらむら》町の海岸に形成された集落遺跡。弥生後期～古墳前期の竪穴住居と貝層が確認され、また小銅鐸や銅鏃が出土した有力な海浜村落である。出土品で注目されるのは未成品を含む豊富な骨角製の漁具で、これらの存在から、この集落においてヤス・モリによる刺突漁、釣針により釣り漁、アワビ・サザエを素潜りで採取する潜水漁がおこなわれていたことがわかる。大型のアワビ貝殻が多量に、整然と廃棄されており、集中的かつ大規模に素潜り漁がおこなわれたことがうかがえる。集落内で消費される量を超えており、交易財としてアワビ加工品を生産していた可能性も考えられる。

弥生時代にはすでに、海産資源に恵まれた志摩の生業の萌芽があったことを示す貴重な遺跡である。

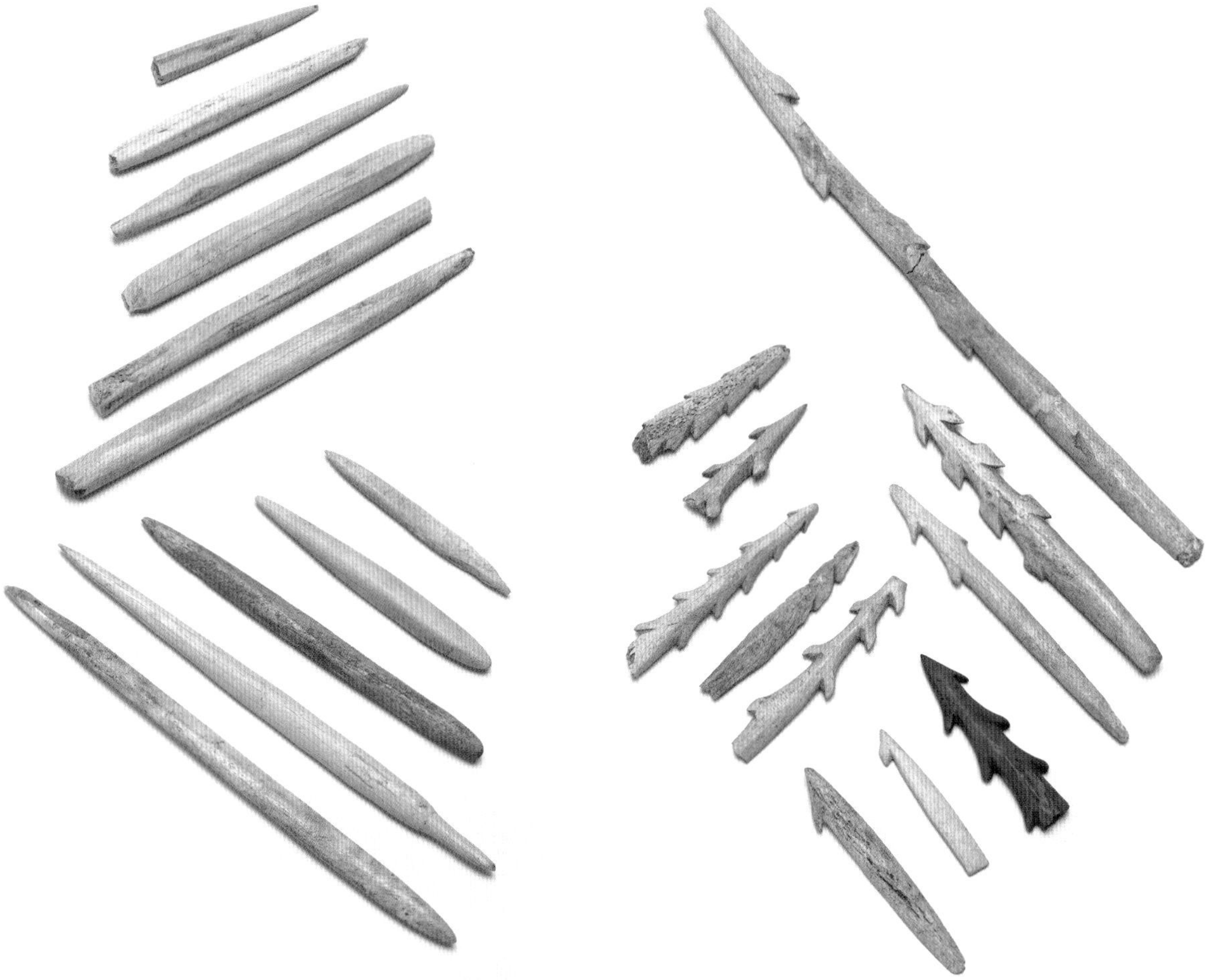

骨角器ヤス　最長二三・四㌢

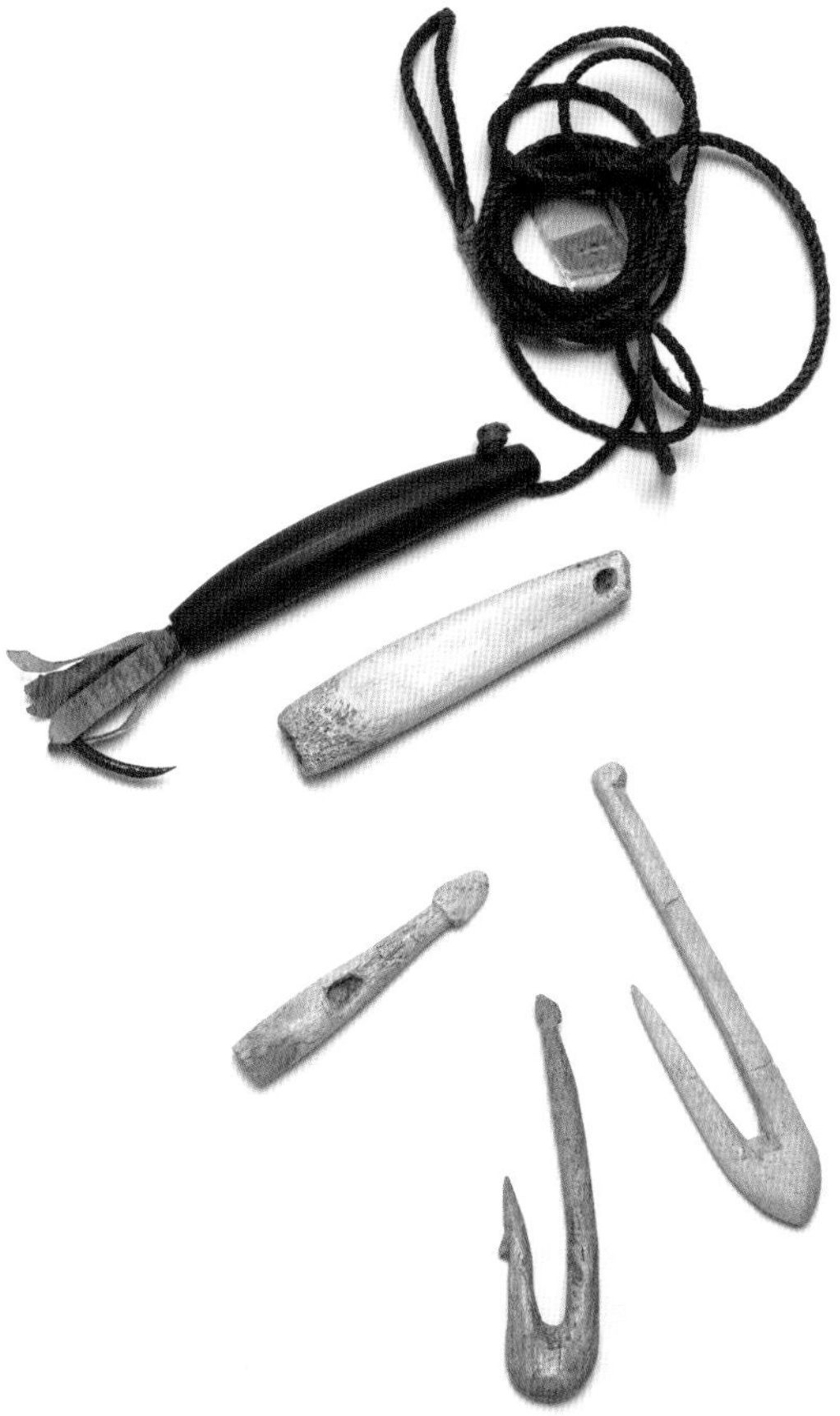

(上から) 現代の疑似餌／疑似餌・モリ・釣針
右手前の釣針長九・一センチ

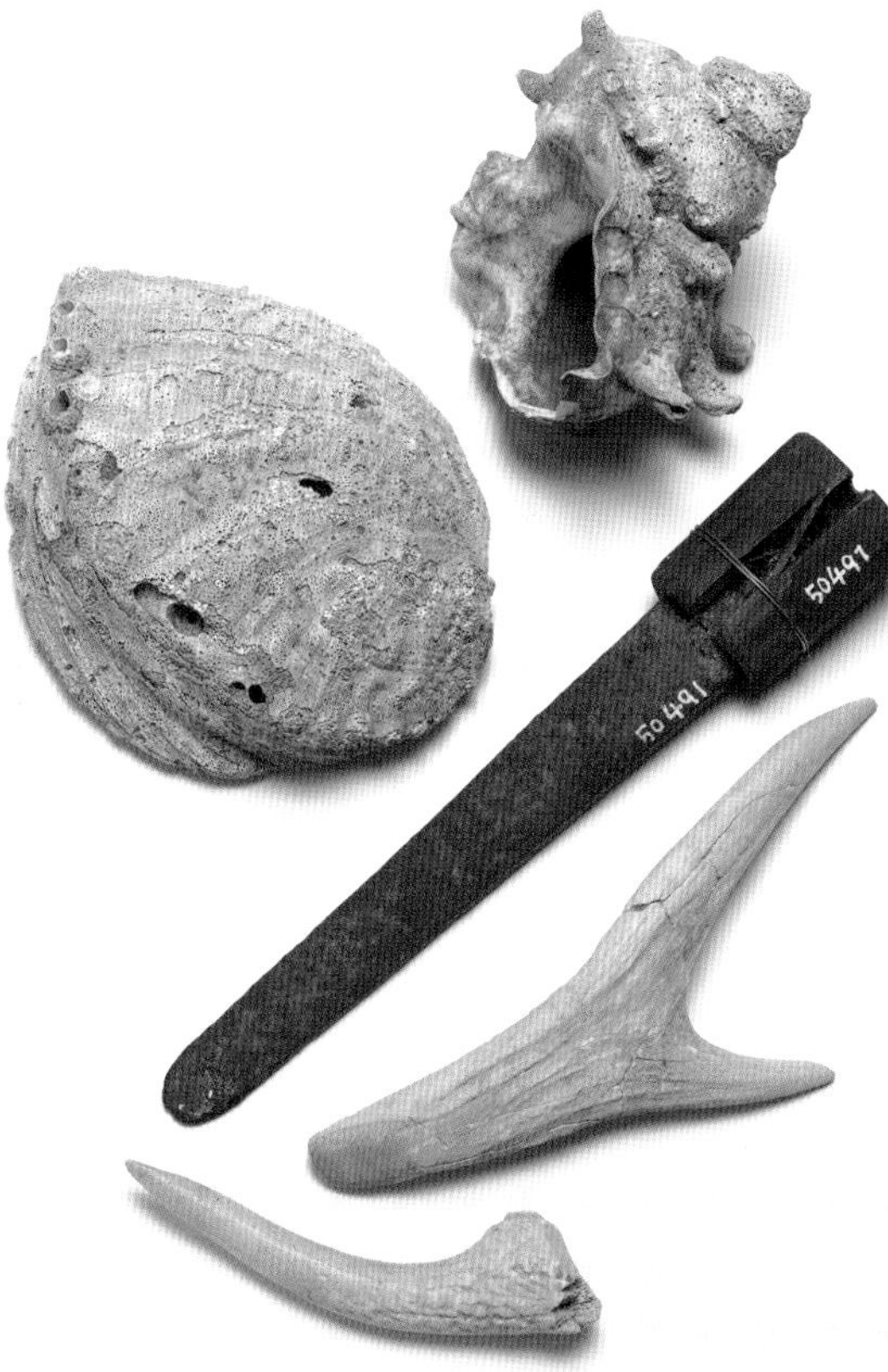

(上から) サザエ貝殻・クロアワビ貝殻・アワビオコシ／
中央は現代のアワビオコシ　長二八・八センチ

贄遺跡 (38 ページ) と白浜遺跡の位置関係
写真提供 : 鳥羽市教育委員会

空からみた白浜遺跡の現状

志摩国の海産物

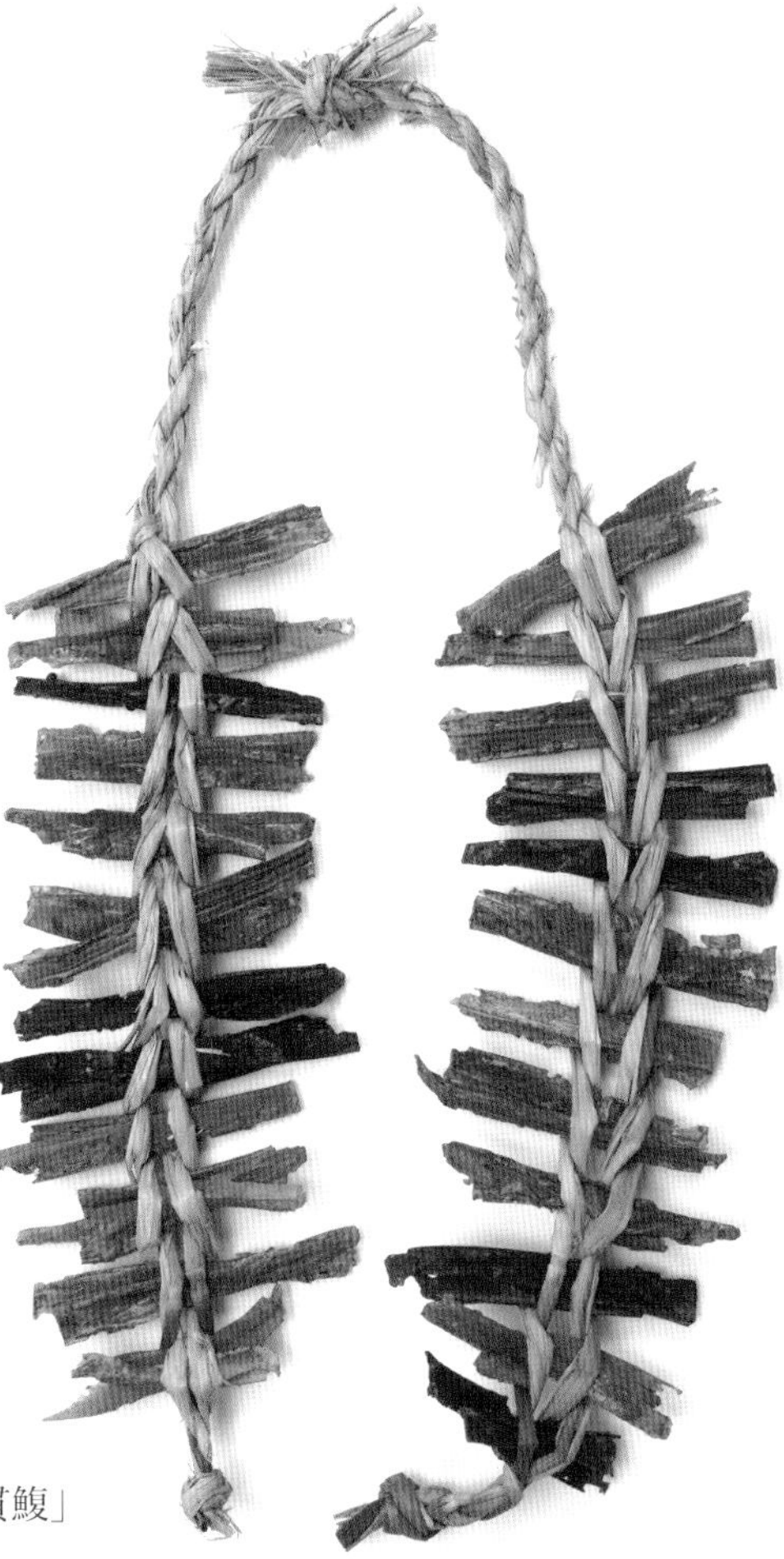

「玉貫鰒」

「身取鰒」

都へ運んだ熨斗鮑

13 アワビ加工品（模型）

一式
現代
斎宮歴史博物館（三重県多気郡明和町）

『延喜式』に記された内膳司《ないぜんし》（天皇の食事を調理・食材の調達を司る役所）の規定では、志摩国の貢納を管理する御厨《みくりや》から生のアワビ・サザエを宮中へ納めるのは九月～翌三月の期間に限られていた。年間を通じて、基本は塩漬けや干物といった保存食の形態で都へ貢納されたのである、同規定には「味漬・腸漬・蒸鰒・玉貫・御取（＝身取）・夏鰒」といった加工品目が記される。

玉貫鰒《たまぬきあわび》・身取鰒《みとりあわび》は現在の伊勢神宮でも三節祭（六月・十二月月次祭、神嘗祭）の由貴《ゆき》大御饌《おおみけ》祭で供されるアワビの形態で、いずれも熨斗鰒を裁断して藁縄でまとめたものである。藤原京・平城京からは玉貫鰒・御取鰒を納めた際に付けられていた荷札木簡が出土しており、そこには「玉貫鰒五十烈」のように記載される。数量単位にあたる「烈」は、細長く短冊状に加工した熨斗鮑を数えるものと考えられる。志摩国で採れたアワビは、都と伊勢神宮に熨斗鮑として進上された。伊勢神宮の神饌は、古代に奉られたアワビの形態を、現在に伝えている。

「干鯛」

「佐米」

「堅魚」

「若布」

古代の海産物加工法

14 海産物加工品（模型）

一式
現代
斎宮歴史博物館（三重県多気郡明和町）

アワビ以外に、志摩の豊かな海から得られる様々な魚介類が都に運ばれた。『延喜式』（主計式）には志摩国の調・庸として、堅魚（カツオ）・鯛（タイ）などの魚類や、紫菜（ノリ）・海松（ミル）などの海藻類があげられる。

　魚類は内臓を除き、塩干物や煮干し、なれ鮨状に加工して運ばれた。そのうち、干《ひ》鯛《だい》は身取鰒・玉貫鰒（列品13）と同様に、神宮三節祭に供せられる重要な神饌である。現在は篠島《しのじま》（愛知県知多郡南知多町）にある御料干鯛調製所で加工されたものが進上されている。

　また、カツオやサメといった大型の魚は細く裂いて干した「楚割（すわやり・そわり）」といわれる形態に加工したものが貢納された。

海産物の荷物送り状

13　志摩国木簡《しまのくにもっかん》　複製品

十一点
原資料：奈良時代（八世紀）
長一五・五〜三二・七センチ
斎宮歴史博物館（三重県多気郡明和町）

平城宮跡の発掘調査では、志摩国から運ばれた海産物に付けられていた荷札木簡が多数出土している。展示品は、それらを精巧に再現した複製品。

荷札木簡は現代の荷物送り状に相当し、端部の左右に縄掛のための切り込みを入れたり、俵に差し込み易いよう先端を尖らせる。墨書で税物（調）を納めた戸主の住所（国郡郷（里）名）、名、物品名・数量、年月日を書くのを基本書式とした。

これらの志摩国木簡は、豊かな海産物が宮中・貴族たちの食膳にもたらされたことを示す物証であり、貢納された具体的物品の内容や数量を知ることができる。また、文献記録に残らない地名の変遷や、郡郷編成の過程をうかがえる点でも貴重な資料である。

①〜⑩は左ページの木簡番号

①

志摩国志摩郡手節里戸主大伴部荒人
□藻根二斗
和□五年四月廿日

②

答志郡答志郷塩三斗

③

志摩国志摩郡和具郷御調海藻六斤四月十日

④

志摩国答志郡和具郷難設里戸主大伴部祢麻呂口
同羊御調海藻六斤
養老七年五月十七日

⑤

志摩国志摩郡伊雑郷□理里
戸主大伴部小咋調海藻六斤
養老二年四月三日

上段:答志郡
下段:英虞郡

⑥

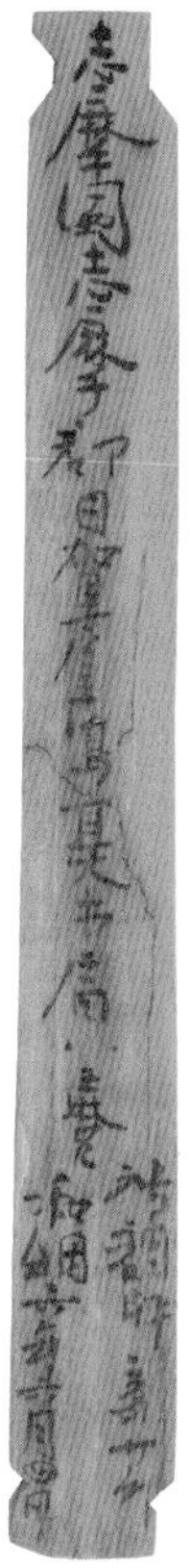

志摩国志摩郡目加里戸主嶋直大市戸同□麻呂
御調海藻廿斤
和銅六年六月四日

⑦

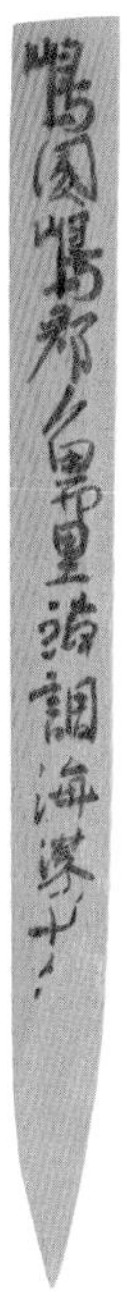

嶋国嶋郡魚切里御調海藻廿斤

⑧

嶋国英虞郡
名錐郷□□□□□置国依調堅魚十一斤
（カツオ）
十□〔両ヵ〕
□日

⑨

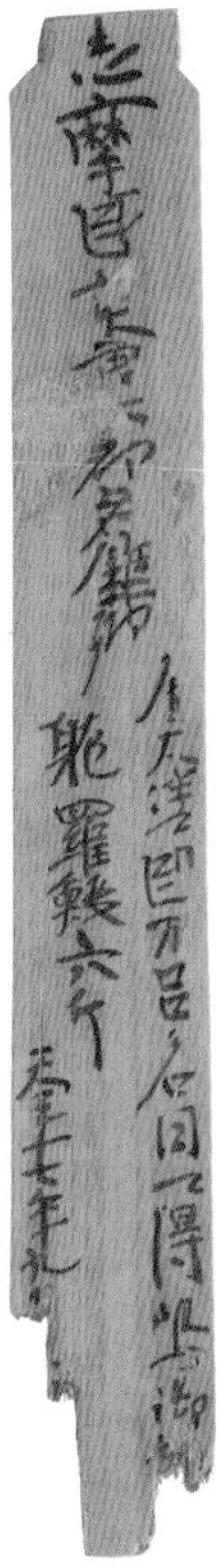

志摩国英虞郡名錐郷
戸主大伴部国万呂戸口同部得嶋御調
耽羅鰒六斤（アワビ）
天平十七年九□〔月ヵ〕

⑩

志麻国英虞郡船越郷
戸主証直在在戸口同部小足
御調熬海鼠八斤十□□（イリコ:ナマコの煮干し）

⑪

志摩国志摩郡道後里戸主証直猪手戸口同身麻呂
御調海松六斤
（ミル／海藻の一種）

海産物貢納を管理した役所か

16

三重県鳥羽市

贄《にえ》遺跡 出土品 ・銅銭 ・製塩土器 ・腰帯金具

［製塩土器］三点、［銅銭］四点、［腰帯金具］一三点
奈良・平安時代
三重県
鳥羽市教育委員会

贄遺跡は海浜に形成された縄文後期から続く遺跡（航空写真33ページ）。地方官人の存在を示す金銅装の腰帯金具や、都と直結した物流があったことを示す和同開珎などの皇朝銭がまとまって出土している。志摩国全体から貢納する贄を生産・管理した志摩国御厨に該当する遺跡の可能性が考えられる。

また、志摩式製塩土器と呼ばれる平底の粗製土器も多数出土している。これは堅塩に仕上げてそのまま運搬に利用されるものである。志摩国の海産物や塩は海上交通で国府・御厨に集積され、駅家郷から陸路を通って伊勢神宮や都（平城京・平安京）へと運ばれた。

銅銭 径二・五センチ前後

製塩土器 径一七・〇〜二〇・一センチ

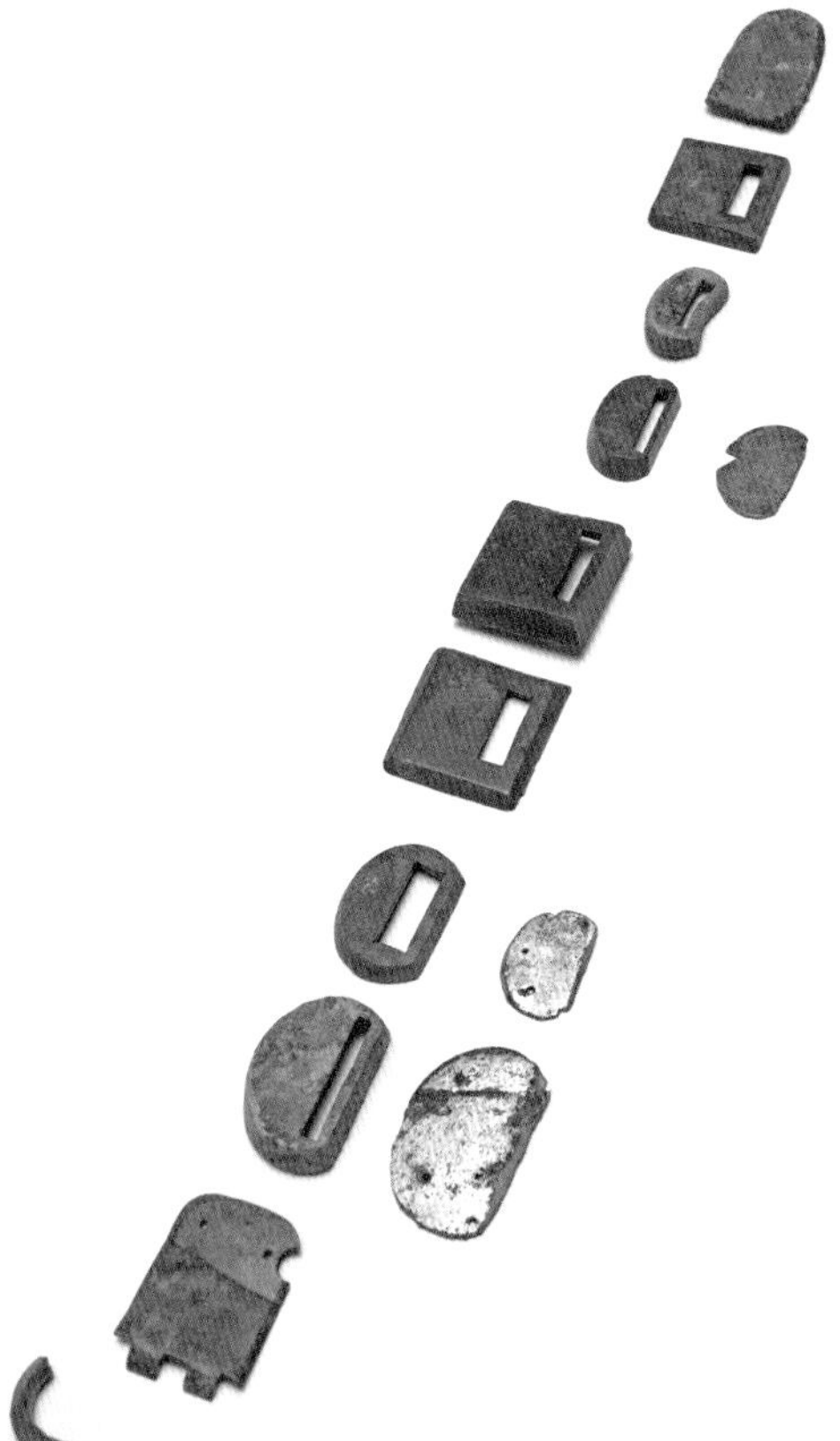

腰帯金具 最奥の蛇尾長四・三センチ

海を渡る首長たち・紀伊半島の海上交通

◆朝鮮半島・九州といった西の世界と、東海・東国という東の世界をつなぐネットワークにおいて、紀伊半島をぐるりと回る海路もひとつの重要な交通ルートであった。紀伊半島南端から志摩半島にかけての熊野灘、さらに伊勢湾岸には古墳時代の港津が点在し、その周りに展開する集落からは韓式系土器など朝鮮半島に由来する渡来系遺物がしばしば出土する。伊勢・志摩は海を介して朝鮮半島・九州といった遠隔地と結ばれていたのだ。そのような海上交通を支えていたのは、航海技術に長けた海人たちであった。志摩地域には、そのような海上での活動を担った海人集団の有力者の墓とみられる特徴的な石室構造や副葬品を伴う古墳が認められる。

◆彼らは朝鮮半島や九州からもたらされる最新の装備や文化を受容できる立場にあった。さらに、上位首長の古墳にはヤマト王権から与えられた優れた副葬品も認められる。すでに五世紀頃には、王権が志摩の地に関心を払い、介入を始めていたようだ。その目的は海に育まれた海民集団の航海術（海上の軍事力）と、豊富な海産物であっただろう。こうした王権との関係は、奈良時代以降に制度化された海産物貢納の前身といえる。

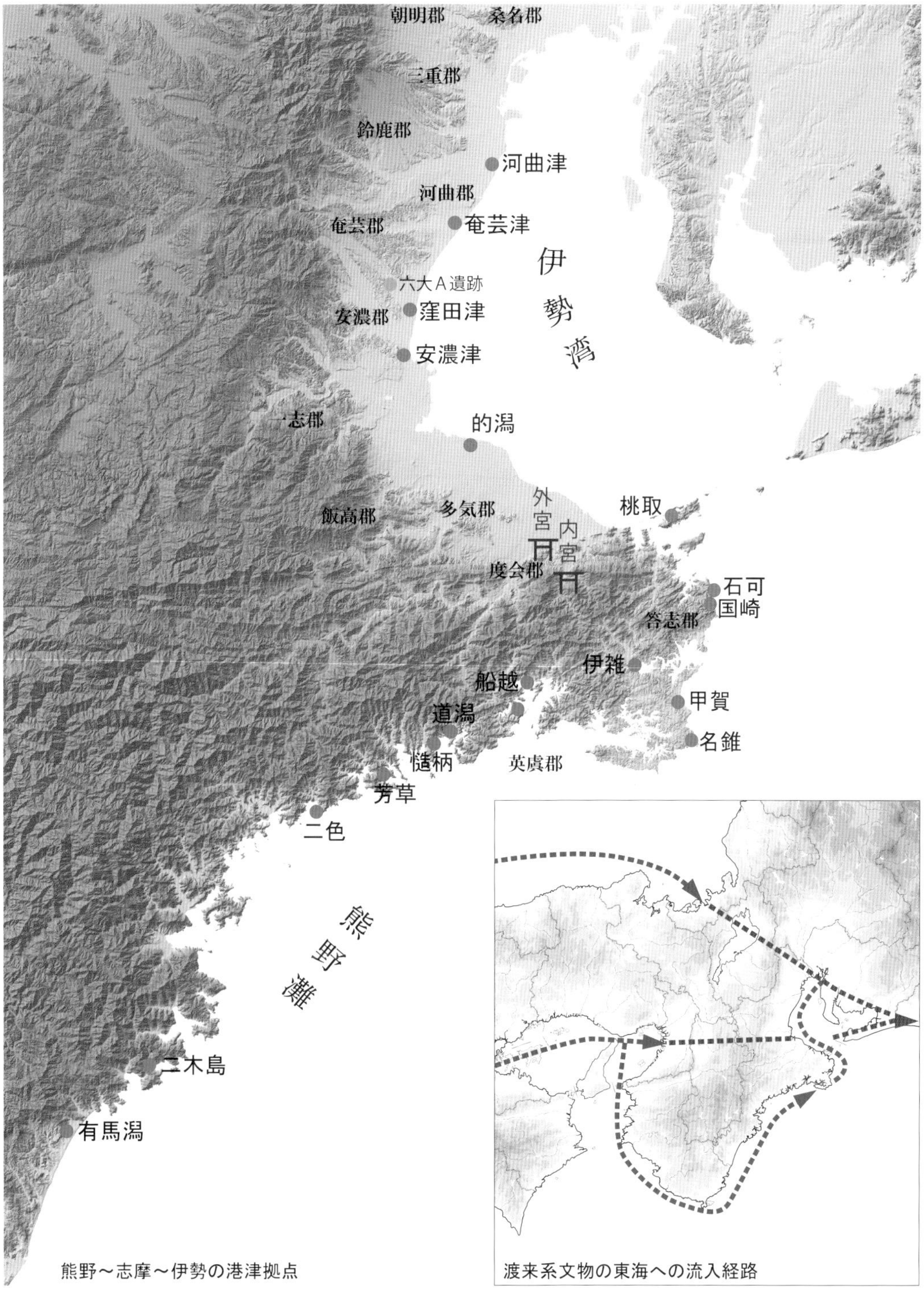

熊野〜志摩〜伊勢の港津拠点

渡来系文物の東海への流入経路

九州とつながる志摩の首長

17

三重県志摩市
●おじょか古墳 埴製枕《はにせいまくら》

一点
古墳時代中期（五世紀）
高二三・五×幅三二・八センチ
個人（志摩市歴史民俗資料館寄託）

18

おじょか古墳 副葬品

［銅鏡］二面、［鉄刀］四振、［鉄剣］二振、［鉄鉾］一振、［鉄ヤリ］一振、［鉄斧］五点
古墳時代中期（五世紀）
志摩市教育委員会

被葬者を安置するための枕を焼き物で作った埴製枕は全国でも四例しかない珍しいもの。しかも本例は、板状の衝立部を設け、直弧文を線刻する点で類例がない。技法からみて埴輪工人の作だと考えられる。

鉾は基部に錫製の装具を付けており、朝鮮半島南部（大加耶《だいかや》か）からもたらされたものである。銅鏡（方格T字鏡・珠文鏡）や鉄斧といった豊富な金属製品が副葬され、被葬者が相当な有力者であったことがうかがえる。展示品以外に、鉄鏃、鉄鎌、刀子、短甲《たんこう》破片などがある。短甲は王権の軍事編成に関わって被葬者に与えられことが想定される。志摩の海人がもつ造船・操船技術は、朝鮮半島への軍事行動を進める王権にとっても必要なものだった。

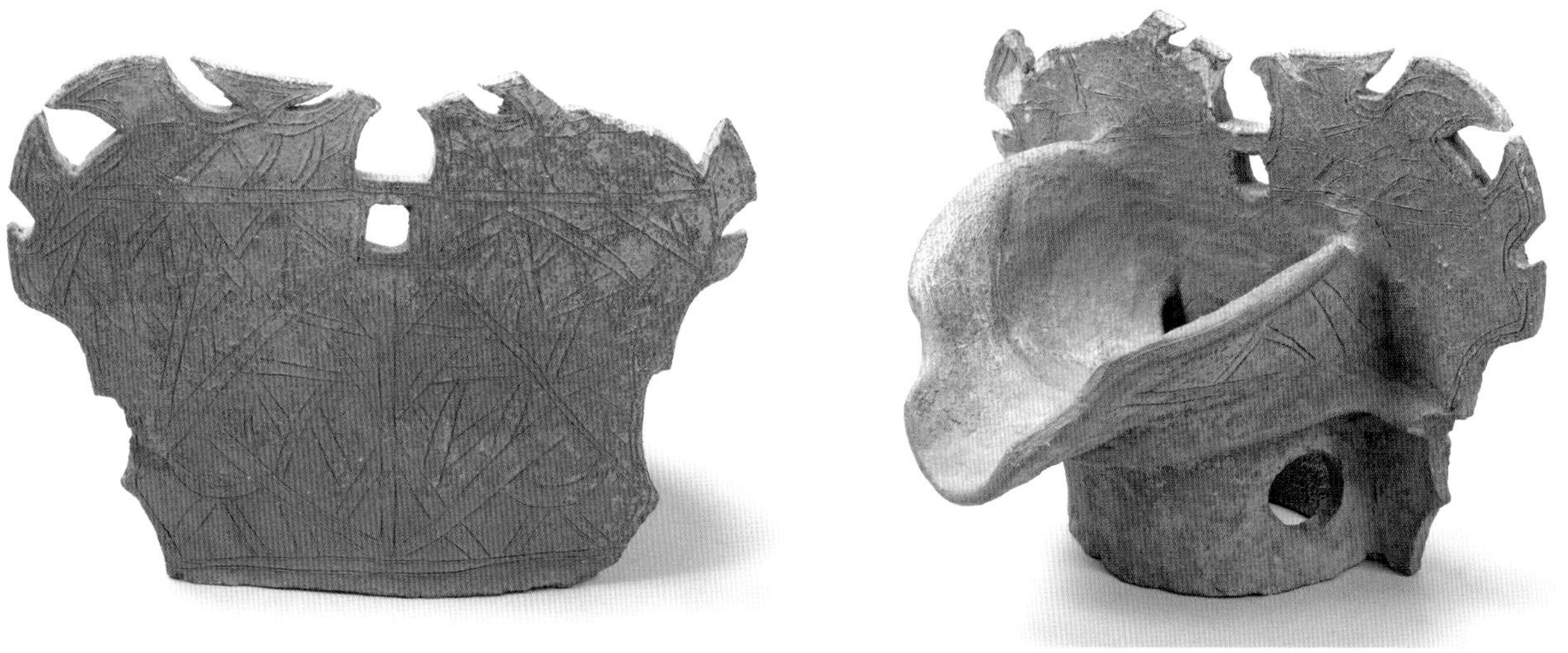

埴製枕

◆志摩半島の東端、海を見下ろす低丘陵上に一三基以上からなる志島古墳群があり、おじょか古墳はそのうちの一基。五世紀中頃～後半にかけて、突如あらわれた有力首長の古墳である。

◆板石を積んだ横穴式石室は北部九州（有明海岸）の形態・技術が直接持ち込まれたもので、同地域との密接な交流を示す。横穴式石室の導入は本州で最古級であり、先進文化を取り入れたものだ。海上交通を掌握し、文物の動きに関わった海人集団の長、という被葬者像が浮かぶ。その存在は、ヤマト王権からも注目されるものであった。

◆志島古墳群では六世紀以降、上村古墳など有力首長墳が継続して営まれる。また、おじょか古墳の南方一kmの岬突端には前方後円墳である泊古墳、鳶ケ巣《とびがす》一号墳がある。これらは嶋津（志摩）国造一族の古墳であろうか。後に北四km地点に志摩国分寺が、その付近には志摩国府が置かれることになる。志摩の政治的中心である。

志島古墳群（左奥）、泊古墳（中）、鳶ケ巣１号墳（右）の位置

方格T字鏡　径一四・九㌢

珠文鏡　径六・五㌢

鉄斧　長一五・二～二二・八㌢

鉄刀（四）・剣（二）・鉾（一）・ヤリ（一）　長二一・三～七九・五㌢

王権に認められた海人の長

19
礫浦《さざらうら》宮山《みやま》古墳　副葬品

三重県度会郡南伊勢町
［金銅装双龍環頭大刀］一振、［銅碗］一点、
［鉄製釣針］一点
古墳時代後期（七世紀）
南伊勢町教育委員会

礫浦宮山古墳は五ヶ所湾に突き出す岬上に築かれた首長墳系列のひとつ。大型の鉄製釣針が副葬されており、被葬者が漁撈を主たる生業とした海洋民であることをうかがわせる。さらに、稀少な高級食器である銅碗も副葬されていた。朝鮮半島の新羅産であろうか。海を舞台に、はるか遠隔地との物流に関与していたことがわかる。そしてそのような海人の首長をヤマト王権が掌握しようとしていた証が、双龍環頭《そうりゅうかんとう》大刀の存在である。被葬者は王権の承認を後ろ盾にして海上交易に関わり、さらに従属のしるしとして海産物を取りまとめ貢納していた、そのような姿が想定される。

銅碗　径一〇・二㌢

釣針　長三㌢

空からみた礫浦宮山古墳の立地

20 六大《ろくだい》A遺跡　準構造船部材

三重県津市
一点
古墳時代中期（五世紀）
長一五三・二センチ
三重県埋蔵文化財センター

六大A遺跡は伊勢湾に面した潟湖《せきこ》の最奥部に展開した港津遺跡で、大量に出土した木製品の中には準構造船の部材が含まれていた。写真は船の竪板（波切板）と呼ばれる部分。非常に大きい材であり、船自体が相当に大型船であったことが想定される。伊勢・志摩と遠隔地を結ぶ海上交通で活躍した船の姿をうかがわせる資料である。

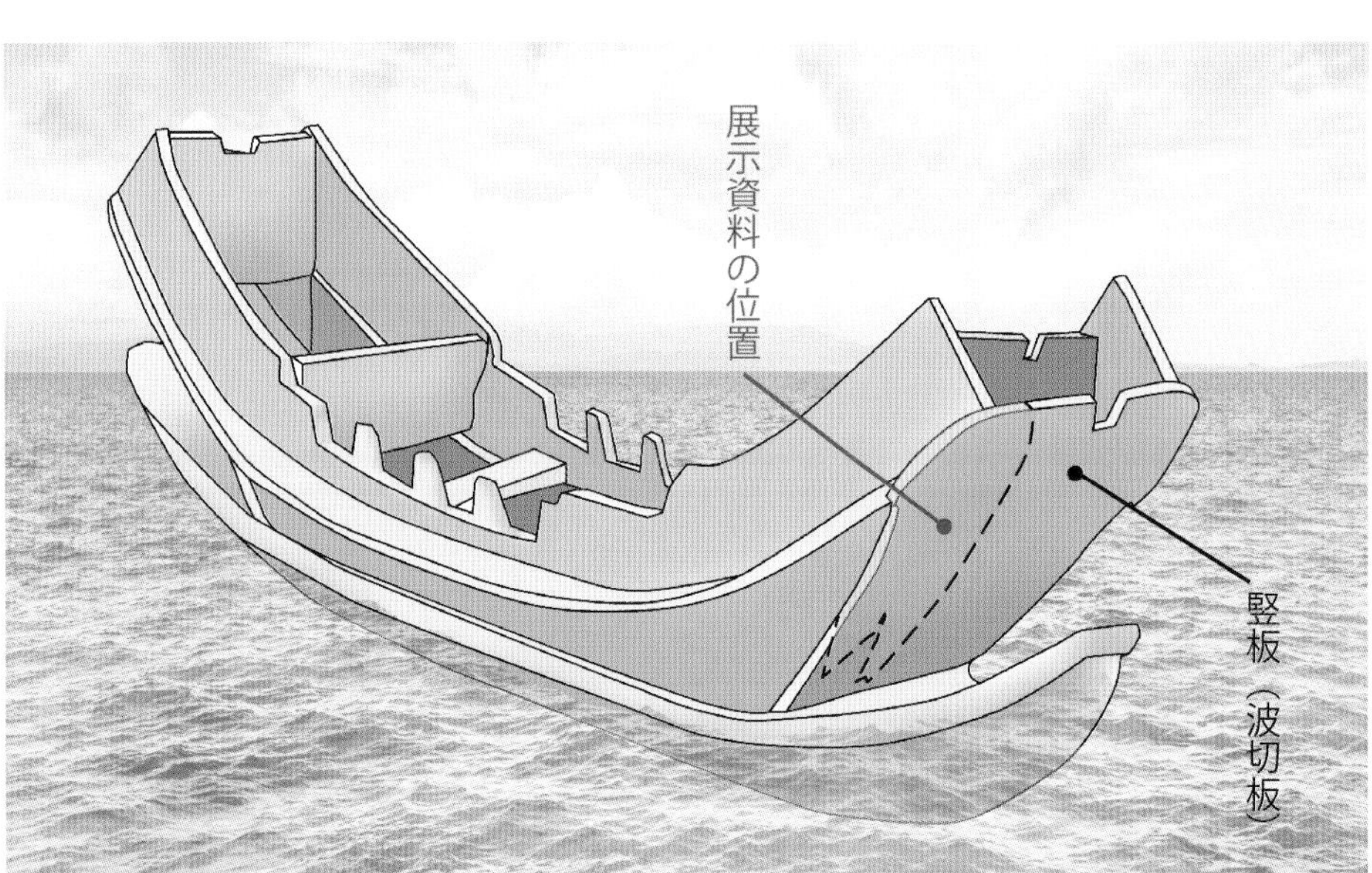

準構造船の構造図

伊勢湾岸にいた渡来人

◆伊勢湾岸に点在する潟の周縁には、良好な港津が発達し、そこには鉄器加工や馬匹《ばひつ》生産といった最新技術をもつ渡来人集団が居住していた。彼らは地域の首長の権力構造下に組み込まれ、様々な生産活動をおこなっていたとみられる。海を介した文物の交流が、伊勢の地を豊かに、活発にしたといえる。

◆大型の準構造船部材（列品20）が出土した六大A遺跡では、渡来人集団の定着を示す韓式土器や初期須恵器が多数出土しているほか、馬の飼育調教に用いる木製馬具（壷鐙《つぼあぶみ》・鞍《くら》）、鞴羽口《ふいご》が出土しており、相当数の渡来人が入植する拠点的港湾集落であったことがうかがえる。

◆また伊勢平野の雲出《くもづ》川を河口から少し遡った木造赤坂遺跡では、完形の陶質土器が出土している。こうした陶質土器は三国時代の朝鮮半島各地域からはるばる運ばれたもので、特別な器として扱われる場合がある。また、陶質土器を祖流とし渡来人の関与によって列島で生産された初期須恵器も、海上交通経路上の主要遺跡から多く出土している。新たな外来文化要素の一つと言える。

渡来人がいた証拠

21

●六大A遺跡　韓式土器

三重県津市
［甕］一点、［把手付鍋］一点
古墳時代中期（五世紀）
三重県埋蔵文化財センター

朝鮮半島南部で煮炊きに使用される軟質の土器。外面に、器壁を整えるための格子目状の叩き痕跡を残すのが特徴。土器が運ばれたのではなく、出土地に渡来人が居住して現地で製作したもの。

甕　高三一・〇㌢

把手付鍋　高二七・二㌢

海を渡って来た器

22

●木造赤坂《こづくりあかさか》遺跡　陶質土器

三重県津市
一点
古墳時代中期（五世紀）
高一七・四㌢
三重県埋蔵文化財センター

やや下ぶくれの円筒形の器形で、肩部に双耳をつける、「コップ形土器」と呼ばれる陶質土器の双耳壷《そうじこ》。完形で土抗内から出土しており、儀礼にともなうものか。朝鮮半島の大加耶地域からもたらされた可能性が指摘されている。大加耶は、半島南部の加耶連合の盟主として、倭国と積極的な交渉をもった。

海を渡った出雲の海人

島根半島の東端、美保関

短甲残欠　残存幅四六・八センチ

陶質土器壺　胴部径二〇・六センチ

出雲と朝鮮半島を結ぶ海人の墓

23

島根県松江市美保関町

伝　弥陀《みだ》が谷古墳　副葬品
・陶質土器壺
・短甲残欠

［陶質土器壺］一点、［短甲残欠］一両分
古墳時代中期（五世紀）
佛谷寺（島根県松江市）（本館寄託）

日本海に突き出した島根半島の東端、美保関にあった古墳から、明治初年に出土したと伝わるもの。陶質土器は朝鮮半島の加耶地域（昌寧周辺か）で作られた台付壺。短甲は三角形の鉄地板を鋲留めした甲冑で、ヤマト王権が地方の首長層を軍事的に掌握するため与えたもの。

美保関はリアス式の地形で、水田を営む平地がない。近世に北前船の寄港地として栄え、漁業・海上交通神である恵比須神総本社として美保神社が信仰を集めたことからも明らかなように、歴史的に海上交通の要地として機能した場所である。弥陀が谷古墳は港津である美保関を管掌し、航海術に長けた海人集団の首長であろう。

五世紀はヤマト王権の海外交渉や東国進出が活発化する時期であり、海上交通を担う集団の掌握が進められた。美保関の古墳から短甲が出土したことは、その一端を示すものである。

古代出雲と朝鮮半島

◆島根半島の突端、美保関から出土した陶質土器と短甲（列品23、前㌻）は、五世紀の出雲に朝鮮半島と通交をおこなう海人《あま》集団が存在し、ヤマト王権が彼らを掌握していたことを示している。ここであらためて、出雲における短甲出土古墳と朝鮮半島系資料（陶質土器など）が出土した遺跡の立地を見ると（下図）、海上交通路と密接な関係があることがわかる。特に、中海・宍道湖という内水域を介して、後に出雲国府が置かれる意宇平野には朝鮮半島からの文物が多く入ってきていた。そして、佐太《さだ》川を介して恵曇《えとも》から外海（日本海）へ抜けるルートに沿って短甲副葬古墳がまとまって築造されている。

◆こうした様相に関連して注目されるのが、『日本書紀』仁徳即位前紀にみえる、淤宇宿禰《おうのすくね》の記事である。倭《やまと》の屯田《みた》（天皇が直轄する供御料田）の耕作権を巡る争議が起こった際に、その詳細な経緯を知る吾子籠《あごこ》が韓国《からくに》に遣わされていて不在だった。そこで（即位前の）仁徳天皇は淤宇宿禰（出雲臣の祖）に、「韓国に出向き、吾子籠を急ぎ召喚するように」と命じる。淤宇宿禰は淡路の海人を水手として韓国に渡り、吾子籠を連れて帰った。

◆伝承性の強い記事であるが、考古学的な事実とよく整合する部分がある。すなわち、出雲臣の祖にあたる五世紀の首長は、渡来人を膝下の意宇平野に居住させ、朝鮮半島と交渉をおこなっていた。独自の交通手段を確保しており、天皇（ヤマト王権）の対外交渉を担うことがあった、という点である。出雲が朝鮮半島の諸勢力と交渉をおこなう日本海側の窓口、という事実を強調しておきたい。

◆ヤマト王権にとって、朝鮮半島との交通経路は瀬戸内航路が幹線であったが、日本海側にも歴史的な海上交通路が存在した。日本海側には良港となる潟湖が点在し、そこに顕著な遺跡や大型古墳が築かれる。そうした潟湖をつなぐような交通網が弥生時代には安定的に形成され、北部九州～北陸をつなぐネットワークが形成されていた。そうした日本海側の広域交通網に対する、ヤマト王権の介入・掌握を示すのが短甲など帯《おび》金式甲冑《がねしきかっちゅう》の配与であった。交通上の要地を管掌する勢力に甲冑を与え、それらを接続する形で日本海側の人と物の動きを掌握しようとしたのである。

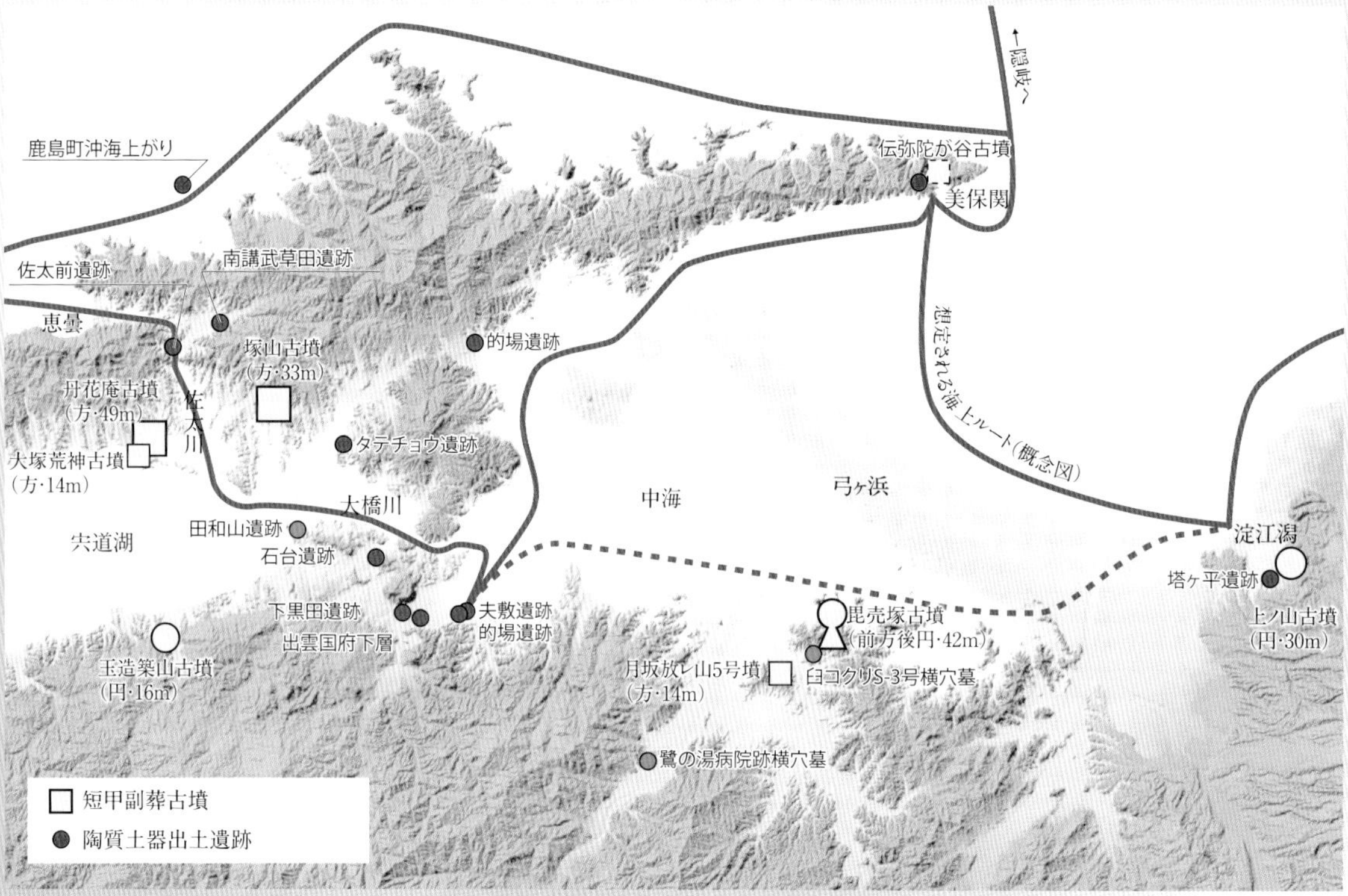

出雲の短甲副葬古墳・朝鮮半島系遺物出土遺跡と、海上交通ルート

◆そのような視点で日本海側の甲冑副葬古墳をみると（下図）、丹後から因幡・伯耆と潟湖ごとに甲冑副葬の有力墳が存在するが、出雲を最後に石見以西には長大な空白があることがわかる。五世紀のヤマト王権にとって出雲は、朝鮮半島への出航口・受け容れ口のような存在だったのだ。

◆出雲ー朝鮮半島間の航海は、本州沿岸を航海する地乗り航法が一般的だったと想定されるが、歴史的にみて両者が直接的に結ばれることもあった。例えば古代渤海《ぼっかい》使の渡航には朝鮮半島東南沖から対馬海流に乗るルートがあり、八・九世紀には隠岐・出雲（島根郡）に直接着岸した事例がある。また逆に隠岐から鬱陵《うつりょう》島へはアワビ・スルメなどの海産資源を求めて、帆船で盛んに渡航していた（明治四十三年に汽船が就航）。世界地図を上下ひっくり返して見るとよくわかるが、朝鮮半島東南部と山陰（本州の日本海側）は地理的に近い。島根半島は対馬海流を受け止めるように日本海へ突き出しており、弥生時代以来、朝鮮半島・北部九州からの文物を受容する交易の大拠点となっていった。現在でも海岸には韓国からの漂着物が多数打ち上げられている。海の向こうの彼国は意外と近いのだ。

◆このような、朝鮮半島と近いという地勢を背景に、平安時代（九世紀）以降の出雲は、都から見て現実的な軍防上の最前線、辺地境界と意識されるようになっていく。これは新羅との対外緊張関係を背景にしたものだ。因幡から長門に至る日本海側諸国と隠岐に対しては防衛のために神に祈願させたり、四天王像を安置して国土守護を願わせたりして、「新羅賊兵」への備えとした。

◆都からみて出雲は外界・異世界との境界域・接点とイメージされた。その背景には、こうした歴史的経緯・事実があったと考えられる。

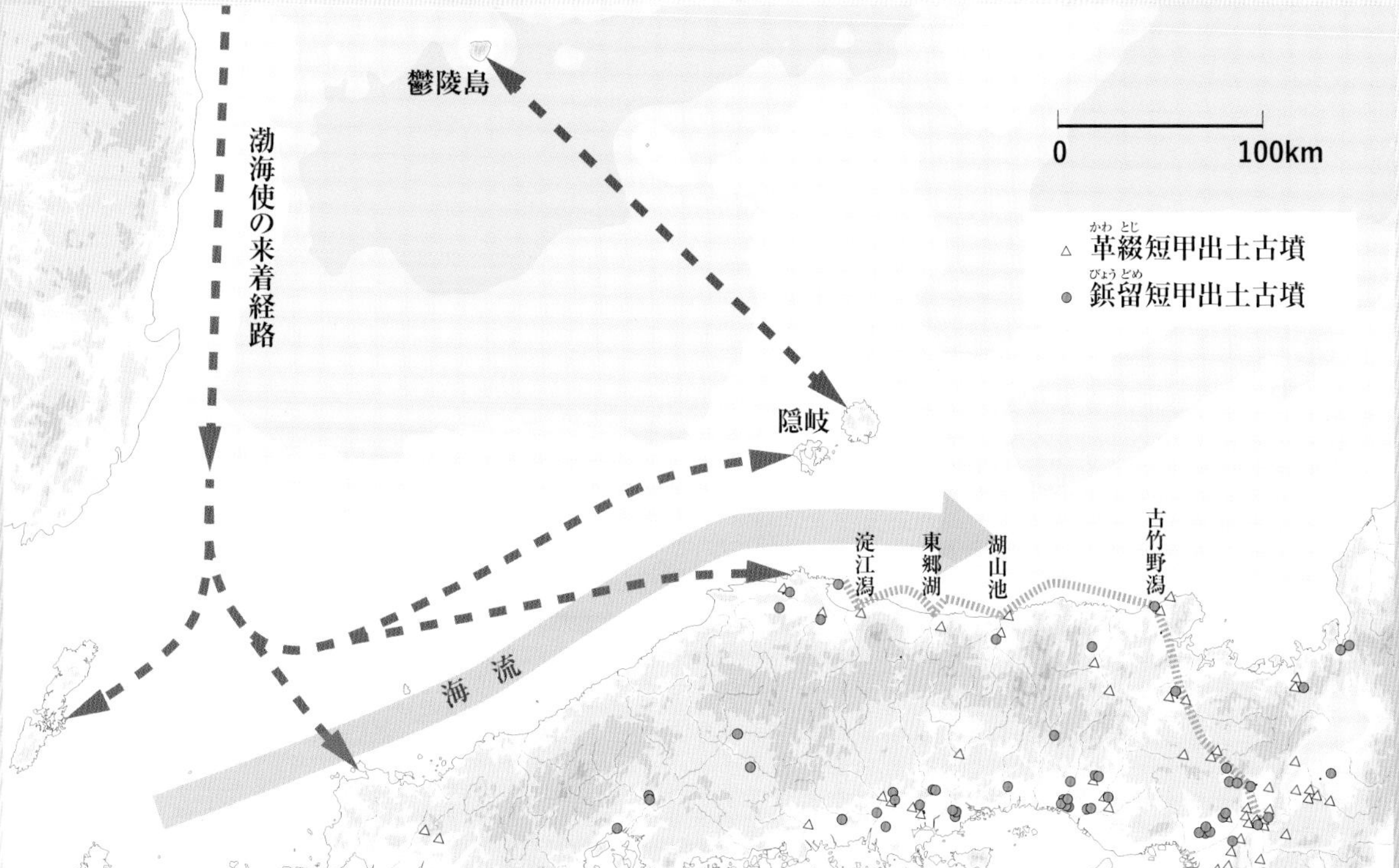

神の衣服を織る

◆天照大神に奉る神衣《かんみそ》の製作を担当する氏族は、多気郡を本拠とする神服部《かむはとり》と神麻続部《かむおみ》であった。この地域には、神島祭祀遺物と共通する画文帯神獣鏡を副葬した神前山一号墳（列品８）、頭椎大刀を副葬した坂本一号墳（列品９）があり、当地の有力氏族であった麻続氏に関わる首長墳とみられる。さらには、伊勢神宮に使えた皇女、斎王のための斎宮が置かれた重要な地域でもあった。内宮-多気郡-神島-三河（東海地域）というネットワークの核にいたのが、天照大神へ神衣を捧げる麻続氏であった。その原型は六世紀の神前山一号墳の時代にさかのぼる。

機殿神社の八尋殿《やひろでん》でおこなわれる布の調製　写真提供：神宮司庁

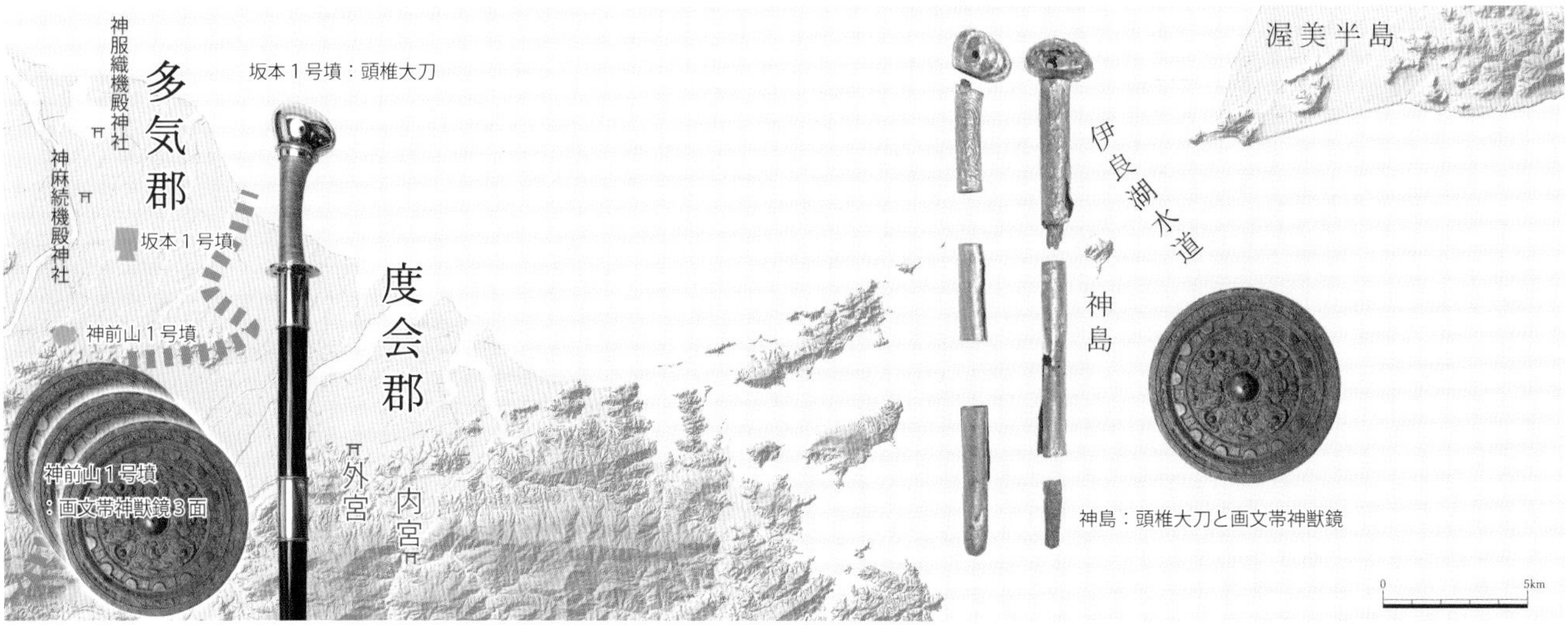

関連遺跡の位置

24　六大A遺跡　木製紡織具

三重県津市

一二点
古墳時代中期（五世紀）
最大長七一・八センチ
三重県埋蔵文化財センター

◆神に奉る物品を総称して「幣帛（へいはく・みてぐら）」と言う。『延喜式』には諸社へ奉る幣帛として食品・武器・玉など多種があげられるが、狭義の幣帛とは布帛《ふはく》の類を指す。神への捧げ物のうち、主たるものが布帛であった。

◆布帛を生産する（糸を紡ぎ、布を織る）工程を紡織という。全国的に、五世紀以降の祭祀遺跡からは木製の紡織具や、土製のミニチュア紡織具が出土する。布自体を捧げるだけでなく、祭祀の場で実際に布を織ったり、あるいは紡織工程を象徴する紡織具を捧げたり、さらには神の調度としてミニチュア紡織具を奉る行為が普遍的におこなわれた。

◆六大A遺跡で出土した多量の木製品には、一連の製糸・製織工程に用いられる紡織具が豊富に含まれていた。展示品はその一部で、榺《たたり》（写真左上の台）や桛《かせ》（右下の工字形）は神島祭祀遺跡の奉斎品（列品25）のモデルに相当する道具である。

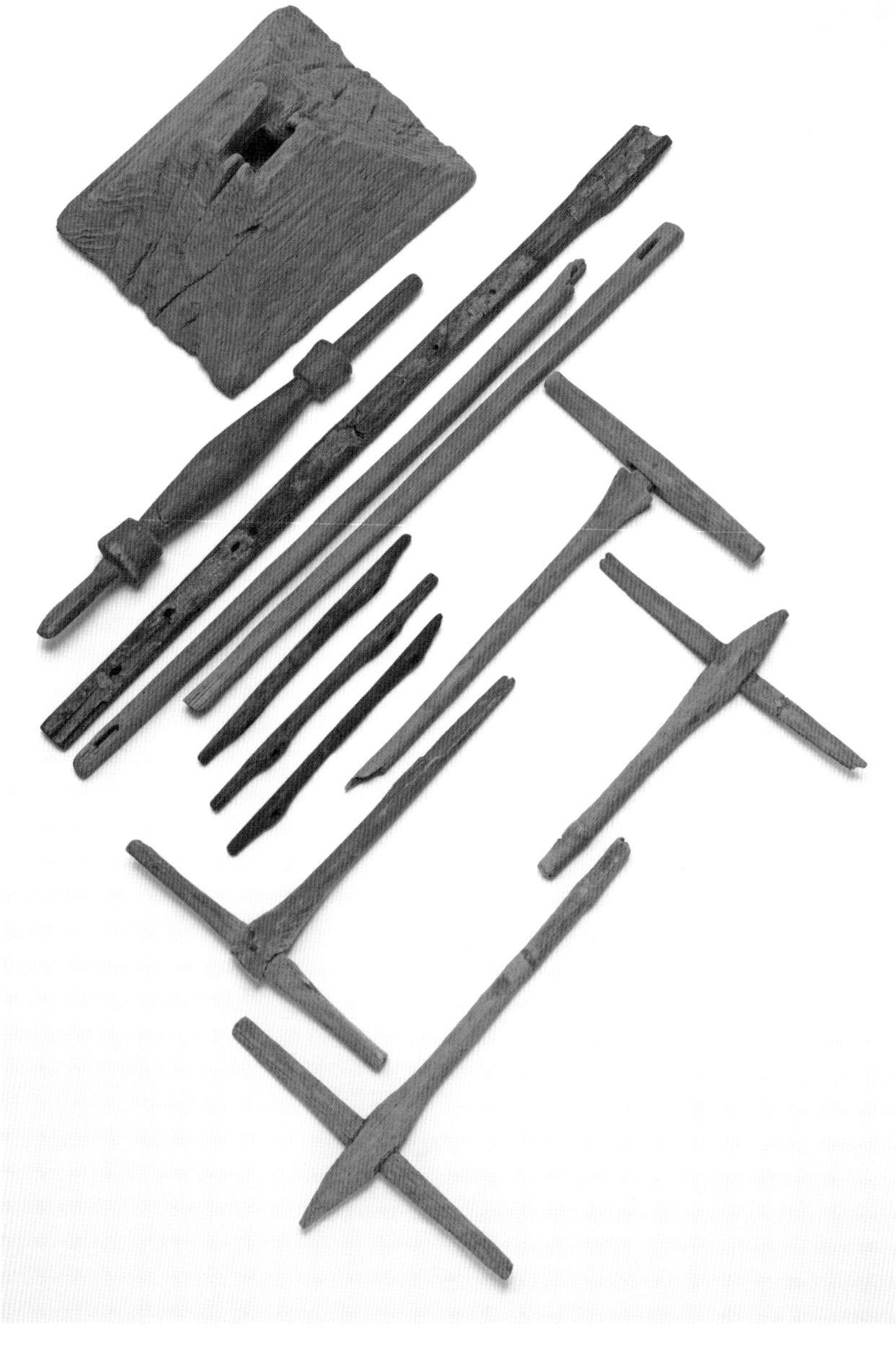

神宮神御衣《かんみそ》祭で供えられる和妙《にぎたえ》（絹：上）と荒妙《あらたえ》（麻：下）
写真提供：神宮司庁

25

三重県鳥羽市

◎伊勢神島《いせかみしま》祭祀遺物
・画文帯神獣鏡《がもんたいしんじゅうきょう》
・金銅装頭椎大刀《こんどうそうかぶつちたち》残欠
・銅轡鏡板《どうくつわかがみいた》
・金銅《こんどう》椯《たたり》
・金銅《こんどう》桛《かせ》

［神獣鏡］一面、［金銅装頭椎大刀残欠］二口分、［銅轡鏡板］一対、［金銅椯］一基、［金銅桛］二個
古墳時代後期（六世紀）〜平安時代（九世紀）
八代神社（三重県鳥羽市）

神島から発見された古墳〜平安時代の奉斎品が神宝として島内の八代《やつしろ》神社に伝わる。展示はその一部。画文帯神獣鏡（六世紀前半）と頭椎大刀（七世紀前半）は伊勢湾岸〜東海の首長層が多く所持したもので、有力古墳の副葬品と共通する。王権が重要視した東国ルート上の首長に配与されたものだ。棒状の鏡板（七世紀か）は鑣轡《ひょうぐつわ》と呼ばれる馬具の一部。

金銅製の紡織具（八・九世紀）のうち、椯は叩いて柔軟にした麻の繊維束を掛ける台、桛は撚りをかけた麻糸を繰る工字形の道具である。神に捧げるため実用品より小さく作られたミニチュア品であり、伊勢神宮の神宝や、宗像沖ノ島祭祀遺跡と共通する品目である点が注目されてきた。

北東上空から神島を望む　奥に本土（鳥羽方面）が見える

◆伊勢湾口に位置する神島は、鳥羽と渥美半島伊良湖《いらご》岬を結ぶ経路上にある。海上交通の安定を目的に孤島でおこなわれる祭祀は、宗像沖ノ島を彷彿とさせるものだ。

◆神島での祭祀を主宰したのは多気郡に拠点を置く麻続氏らと考えられる（48ページ図）。彼らは神宮へ供進するための布帛生産を司る氏族であった。布織物は神への捧げ物のうち基幹的な品である。神宮では神衣祭で皇大神宮と荒祭宮《あらまつり》（天照大神の荒御魂を祀る）に和妙（絹織物）と荒妙（麻織物）を奉る。これは神宮祭祀の中でも古く根源的な祭儀とも考えられるものだ。

◆神島の金銅製紡織具を神宮の神衣祭と関連つける見解もあるが、本品は神の御用に供する調度品（神が使う道具）という性格が強く、その点で宗像沖ノ島のものと同様である。したがって神島が神宮祭祀（神衣祭）に直結するものではないが、海路と、布を織る麻続氏を介して、神島と神宮はつながっている、と言うことができる。

画文帯神獣鏡　面径二〇・八チセン

金銅装頭椎大刀　右上の破片長一三・〇チセン

銅轡鏡板　右長二一・一チセン

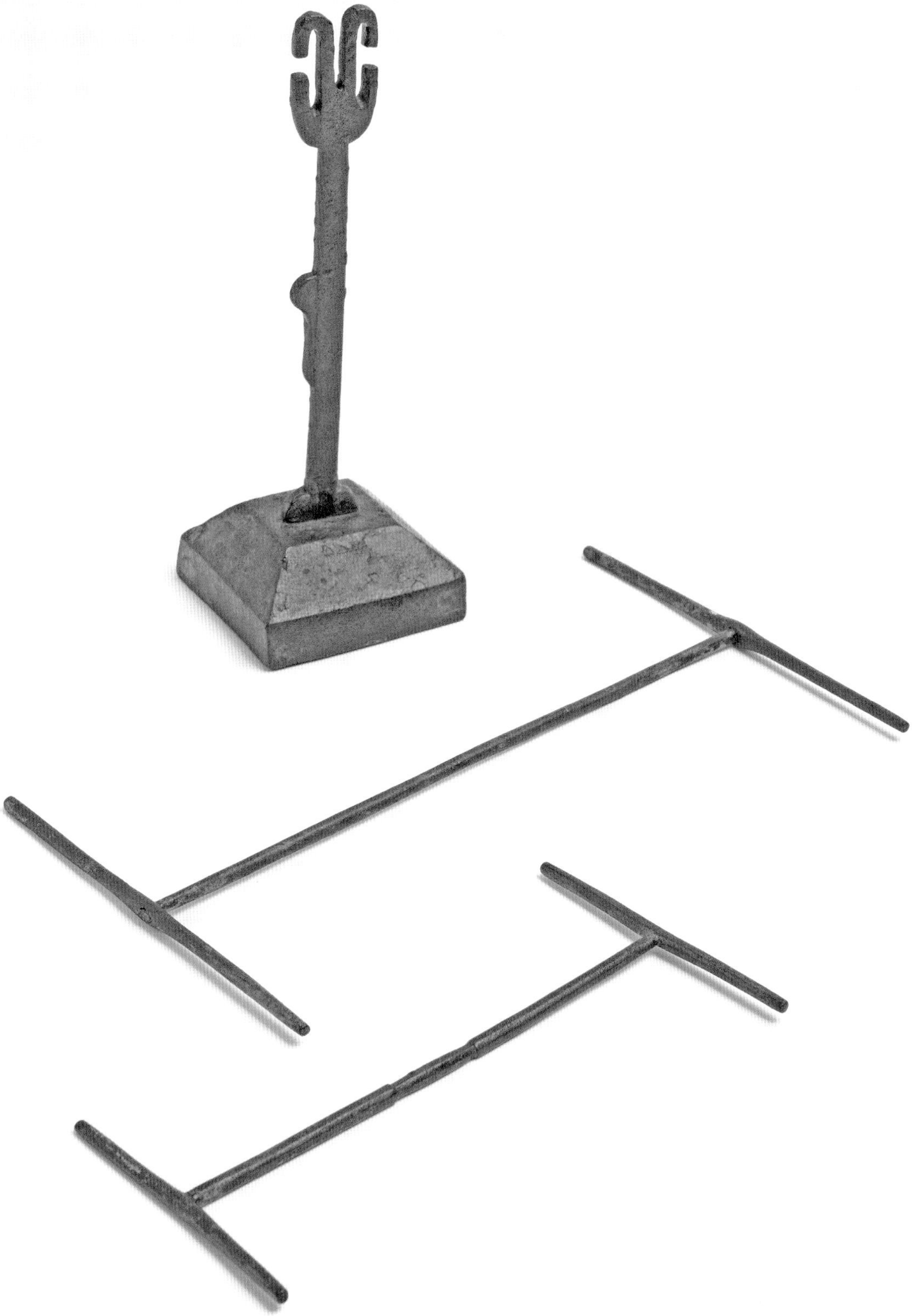

金銅橣（奥）高一九・三㌢・金銅柨（手前二点）

【参考】◎古神宝　金銅椯（左）・金銅高機《たかはた》架《か》（中）・金銅高機　附《つけたり》杼《ひ》　　写真提供：神宮司庁

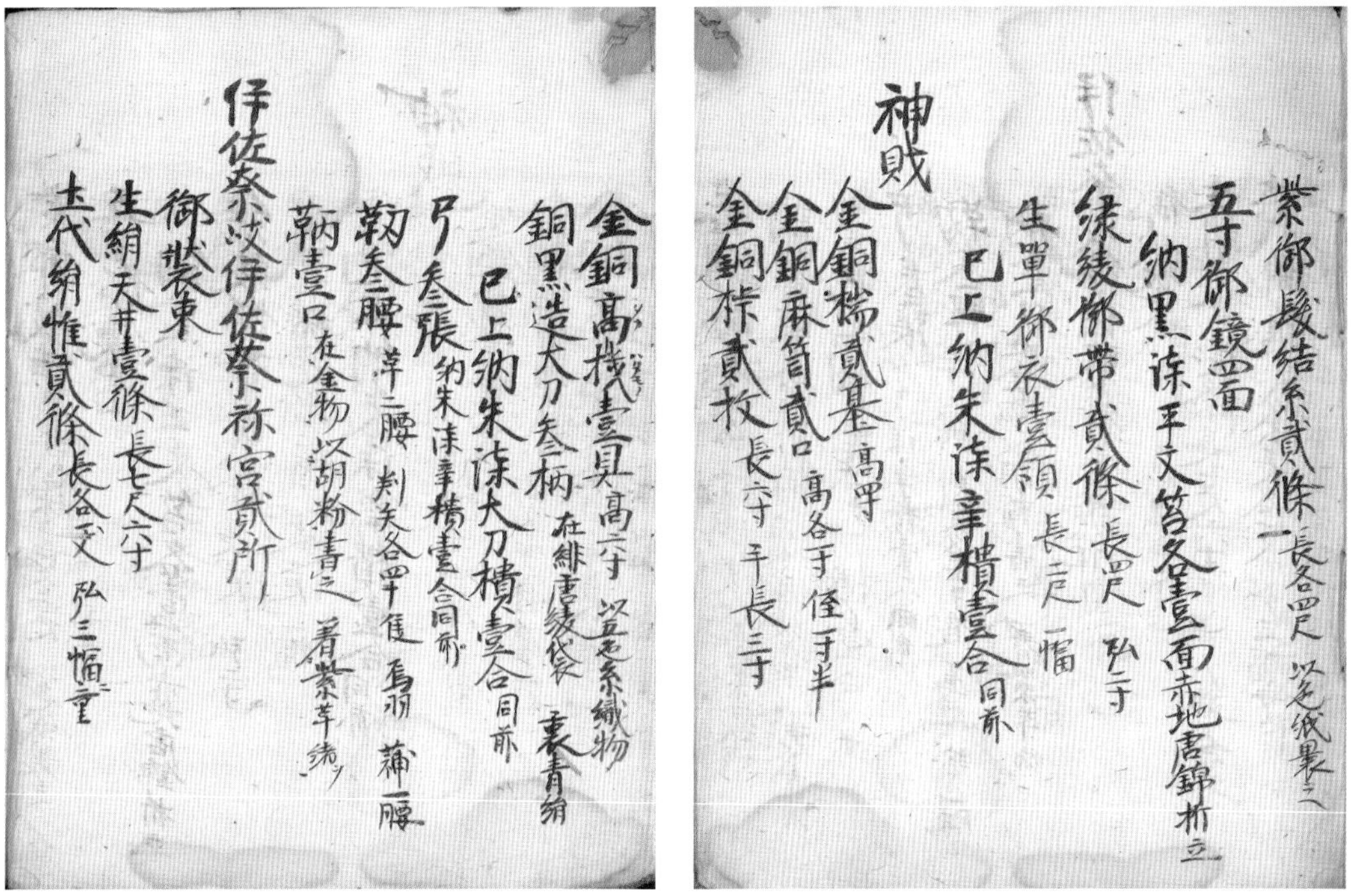

紫御髪結糸貳條 長各四尺 以色紙裹之
五寸御鏡四面
納黒漆平文筥各壹面 赤地唐錦折立
緑綾御帯貳條 長四尺 弘一寸
生単御衣壹領 長二尺 一幅
已上納朱漆韓櫃壹合 同前
神財
金銅椯貳基 高四寸
金銅麻笥貳口 高各一寸 径一寸半
金銅桛貳枚 長六寸 手長三寸
金銅高機壹具 高六寸 以五色糸織物
銅黒造大刀参柄 在緋唐綾袋 裏青絹
已上納朱漆大刀櫃壹合 同前
弓参張 納朱漆韓櫃壹合 同前
靭参腰 葦二腰 判矢各四十隻 烏羽 蒲一腰
鞆壹口 在金物 以胡粉青之 着紫革緒
伊佐奈岐伊佐奈弥宮貳所
御装束
生絹天井壹條 長七尺六寸
赤代絹帷貳條 長各一丈 弘三幅

26　寛正遷宮記《かんしょうせんぐうき》並《ならびに》同官符《どうかんぷ》

一冊
室町時代（十六世紀）写
縦二二・六×横一六・九
神宮文庫

室町前期の寛正三（一四六二）年に斎行された第四〇回内宮式年遷宮に関する記録。このうち、太政官から大神宮司に宛てた「送官符」と呼ばれる箇所には、新調された御装束神宝や御金物の品目数量、制作仕様が細かく記されている。

この中に、天照大神の御魂を祭る別宮伊雑《いざわ》宮の神財（神宝）が記されている。「金銅椯貳基　高四寸」から「金銅高機壹具　高六寸以五色糸織物」までの四件が紡織具である。

この送官符に基づいて寛正三年の遷宮時に調進されたものとされる金銅椯と高機の実物が、伊雑宮の古神宝として現在まで伝わっている（写真）。精巧なミニチュアであり、宗像沖ノ島祭祀遺跡のもの（八世紀頃）のものと類似する。

寛正の遷宮は、本来の式年である宝徳三（一四五一）年から一一年遅れての遷宮であった。これ以降、天正十三（一五八五）年まで一二〇年余りにわたる遷宮中絶期に入る。伊雑宮の古神宝は中絶直前の実物として、極めて重要な品である。

神宮祭祀を支える土器生産

◆斎宮周辺から南方の玉城《たまき》丘陵縁辺にかけて、土師器（素焼きの土器）を焼く焼成遺構が四百基以上確認されている。斎宮や伊勢神宮での祭祀用の器を供給するために、集約的な土師器生産を担っていたとみられる。

◆一帯は古代より神宮の祭儀用土器生産を担っていた有爾《うに》郷にあたり、現在でも伊勢神宮での祭祀に使用する土器はこの地の土器調製所で製作されている。このような土器生産体制は六世紀中頃に開始され、九世紀には遺跡として確認されなくなる。

土器調製所（多気郡明和町）での製作風景　　写真提供：神宮司庁

土師器焼成遺構の分布

祭祀専用の謎の土器

27

三重県多気郡明和町

北野《きたの》遺跡
有孔広口筒形土器《ゆうこうひろくちつつがたどき》

六点
奈良時代（八世紀）
高二一・六〜三四・〇センチ
三重県埋蔵文化財センター

北野遺跡は土器生産の中核となるもので、二二八基もの焼成坑が確認されている。ここでは八世紀初頭頃の、有孔広口筒形土器と呼ばれる特殊な器種がまとまって見つかった。体部が筒状で口縁部が外に開く独特の器形で、底部には焼成前に大きな孔が開けられている。実用的な用途がなく祭儀に用いた儀器とみられるが、供給先と想定される神宮・斎宮跡でも明確な使用事例がない。謎の土師器である。

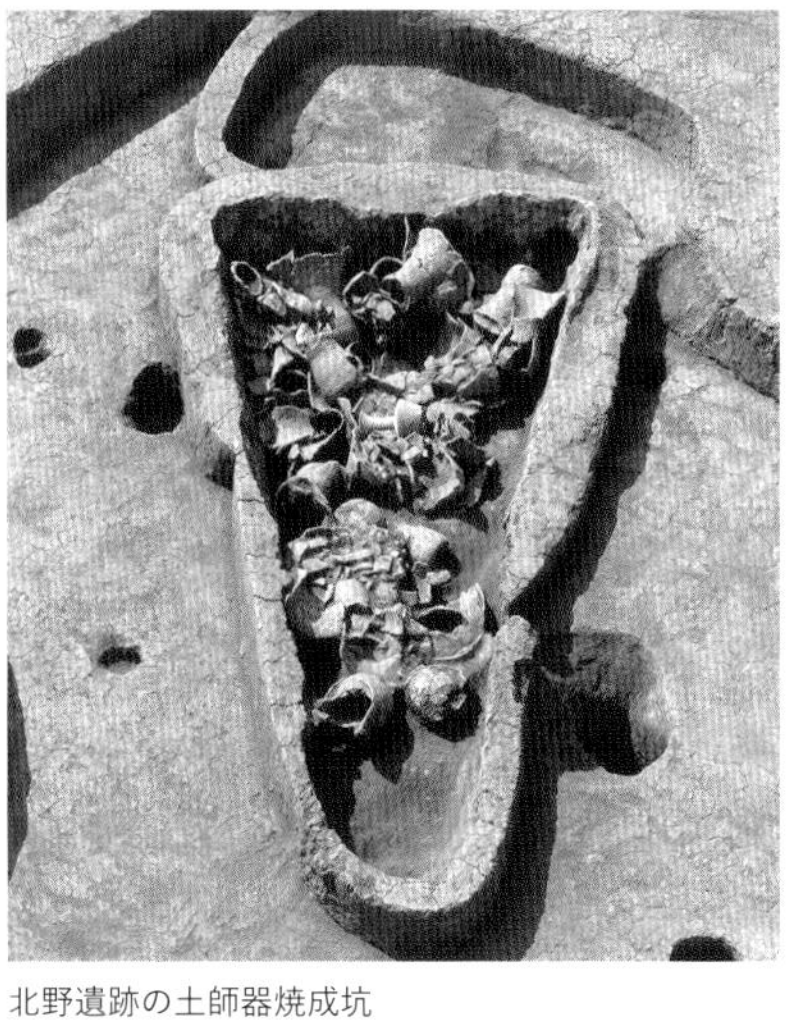

北野遺跡の土師器焼成坑
（有孔広口筒形土器が多数出土した土坑 3092）
写真提供：三重県埋蔵文化財センター

伊勢へ運ばれた出雲の玉

◆古墳時代の出雲では花仙山《かせんざん》（松江市玉湯町）から産出するメノウ・碧玉《へきぎょく》を素材に、玉作が盛んにおこなわれた。出雲で作られた勾玉《まがたま》・管玉《くだたま》などの製品はいったんヤマト王権に納められ、そこから全国各地の有力者へ与えられたものと想定される。出雲産の玉は伊勢へも多数、もたらされたことであろう。

◆五世紀には、大和に王権・中央豪族直轄の大玉作工房が営まれ（曽我《そが》遺跡など）、出雲の玉作工人がそこへ出向いて生産する体制がとられた。出雲の石材と出雲の技術をもって、大和で作られた玉が列島各地の有力者へもたらされたのである。こうして六世紀中頃までは、大和と出雲が玉の二大産地であった。

◆六世紀中頃には、大和での玉作が終焉を迎える。北陸や関東で玉作がおこなわれた時代もあったが、六世紀後半には出雲が全国で唯一の玉作地域となっていく。出雲産の玉は、赤=メノウ、青（碧）=碧玉、白=水晶の三色から構成されるブランド品である。「出雲国造神賀詞」に、出雲国造が天皇に献ずる白玉・赤玉・青玉が天皇の御世の長久を言祝ぐように、出雲産の玉は単なる装飾品・装身具にとどまらなかった。魂・霊（タマ）に通じ、霊的力をもつ呪具でもあったと考えられる。

◆出雲のイメージに神秘的霊力という性格が付加されるのは、出雲産の玉が全国に流通し、珍重されたことが背景にあったのかもしれない。

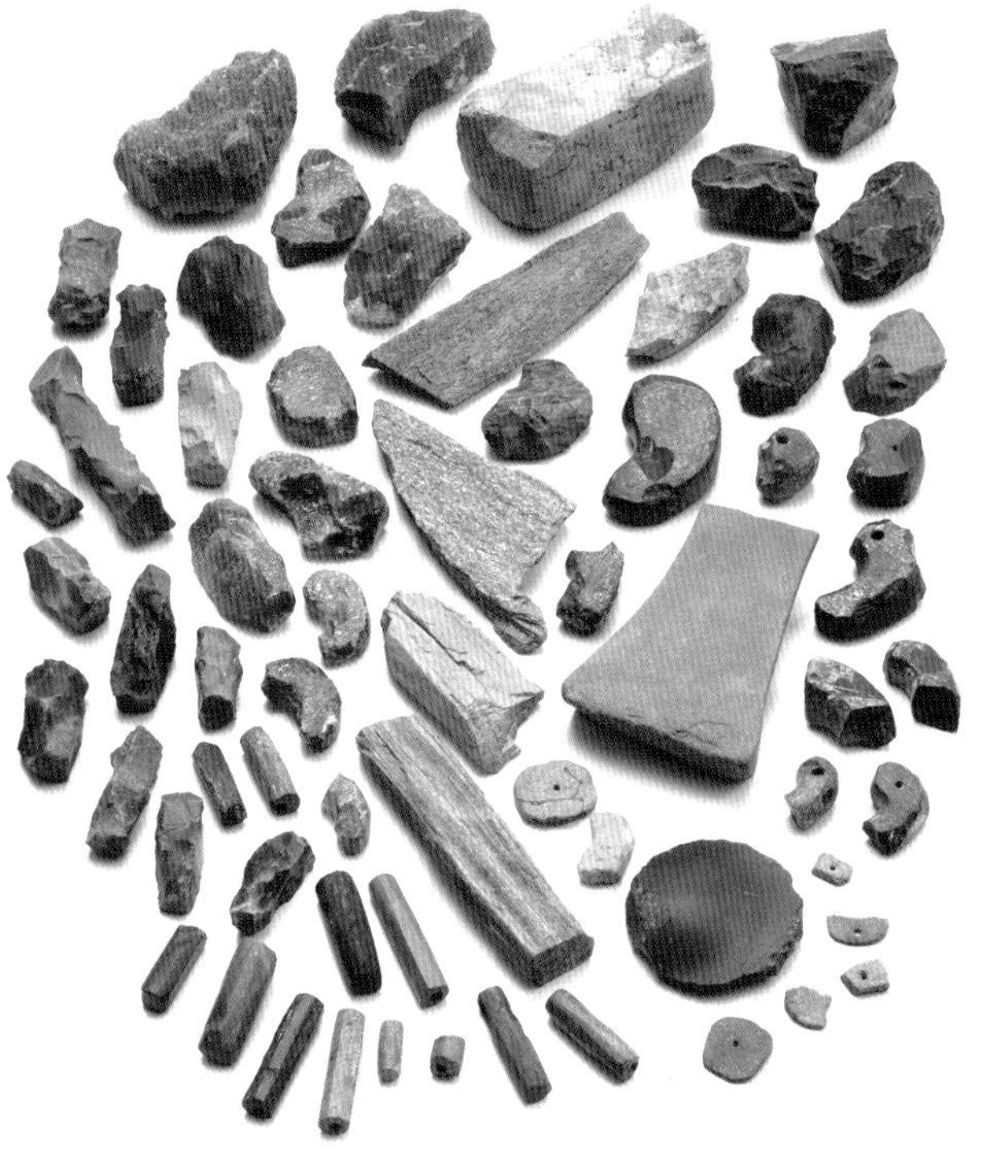

出雲の玉作工房跡から出土した、加工途中の玉類と工具（大原遺跡）

出雲産のネックレスとブレスレット

28 ●東条《ひがしじょう》一号墳　玉類

三重県伊賀市
二七八点
メノウ勾玉長三・五㌢
古墳時代後期（六世紀）
三重県埋蔵文化財センター

東条一号墳は伊賀盆地に築かれた六世紀前半の古墳で、径一一㍍の円墳と規模は小さいが、豊富な玉類が出土した。

碧玉管玉とヒスイ勾玉（写真内側）は首飾りとして、メノウ勾玉とガラス玉（写真外側）は左手の手首に装着した状態で埋葬されていた。このうち、碧玉管玉とメノウ勾玉は出雲産のものである。

出雲（花仙山）産の碧玉は、深い緑色で艶やかな質感をもち、部位によって美しい縞模様を見せる特徴がある。メノウは半透明で質の良いものは均質な朱色を呈すが、後期には色味の薄いものや不純物が混じるものも用いて量産された。玉作の工程には打割、研磨などがあるが、重要なのは孔をあける穿孔工程である。出雲の工人は鉄針を用いて、片側から穿孔する点にこだわっている。片面穿孔は出雲の玉の特徴である。

水晶玉も出雲ブランド

29

三重県伊賀市

天童山《てんどうやま》八号墳　水晶製切子玉

一五点一連
古墳時代後期（六世紀）
長一・七～三・四センチ
三重県埋蔵文化財センター

天童山八号墳は伊賀地域、木津川左岸の丘陵に築かれた六世紀後葉の古墳。横穴式石室内に置かれた須恵器の坏内に納めた状態で、出雲産とみられる水晶製切子玉一五点が出土した。同石室内には木彫金板貼り刀装具をはじめ豊富な器財が副葬されていたものの、地域最上層の有力首長墳ではない。そうした階層にも、出雲産の玉は広く行き渡っていた。

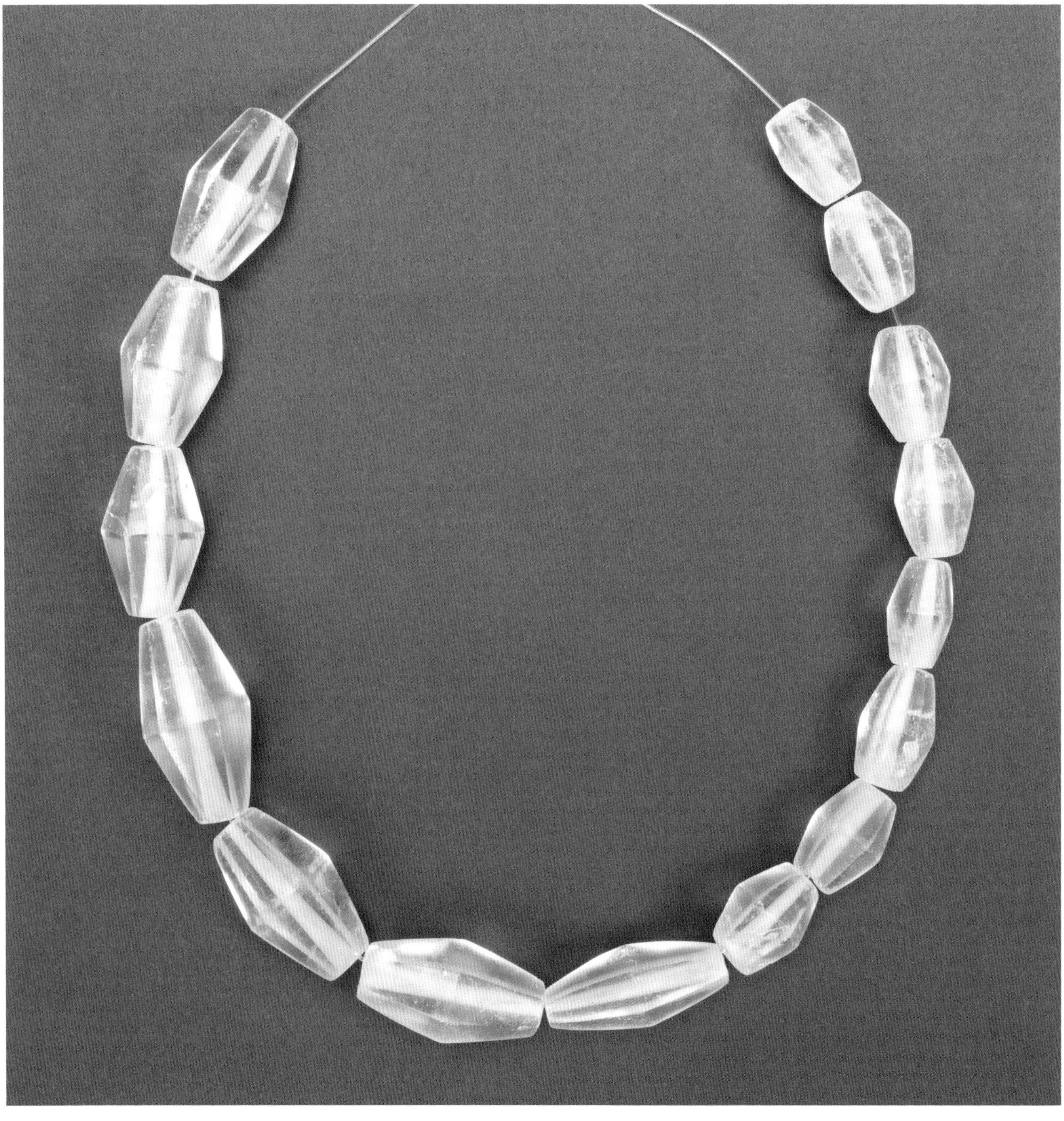

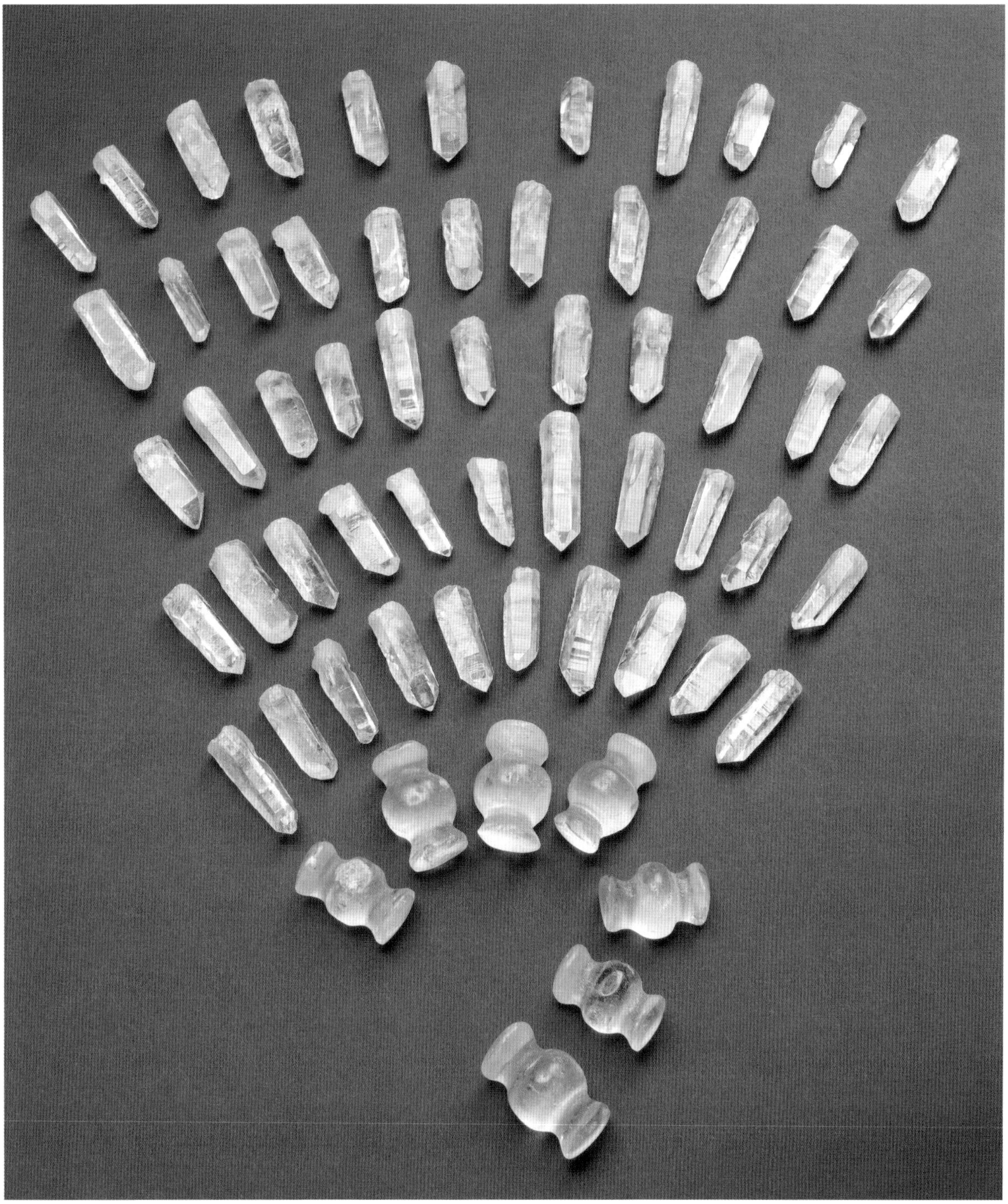

伊勢産の上質な水晶

30

三重県津市

薬師谷《やくしだに》14号墳　副葬品
・水晶製三輪玉《みわだま》
・水晶原石（結晶体）

［三輪玉］七点、［原石］五四点
古墳時代後期（六世紀）
三輪玉長二・八～三・三センチ、
原石長二・四～三・九センチ
津市教育委員会

六世紀中頃の横穴式石室内に水晶原石を多数副葬した、稀少な事例である。原石・三輪玉ともに、結晶形態が明瞭な「自形結晶」と呼ばれる水晶で、極めて透明度が高い。古墳の近傍にあたる松阪市堀坂山には石英鉱床が存在しており、付近で採取された石材の可能性がある（石英の結晶で透明度が高いものが水晶）。

出雲では六世紀後半から玉作工房で水晶製三輪玉の生産を始めているが、石材は半透明に濁ったものである。六世紀前半までの透明度の高い三輪玉は近畿中枢と若狭・近江・伊勢など周辺部に多くみられる。伊勢も有力な産地の一つであろう。本品はそのことを示している。

なお三輪玉は大刀の護拳帯（柄を握る手を守るベルト）を飾るもので、孔をあけない点も含めて玉とは異なる。

国土を護る、要地の神々

日本列島各地の有力神
(大同元(806)年牒神封部にみる畿外神戸の位置と規模)

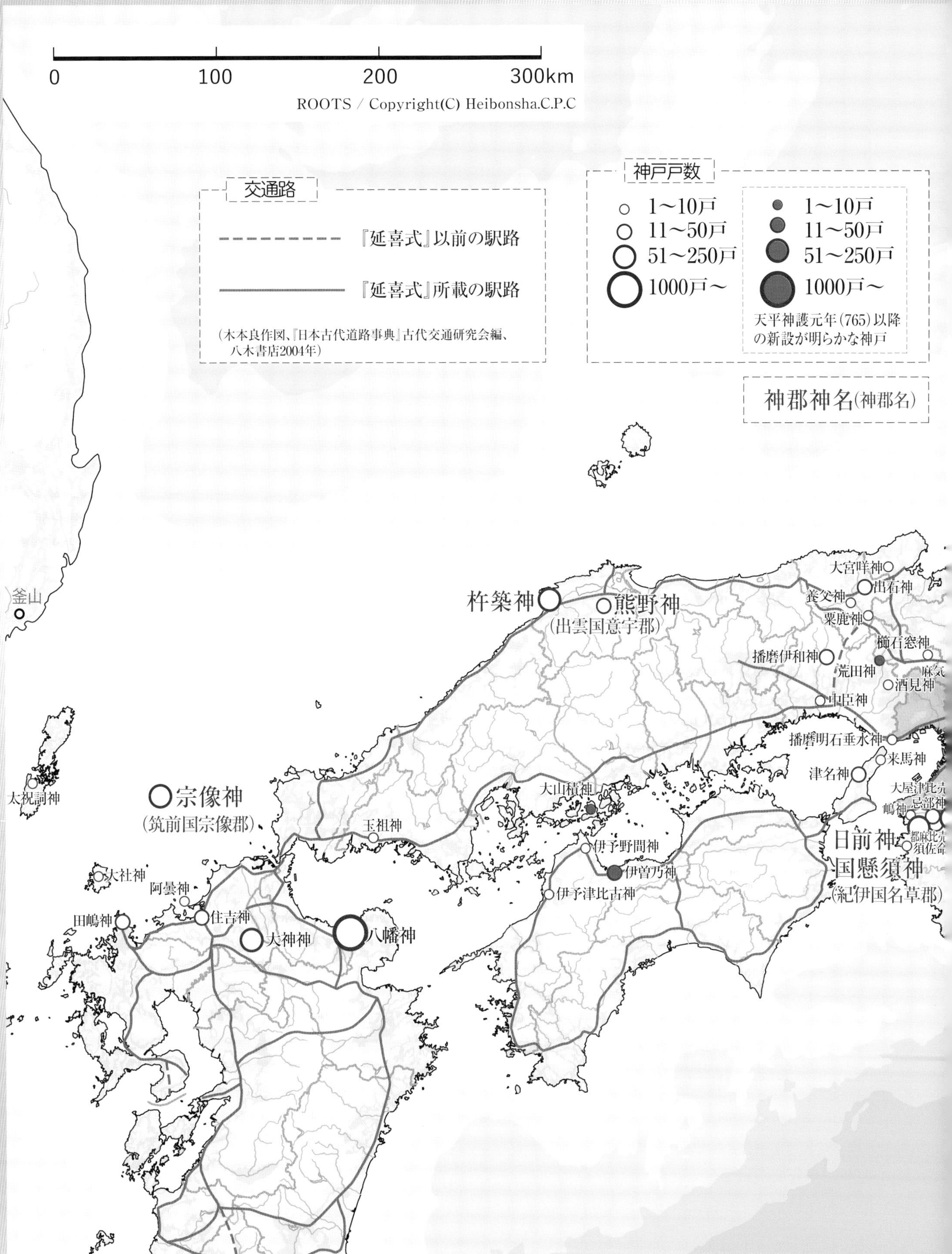

0
100
200
300km
ROOTS / Copyright(C) Heibonsha.C.P.C
交通路
『延喜式』以前の駅路
『延喜式』所載の駅路
（木本良作図、『日本古代道路事典』古代交通研究会編、八木書店2004年）
神戸戸数
1～10戸
11～50戸
51～250戸
1000戸～
1～10戸
11～50戸
51～250戸
1000戸～
天平神護元年（765）以降の新設が明らかな神戸
神郡神名（神郡名）
釜山
太祝詞神
宗像神
（筑前国宗像郡）
大社神
阿曇神
田嶋神
住吉神
大神神
八幡神
玉祖神
杵築神
熊野神
（出雲国意宇郡）
大宮咩神
出石神
養父神
粟鹿神
播磨伊和神
荒田神
櫛石窓神
酒見神
中臣神
播磨明石垂水神
来馬神
津名神
大山積神
伊予野間神
伊曽乃神
伊予津比古神
嶋神
日前神
国懸須神
（紀伊国名草郡）

ヤマト王権にとっての出雲・伊勢

◆前頁の図は、平安時代初頭の、地方（畿外）における神戸の位置と規模を示したものである。神戸とは、特定の神社の施設や祭祀を維持するための財源を担う民戸であり、「神領民」のようなもの、と言えば分かりやすいだろうか。神戸での生産物や労働は、租庸調のような公的財政に組み込まれず、神社のために充てられた。神戸は自身で獲得するものではなく、国家が認定するものである。したがって神戸の位置は、国家が祭祀を必要と認めた、有力な地方神の地域を示す、ということができる。

◆このような各地の有力神に対する祭祀の多くは、古墳時代に淵源をもっている。律令国家があらたに創出したような存在ではなく、少なくとも二百年以上の時間をかけて、それぞれの地域に形成されたものなのだ。その背景には、古墳時代のヤマト王権にとっての地域像が色濃く反映されている。

◆例えば、安房国安房郡の安房大神（安房神社：千葉県館山市）は、天皇の食膳を司る御食津神《みけつかみ》として宮中で尊重されたために厚遇されたが、その背景には安房の岩礁地域に多く生息するアワビを始めとした海産物の貢納関係があった。安房では六世紀後半に専業的な漁業集落が確立するとともに、そうした海産物生産を掌握する首長（後の安房郡司となる氏族）が現れる。王権から装飾大刀を与えられた首長は、大王への海産物貢納を担い、地域神祭祀を司った。こうした大王の食膳に関わる六世紀代の構造が、律令期にも基本的に引き継がれていると見てよい。

◆有力地域神は、広域交通路における重要地に位置する、という指摘がある。ここでいう重要地とは、王権の国土観における「境界域」である。例えば朝鮮半島へ渡海する途上にある宗像神や、東国世界に対峙した鹿島神・香取神が、その構図で理解されている。その点では出雲も、弥生時代から古墳時代にかけて、日本海側における現実的な境界域として機能してきた（50頁）。さらに八世紀以降は、新羅との緊張関係における軍防意識の中で、異国と接した辺地境界としての地域像が色濃くなっていく。都から見た出雲は異世界との窓口であり、それが出雲像の基本的前提である。

◆一方伊勢は、伊賀を介して大和中枢部と直結している点で、出雲の立地と根本的に異なる。また、平地が広く、高い生産力を背景にした首長権の伸張も、概して出雲より顕著といえる。さらに豊かで新鮮な志摩の海産物も王権が重要視する要素であった。海のない大和からみて、海に面した伊勢は東方への出入り口であり、そうした面では西方の出入り口にあたる紀伊と交通地勢上の要素は近い。

◆このように、各地の有力地域神の性格は一様でなく、それぞれ異なる経緯背景を有する。特に伊勢と出雲との比較においては、両者に共通する要素を見いだすことが難しく、全く異なる地理的要素・歴史的経緯を背景にした地域、と言えるだろう。

第二章

古代祭祀の世界

律令国家が誕生する飛鳥・奈良時代になると、伊勢には斎宮が、出雲には出雲国造を中心に神社群が整備される。こうして両者は、性格の全く異なった聖地への道を、それぞれ歩んでゆくことになる。

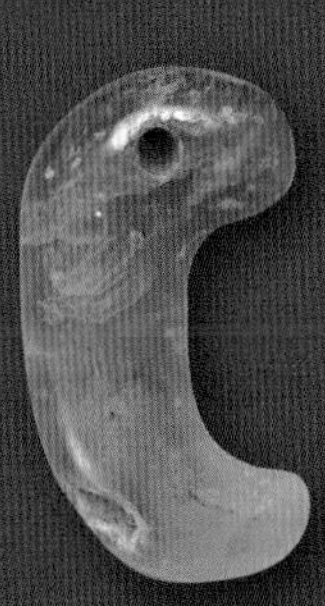

神宮の祭祀空間　別宮分布

◆伊勢神宮には約四km離れた位置にある内宮・外宮の正宮のほか、これに次ぐ格式の別宮、さらに摂社・末社・所管社がある。大正十二（一九二三）年に創建された別宮、倭姫宮を含め、合計一二五の神社をすべてあわせて「神宮」という。

◆摂社は『延喜式』神名式に、末社は『儀式帳』（列品34・35）に記載のある社である。またそれ以外に、ゆかりのある社が所管社とされる。

◆その多くは正宮域内もしくは周辺にあたる伊勢市内に鎮座するが、別宮の中には正宮から約三〇kmの瀧原宮《たきはらのみや》・瀧原並宮《たきはらのならびのみや》や、二一kmの伊雑宮《いざわのみや》のように、距離を隔てた神社も存在している。これらはいずれも神宮の祭祀に深く関わる歴史的経緯のある地に祀られており、広域に展開する信仰体系の一部を構成している。

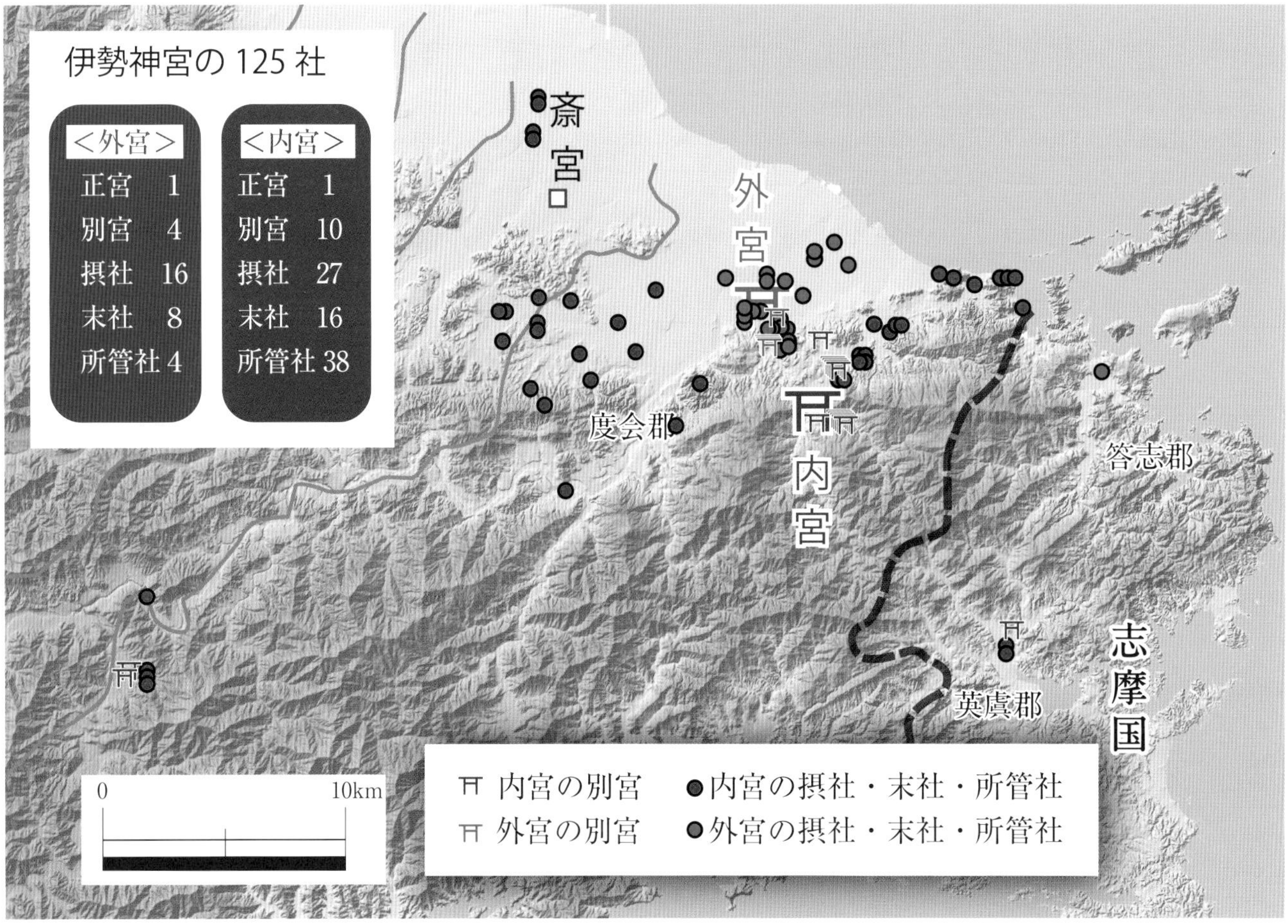

伊勢神宮を構成する社の種別・数と位置

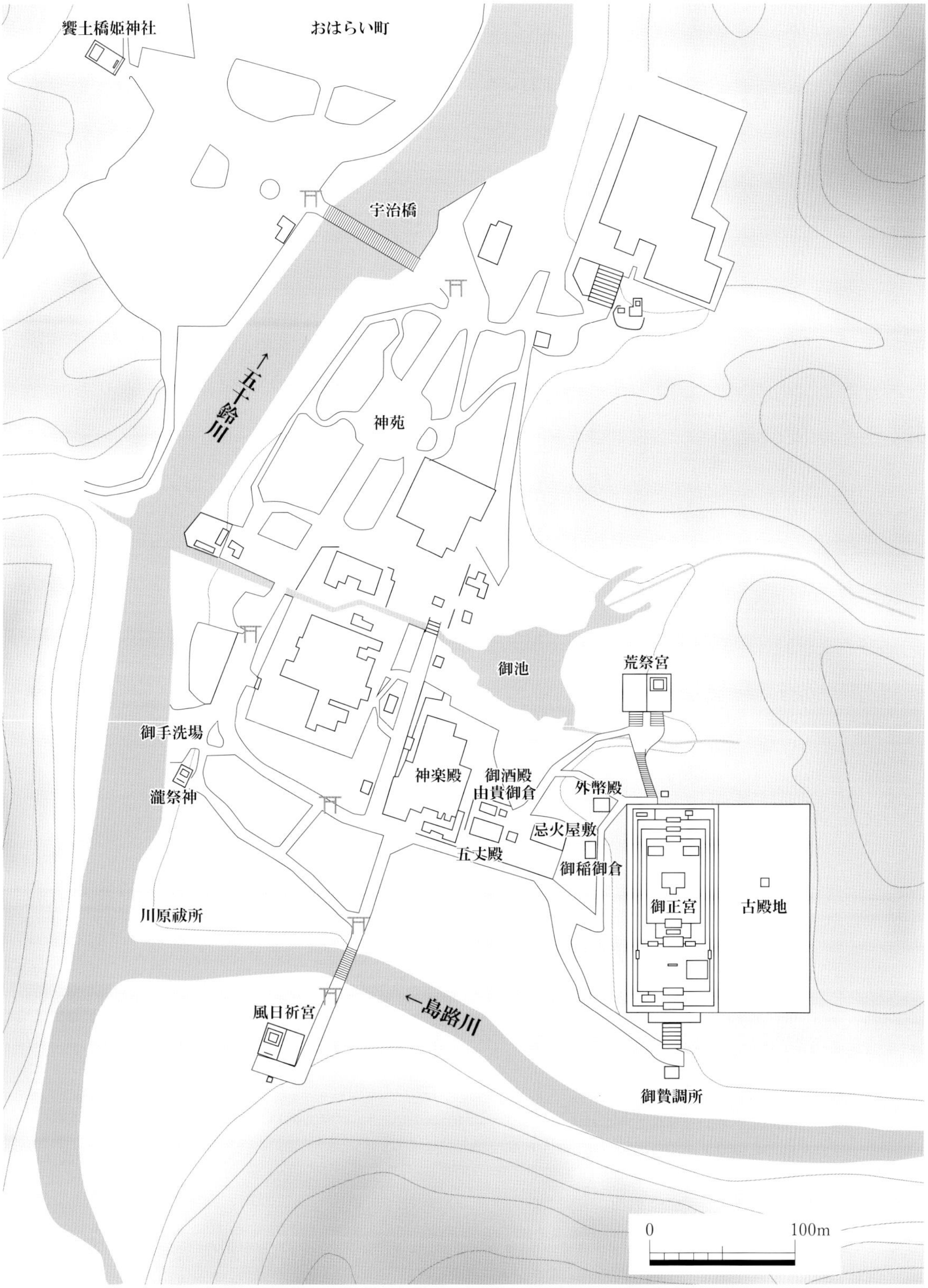

伊勢神宮　内宮域の立地と全体図

古墳時代の祭祀遺跡だった内宮

◆内宮域からは、古墳時代中期頃の滑石《かっせき》製臼玉《うすだま》がまとまって出土している。これが神宮境内において考古学的に確認できる最も古い祭祀痕跡である。

◆滑石製の祭具を用いた祭祀は大和の三輪山西麓が発信源であり、ヤマト王権の展開にともなって列島内に広がった。そうした祭祀空間が重要な神社境内につながる事例は多く、出雲大社境内もそのひとつである。

【参考】伊勢神宮（内宮）境内出土の臼玉
（東京国立博物館蔵）　Image:TNM Image Archives

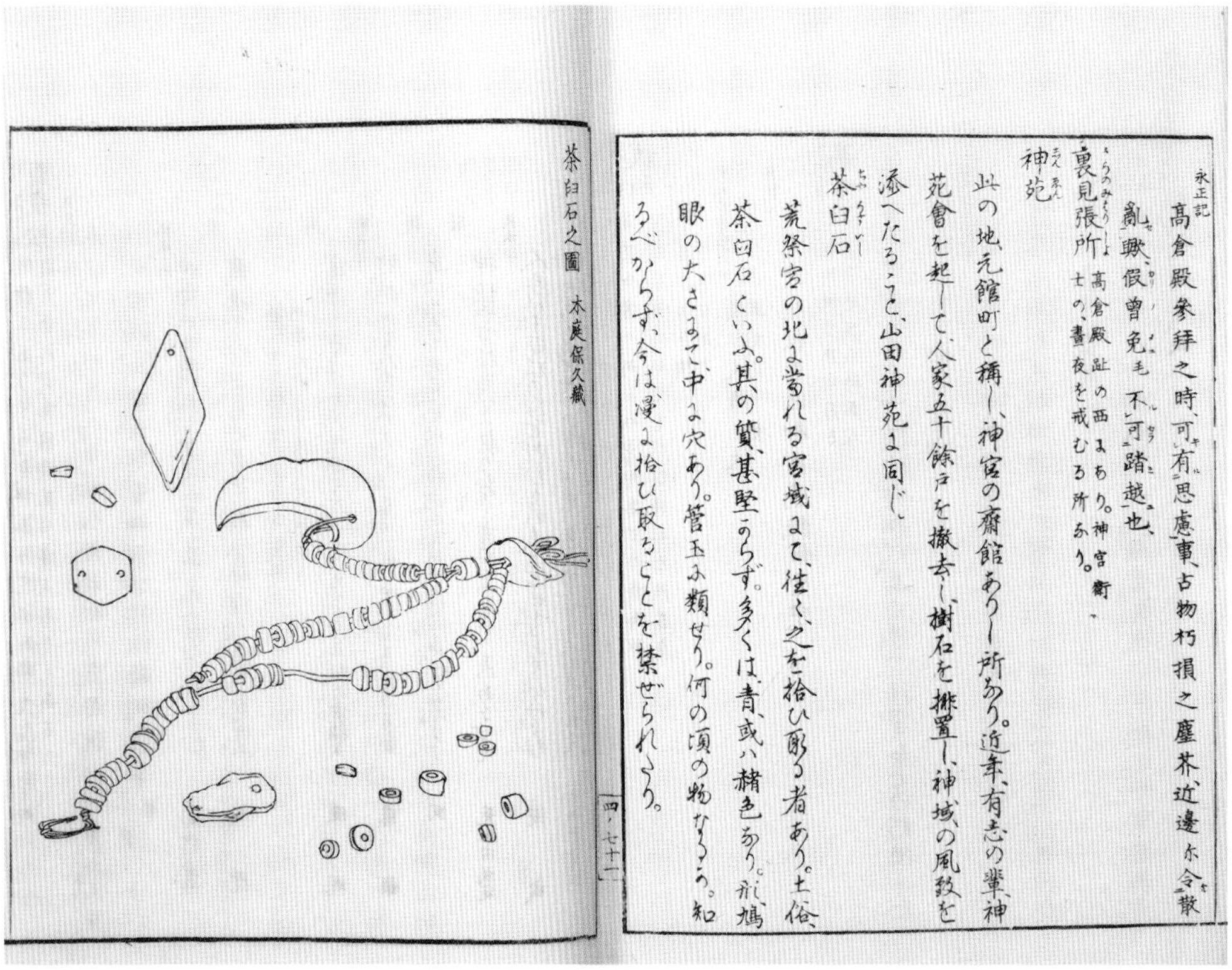

永正記
高倉殿参拝之時、可有思慮事、古物朽損之塵芥、近邊ニ令散亂歟、假曽兎毛不可踏越也、
裏見張所　高倉殿趾の西にあり。神宮衛士の、晝夜を戒むる所なり。
神苑
此の地、元館町と稱し、神宮の齋館ありし所なり。近年、有志の輩、神苑會を起して人家五十餘戸を撤去し、樹石を排置し、神域の風致を添へたること、山田神苑に同じ。
茶臼石
荒祭宮の北に當れる宮域にて、往々之を拾ひ取る者あり。土俗、茶臼石といふ。其の質、甚堅にあらず。多くは青、或ハ赭色なり。形、鳩眼の大さにて中に穴あり。管玉の類なり。何の頃の物なるにや。知るべからず。今は漫に拾ひ取ることを禁ぜられたり。
四ノ七十一

荒祭宮茶臼石之図

滑石製品を詳細に記録図示

31　神都名勝誌《しんとめいしょうし》　巻四

一冊
明治二十八（一八九五）年
縦二六・五×横一九・〇センチ
斎宮歴史博物館（三重県多気郡明和町）

荒祭宮の北側に、当時「茶臼玉」と呼ばれた滑石製臼玉が拾われる地点があったことが、図入りで紹介されている。図には約八〇点の臼玉の他に、滑石製の勾玉・剣形・有孔円板が描かれている。いずれも古墳時代中期以降の祭祀遺跡によくみられる構成である。

臼玉の中には、側面に稜が表現された算盤玉状の形態のものがある。これは臼玉の中でも古い特徴であり、五世紀前半にさかのぼる可能性もある。

内宮域から出土した滑石製品は他に東京国立博物館蔵品（徳川頼貞寄贈）や大手前大学蔵品（井上頼文旧蔵）があり、記録に残るだけでも四〇〇点以上が発見されている。実際にはかなりの量が包蔵されていることが想定される。

『神都名勝誌』は神宮司庁が編纂した伊勢神宮の案内記で、神三郡（飯野・多気・度会郡）を中心に鳥羽・二見を含めた名所や旧跡を図画入で紹介したもの。

神宮・外宮の立地

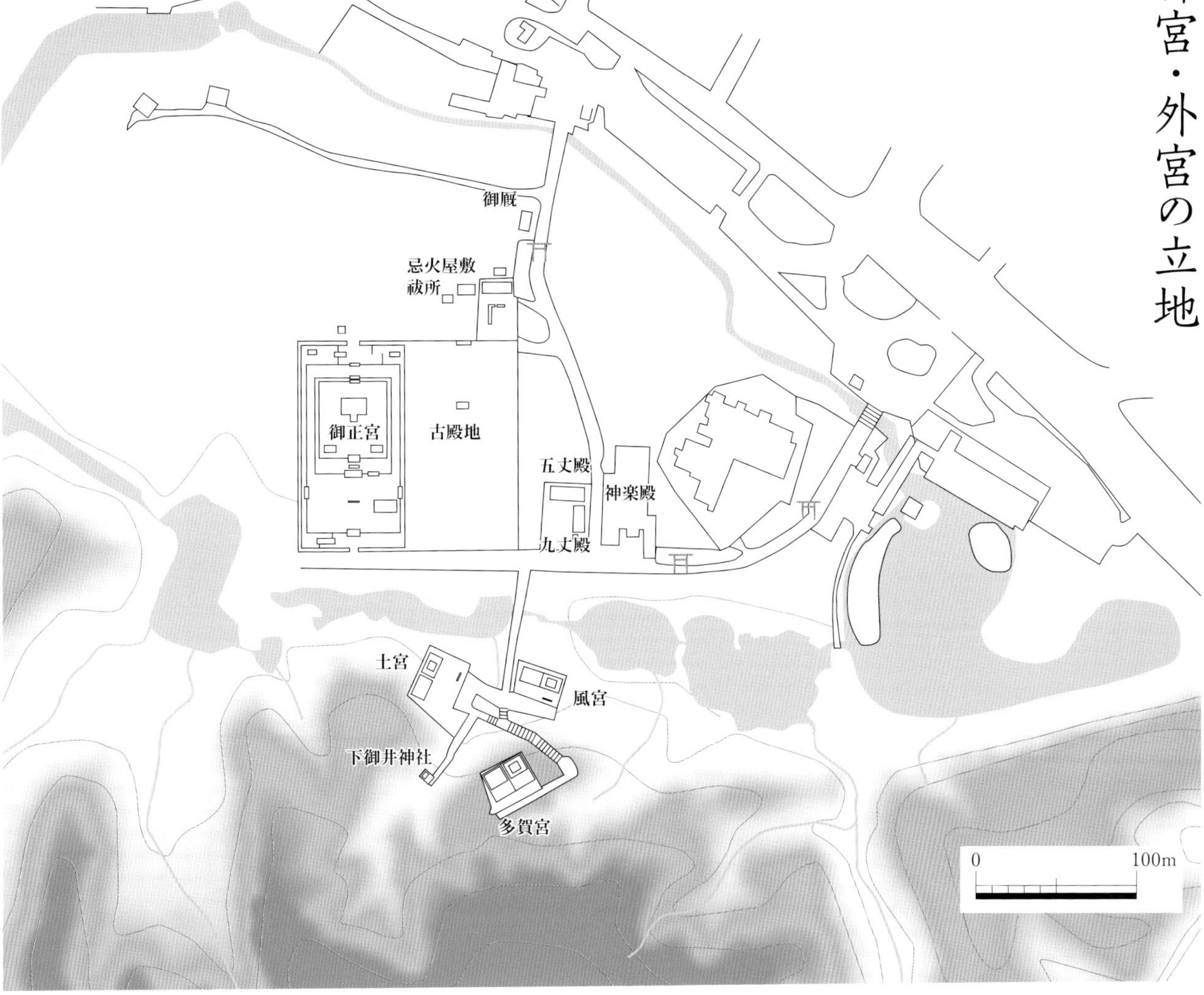

伊勢神宮　外宮域の立地と全体図

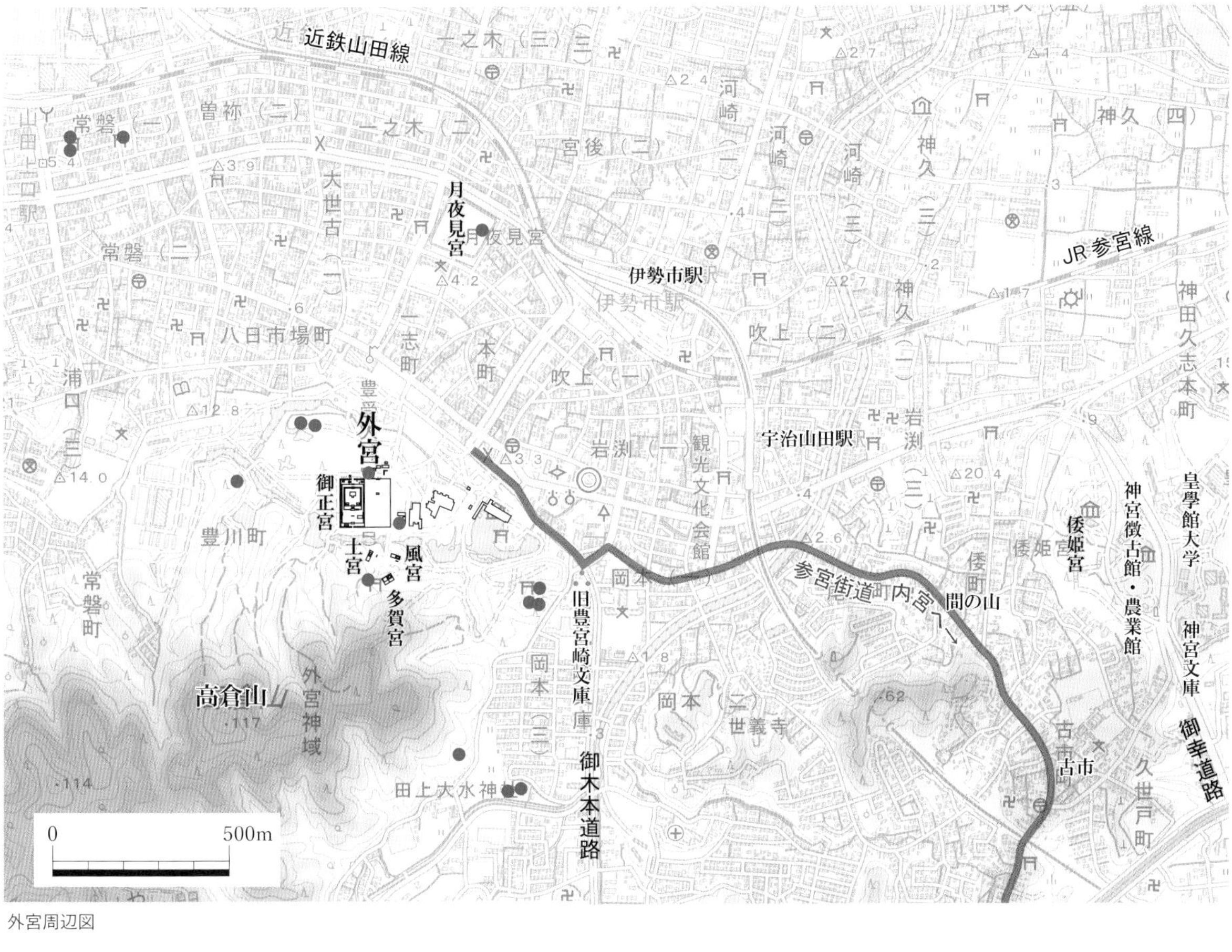

外宮周辺図

外宮奉斎首長の古墳か

◆外宮の背後にそびえる高倉山（一一六メートル）の山頂に、六世紀末〜七世紀初頭、全長一八・五メートルの巨大な横穴式石室をもつ古墳が築かれた。高倉山古墳である。神宮が所在する度会郡ではそれまで有力な古墳系列がみられないが、お膝元、それも外宮の裏山にあたる地点に、突如出現した傑出した古墳であって、南伊勢で最有力の古墳でもある。外宮祭祀に関わる在地氏族、おそらく度会氏が、王権関与のなかで有力化したものと考えられる。

◆高倉山古墳の横穴式石室は、鎌倉時代にはすでに開口しており、江戸時代には「天岩戸」と呼ばれて神楽がおこなわれる名所であった。古墳周辺には神楽殿や茶店があったという。「伊勢両宮曼荼羅図」（列品53）では右上隅に、古墳の石室前で巫女神楽が奏される様子が描かれている。

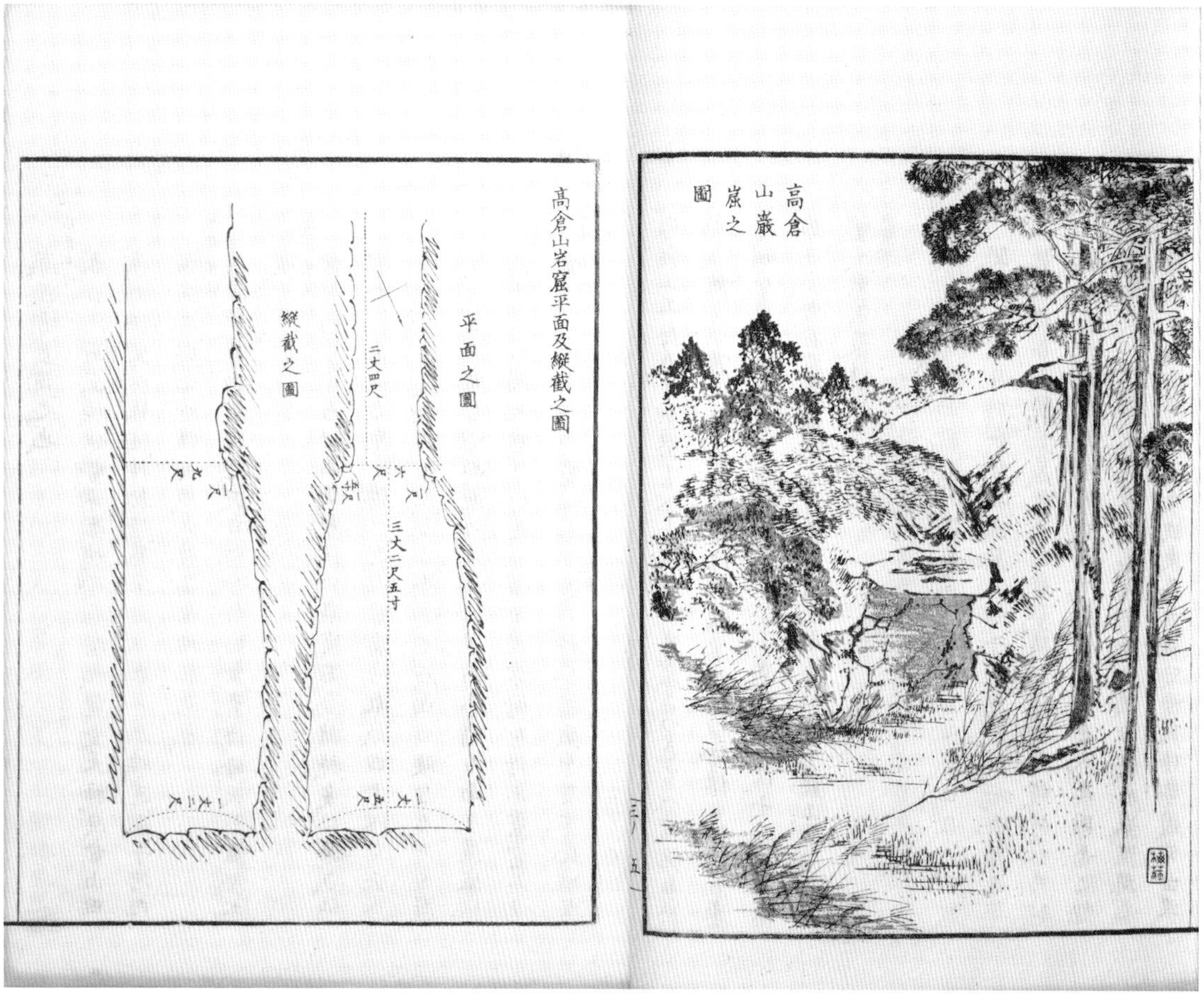

岩窟が石室であることを指摘

32 神都名勝誌《しんとめいしょうし》 巻二

一冊
明治二十八（一八九五）年
縦二六・五×横一九・〇センチ
斎宮歴史博物館（三重県多気郡明和町）

列品31と同じく、『神都名勝誌』全六巻の一部。「岩窟」の項を立てて高倉山古墳の横穴式石室を図画入りで紹介する。ここでは、「此の岩窟を、春日戸高坐神、伊勢津彦神の穴居の跡とも、天日別命の火気を避け給ひし所ともいひ、又、古代の墳墓なるべしともいへり」として、横穴式石室とする見解があることを紹介している。なお春日戸高坐神は高倉山に坐す神、後二神は『伊勢国風土記』逸文にみえる。伊勢津彦神はもと伊勢国を支配していた神で、天孫降臨に際して天日別命が「国譲り」を迫ったところ、夜中に海水を吹き上げて東に去っていった、とされている。

被葬者の勢力を示すもの

33

高倉山古墳《たかくらやまこふん》　副葬品
・玉類
・水晶製三輪玉
・馬具（雲珠《うず》）

三重県伊勢市

［玉類］十点、［水晶製三輪玉］二点、
［馬具］雲珠一個体分
古墳時代後期（六世紀末～七世紀初頭）
メノウ製勾玉長三・八センチ
神宮徴古館（三重県伊勢市）

石室が早くに開口していたため副葬品は散逸しているが、昭和五〇年の石室内清掃調査時に残っていたものが回収されている。

玉類はいずれも出雲産のもの。水晶製三輪玉は大刀の護拳帯につける飾りであり、神宮神宝にある豪華な玉纏御大刀《たまきのおんたち》の祖型になった、倭装の飾り大刀が副葬されていたことを示す。馬具は鉄地金銅装で、残されていた雲珠以外に轡《くつわ》や杏葉《ぎょうよう》、辻金具、鞍など金色に輝く馬装一式が副葬されていたものとみられる。これらの他に、須恵器や耳環《じかん》（捩りの入った特異なもの含む）がある。

現存するのはごく断片的な資料であるが、巨大な石室を構築した被葬者は、地域最上位の首長にふさわしい豪華な副葬品とともに埋葬されていたことがうかがえる。

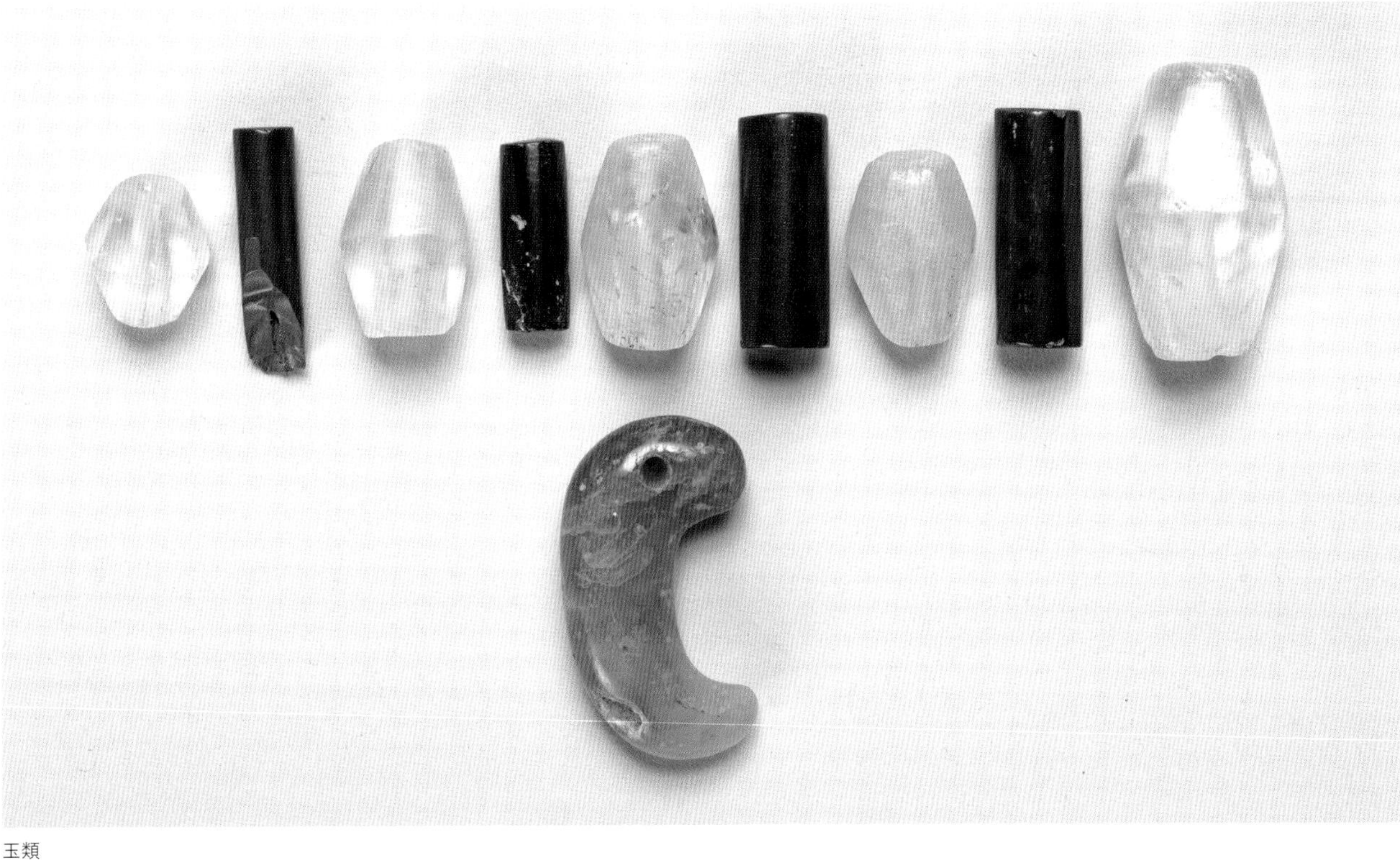

玉類

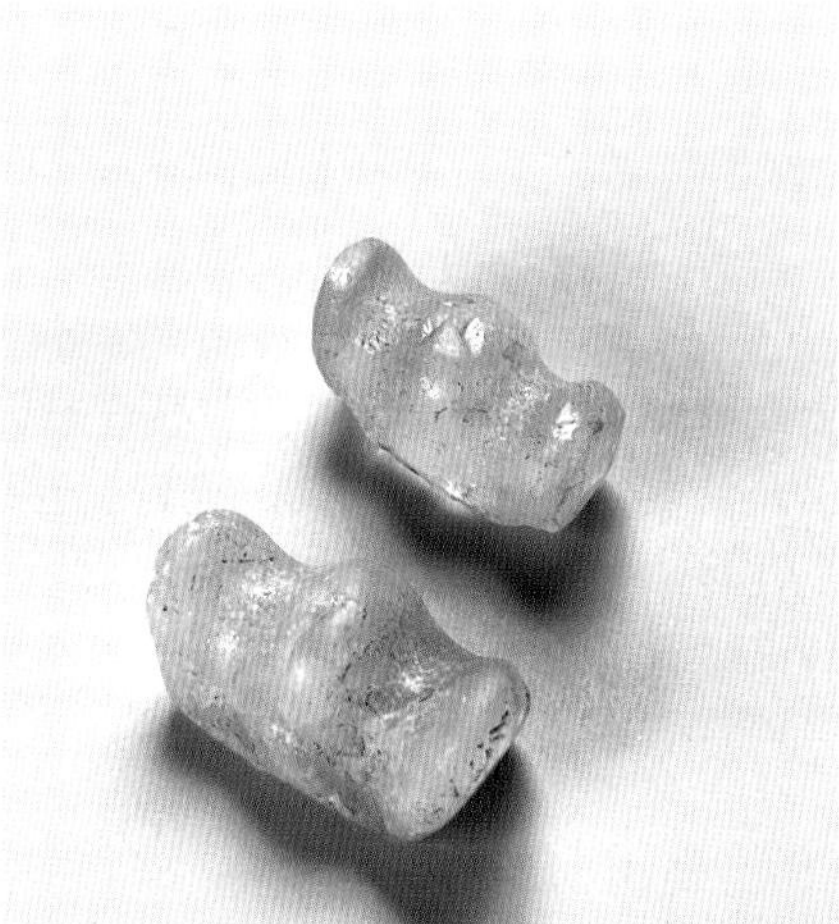

水晶製三輪玉

馬具（雲珠）

出雲大社の立地　前史

◆出雲大社の境内は三方を山に囲まれ、西を流れる素《そ》鵞《が》川に、東を流れる吉野川に挟まれている。発掘調査によって、古墳時代には川が境内中央まで入り込んでいたことが分かっており、原境内は両側の川がY字形に交わる山裾の空間だったことが想定されている（左下図）。

◆このような立地は、初期王権の神である三輪山を拝す大神《おおみわ》神社（奈良県桜井市）と共通する。また、古墳時代の滑石製玉類が多数採集された伊勢神宮の荒祭《あらまつり》宮も川が交わるY字形地形の内側に位置しており（65ページ）、共通した観念のもとで祭祀空間が選地されたものと考えられる。

◆大神神社周辺、伊勢神宮荒祭宮周辺ほかで採取され、祭祀に伴う最も古い考古資料とされているのが古墳時代の滑石製玉類である。出雲大社境内においても、平成十二年の発掘調査時に、同様な滑石製臼玉二点がメノウ製勾玉、蛇紋岩《じゃもんがん》製勾玉ともに出土している。遺跡の保存が決定され調査が中断したため、この時代の遺構面はわずか50㎡しか調査されていないが、そこで掘り上げられた土嚢四百袋の土をふるい掛けして見つかったのが、これらの玉類である。四角く区画するような溝跡や火を焚いた痕跡も見つかっており、祭祀儀礼の跡と考えられている。高坏《たかつき》や壷・甕《かめ》といった土器の破片が足の踏み場もないほど濃密に散らばった中に玉類は混じり込んでおり、確実に伴う土器は前期後葉（四世紀後半頃）であった。

◆滑石という軟質の石材を用いた祭祀用の玉類は畿内の中でも三輪山の麓、ヤマト王権誕生の地である纒向《まきむく》周辺で四世紀後半に創出されたものであり、これが全国的にみても早い時期に出雲大社に持ち込まれていることがわかる。前述したY字形の地形とともに、祭祀体系が大和ー出雲間の接触により持ち込まれたものと見ることができよう。この頃、宗像沖ノ島での祭祀も始まっている。ヤマト王権の広域交通に伴う領域意識、国土観念にともなって、日本海交通上の要地である出雲へ、このような接触が生じた可能性が指摘できるだろう。

◆出雲大社境内で人間の活動が確認できるのは縄文時代晩期後半（約三千年前）で、その後も北山山系南麓では継続して居住があった。当館を建設する前におこなった五反配《ごたんばい》遺跡の発掘調査では、弥生中期中葉～古墳時代前期の水田跡が確認されている。そうした人工的生産空間と自然空間の境界にあたる命主社《いのちぬしのやしろ》の背後（真名井《まない》遺跡）からは、巨岩下に埋納されていた銅戈《どうか》とヒスイ製勾玉が出土している。銅戈は北部九州からもたらされたもので、本州日本海側に類例がない。勾玉は北陸の糸魚川流域に石材を産出した美麗な優品で、青銅器と共に埋納された例は全国で他にない。発見された寛文五（一六六五）年の『御造営日記』によれば、他に現存しない三点の「剣」「ほこ」があったという。おそらく銅剣を含む武器形青銅器が幾度か、山裾の巨岩下に奉じられたようだ。宝器の質・組み合わせともに傑出した様相である。

◆青銅器の制作年代からみて、こうした儀礼は弥生時代中期末頃にはおこなわれていたと考えられる。埋納地の前面には水田が広がっていた時期のことであえる。こうした埋納儀礼は直接出雲大社につながるものとは考えにくいが、北山山麓の随所でおこなわれていた同種の儀礼の場が、最終的に現在の境内地にまとまっていくものと想定される。

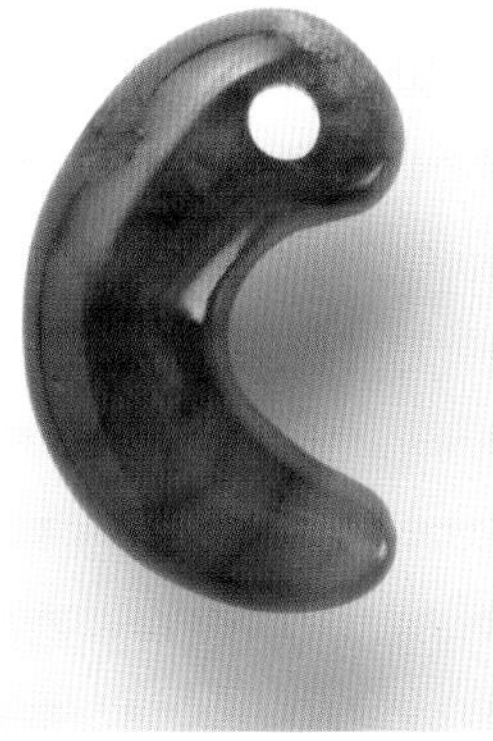

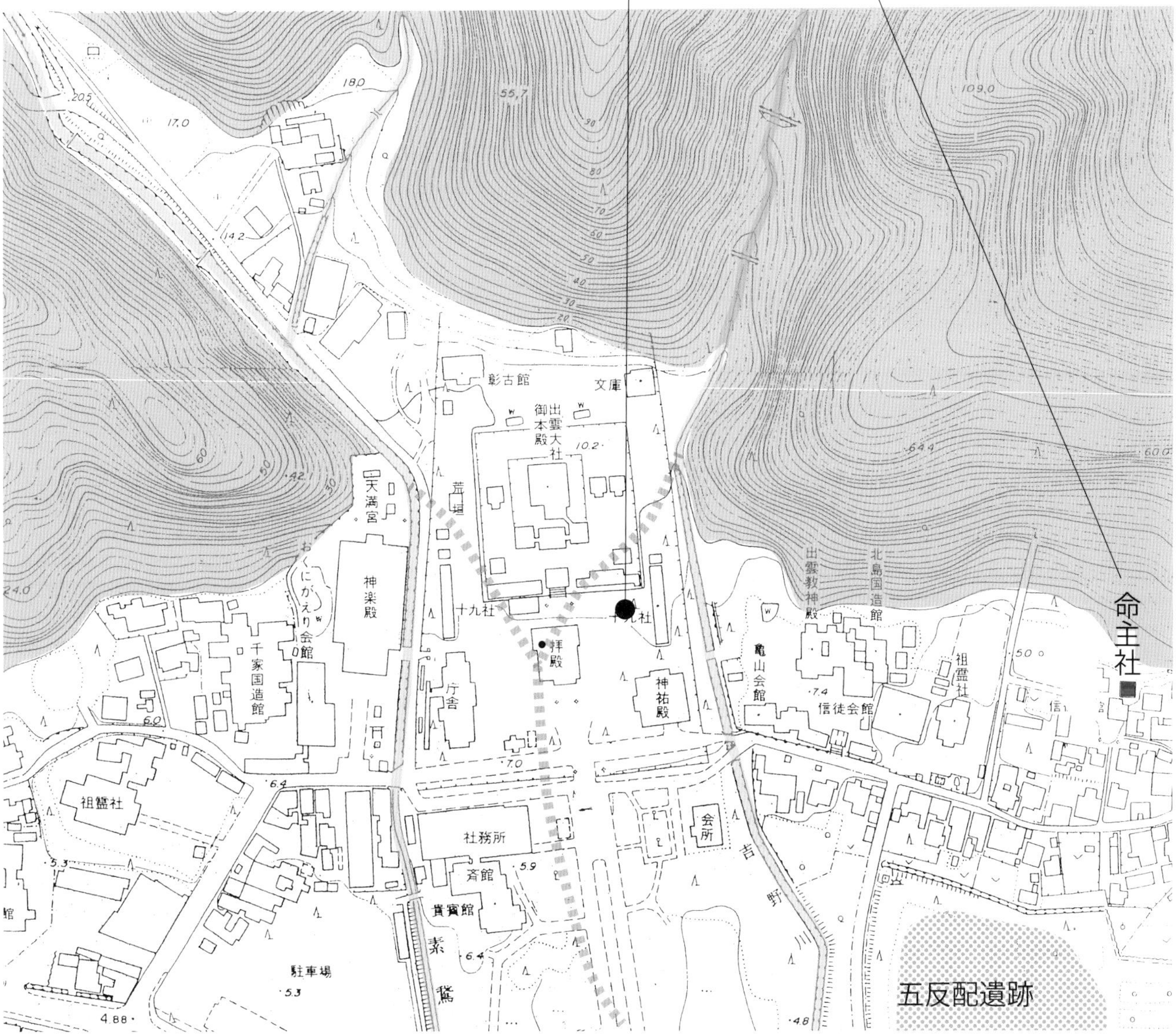
彰古館
文庫
出雲大社御本殿
天満宮
荒垣
神楽殿
おくにがえり会館
千家国造館
十九社
十九社
拝殿
庁舎
神祜殿
祖霊社
社務所
斎館
貴賓館
駐車場
会所
吉野川
素鵞
出雲教神殿
北島国造館
亀山会館
信徒会館
祖霊社
命主社
五反配遺跡

内宮最古の重要史料

34 ◎皇太神宮儀式帳《こうたいじんぐうぎしきちょう》

一帖
延暦二十三(八〇四)年成立
鎌倉時代写本
縦二四・九〜横一五・〇センチ
神宮文庫(三重県伊勢市)

『皇太神宮儀式帳』は延暦二十三年八月に、伊勢神宮から神祇官に提出された報告書(上申文書：解文《げぶみ》)で、内宮の恒例祭祀や鎮座伝承、神宝品目、神官職掌など二三ヶ条にわたって詳細に記したものである。外宮の『止由気宮儀式帳』とともに神宮最古の文献であり、あわせて「延暦儀式帳」とも称される。

展示箇所は忌詞《いみことば》に関する規定。忌詞は穢れや仏教に関わる用語を別の言葉に言い換えるもので、泣くを「塩垂《しおたる》」、血を「阿世《あせ》」、仏を「中子《なかご》」、法師を「髪長《かみなが》」というようにした。古代の神宮では清浄を重要視するほか、仏教を厳格に隔離して遠ざけていた。

重要文化財に指定される本品は、内宮禰宜薗田家に伝わった鎌倉時代の古鈔本。

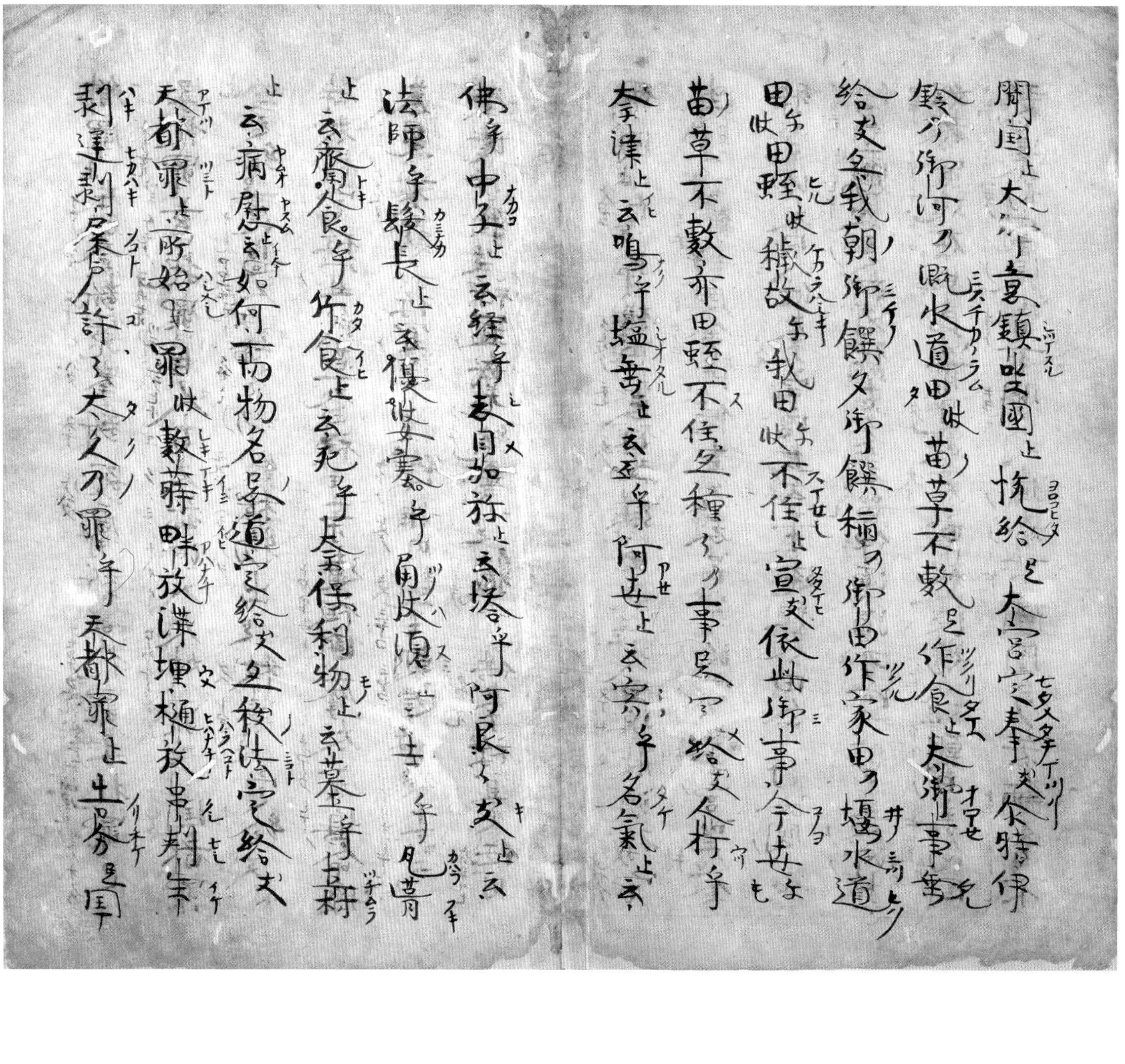

35 ◎等《と》由《ゆ》気《け》太神宮《だいじんぐう》儀《ぎ》式帳《しきちょう》

一巻
延暦二十三(八〇四)年成立
鎌倉時代写本
縦二八・八～横一三一九・〇センチ
神宮文庫(三重県伊勢市)

延暦二十三年三月に伊勢神宮より神祇官を経て太政官に提出された報告書。『皇太神宮儀式帳』(列品34)と対になるもので、外宮の儀式、年中行事や神官職掌など九ヶ条を詳細に記す。

展示は伊勢神宮の三節祭《さんせつさい》(年間諸祭祀のうち、最も重要視されている三つの祭儀)のひとつ、六月月次祭に関する部分。

◆古代伊勢神宮の祭祀や運営実態を伝える古記録は、この「延暦儀式帳」のほかに、延長五(九二七)年成立の『延喜式』がある。ここでは巻四「伊勢大神宮」に詳細な規定があるほか、巻五「斎宮」(列品37)、巻八「祝詞」に神宮に関連した記載がある。

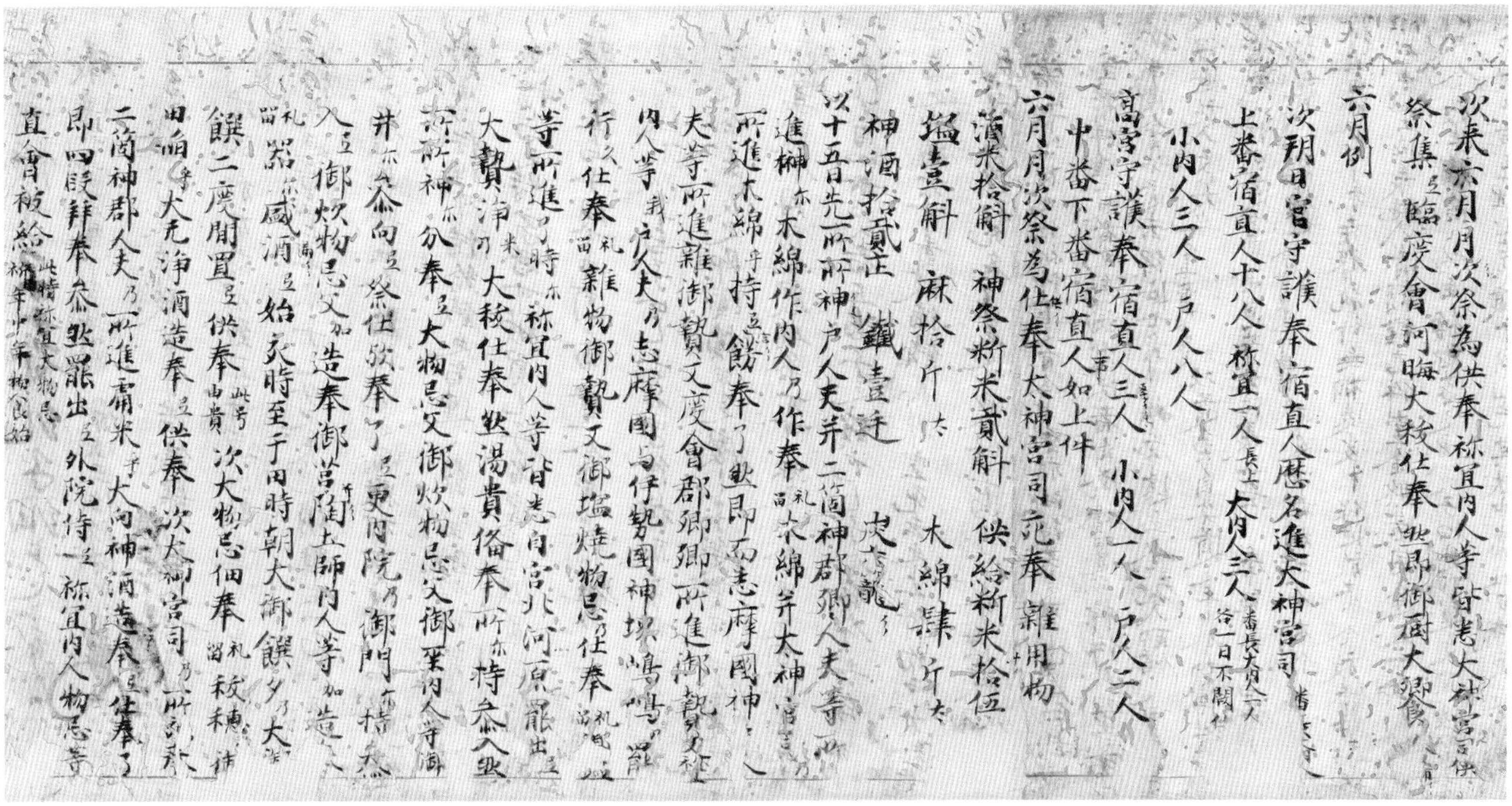

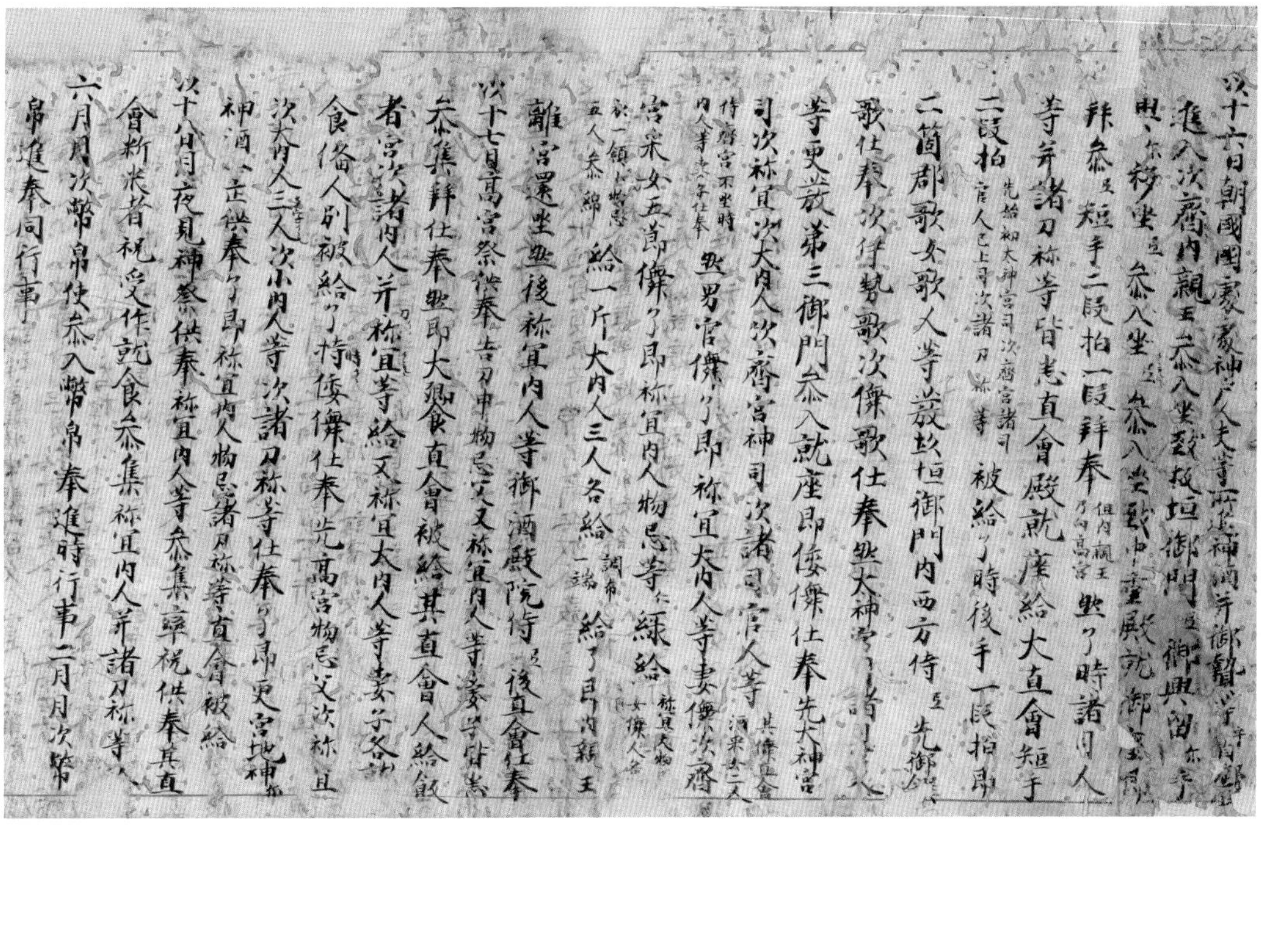

斎王制度・斎宮

◆伊勢神宮に仕えるため、天皇が自らの代わりに伊勢に派遣した未婚の皇女を斎王《さいおう》といい、伊勢に置かれた斎王の宮殿およびそれを支える役所を斎宮《さいくう》という。

◆天照大神の鎮座地を求めて巡幸した倭姫《やまとひめ》命（列品２）は斎王の始まりに位置付けられ、七世紀初めの推古天皇まで七人の皇女が斎王になったとされるが実態は不明。制度的な派遣が確認される最初の斎王は天武二（六七三）年に遣わされた大来皇女《おおくのひめみこ》であった。近年、史跡斎宮跡ではこれに対応する形で飛鳥時代（七世紀後半）の斎宮中枢部、斎王宮殿跡とみられる遺構が発見されており、天武期に斎宮の整備が大きく進められたことが実証された。

◆斎宮中枢部は光仁《こうにん》天皇（神護景雲四（七七〇）年即位）の時に東方へ一・二km移動し、これを中心にして桓武天皇（天応元（七八二）年即位）の時代に大規模な方格街区（地割）が造営された。斎王の居所である内院や、斎宮寮庁などの官司の建物が計画的に配置される。こうして八世紀末から九世紀初頭にかけて、都市的景観をもつ斎宮が整っていった。

史跡公園「さいくう平安の杜」　復元された斎宮寮庁正殿・西脇殿・東脇殿

斎王居室の復元ジオラマ（斎宮歴史博物館常設展示）

写真提供：斎宮歴史博物館（2点とも）

36　斎王群行絵巻《さいおうぐんこうえまき》

一巻
現代／河村長観《ちょうかん》画
縦三九・四×横三六七・六セン
斎宮歴史博物館（三重県多気郡明和町）

斎王に任命されると宮中の初斎院《しょさい》と都郊外の野宮《ののみや》で潔斎し、三年目の秋に五泊六日をかけて伊勢へと向かう。天皇の譲位や死去、あるいは斎王の肉親の喪などがない限り、斎王の任は原則として解かれなかった。

本品は、長暦二（一〇三八）年九月、良子内親王が斎王として伊勢へと下向する群行（行列）の様子を、同行した貴族、藤原資房《すけふさ》の日記『春記』をもとに推定復元して描いた絵巻である。群行の具体像については、延喜斎宮式（列品37）に随行者や物品について定めた条文があるほか、延喜内匠《ないしょう》寮《りょう》式に斎王が乗った葱華輦《そうかれん》（輿）の寸法・部材など仕様が記されている。また平安後期の儀式書『江家《ごうけ》次第』『西《さい》宮《きゅう》記《き》』も手がかりとしながら描かれたのが本品である。

長奉送使　藤原資平↓　↓資平・資房の随身　↓検非違使長　↓検非違使

↑右衛門督　藤原資房

斎宮頭↓　主神司忌部↓　↓舎人司の判官　↓馬部長　↓随行の貴族

斎宮大允、舎人長、膳部長、炊部長↑　↑主神司中臣　↑門部長　↑駕輿丁

↑随行の貴族の従者　↑内侍の牛車　↑乳母の牛車　↑随行の貴族

37 『延喜式《えんぎしき》』一条家本複製

斎宮に関する詳細な規定

一巻
延長五（九二七）年成立／原資料：平安後期写本
縦三一・五センチ
斎宮歴史博物館（三重県多気郡明和町）

古代国家の法律である「律・令・格・式」のうち「式」は施行細則にあたる法典。延長五（九二七）年に撰進された『延喜式』は、ほぼ完全な形で内容が伝わっており、全五〇巻のうち巻第五が斎宮に関する条文（斎宮式）である。

斎宮式は一〇〇条からなり、斎王の卜定→初斎院→野宮（ここまで都）→群行→斎宮→帰京といった斎王制度の時間的流れに従って記載されている。写真は冒頭部分で、「凡そ天皇即位せば、伊勢の大神宮の斎王を定めよ。仍りて内親王の未だ嫁がざる者を簡《えら》びて卜《うら》えよ。」とある。

展示は斎宮式の最古の写本である一条家本を再現したもの。摂関家の一条家には平安後期に写本された巻一～五が伝来していたが、昭和二〇年の東京大空襲により焼失してしまった。焼失前に撮影された写真をもとにして、巻子仕立てに複製されたものが本品である。

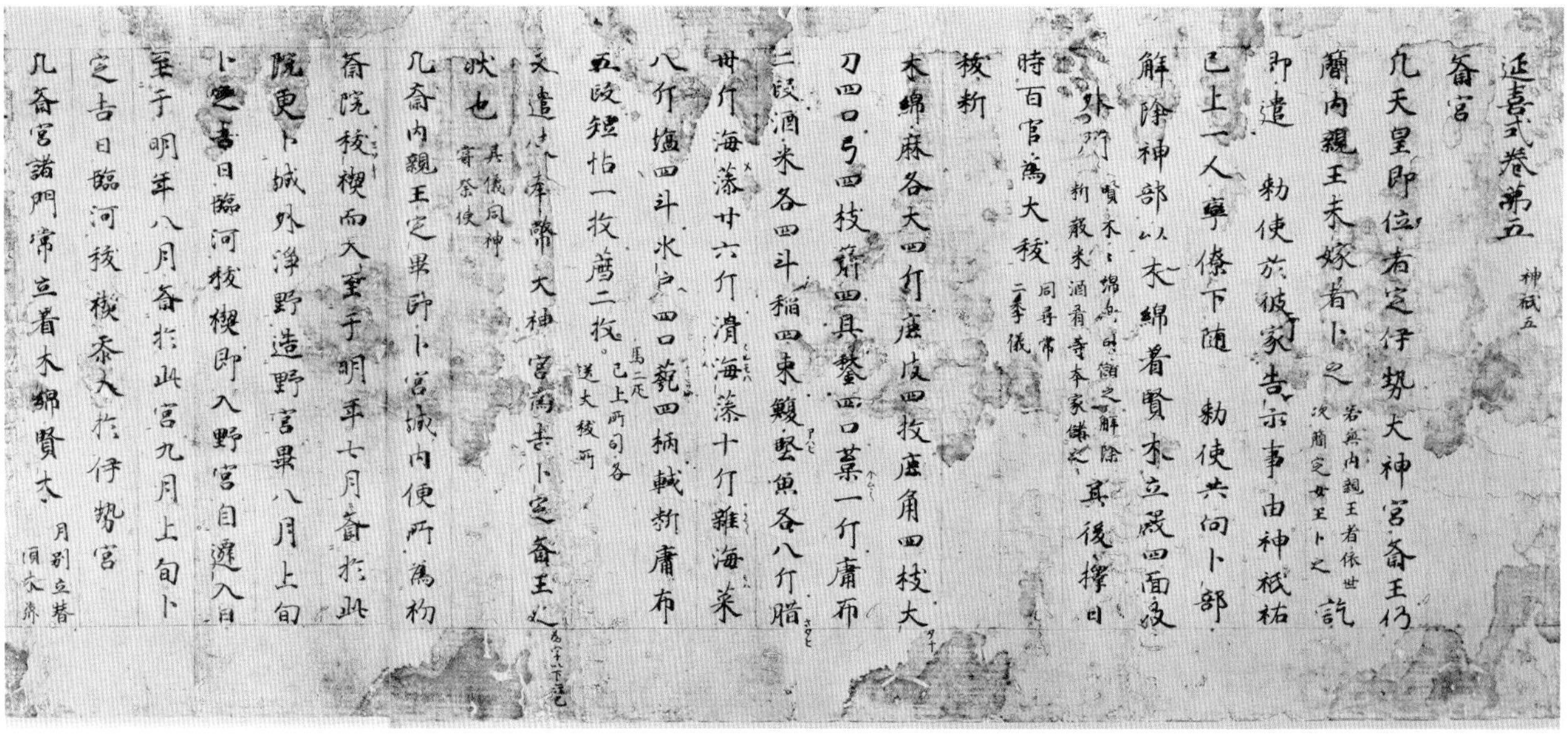

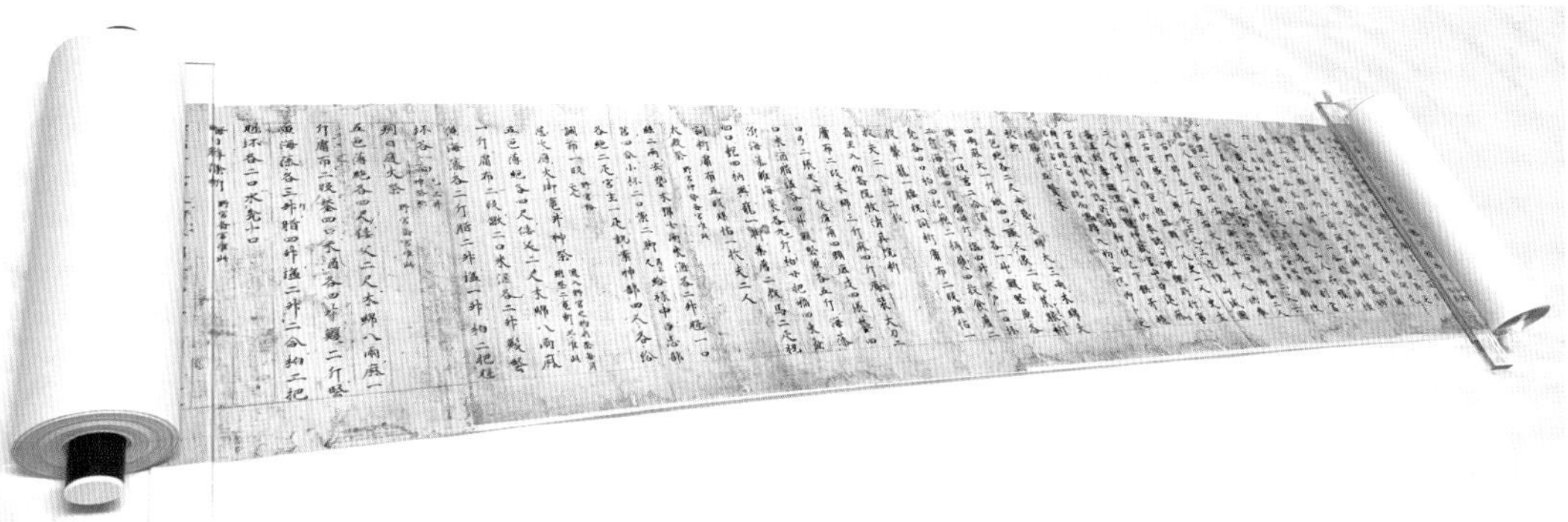

巻子仕立ての複製

都から斎王・貴族とやってきた羊

38

三重県多気郡明和町

◎斎宮跡《さいくうあと》出土　羊形硯《ようけいけん》

一点
奈良時代（八世紀）
長二五・五×幅一三・五センチ
斎宮歴史博物館（三重県多気郡明和町）

斎宮跡での発掘調査で出土した、羊形の硯《すずり》。出土したのは頭部のみだが、平城京で発見されていたものと同タイプであり、それを元に全体が復元されている。

高温多湿な日本の気候は羊の生育に合わず、『魏志倭人伝』に日本列島には羊がいないとされる。推古天皇七（五九九）年に百済から贈られた羊二頭（『日本書紀』）をはじめ朝鮮半島から宮中に贈られることはあったが、家畜として日本に根付くことは近代までなかった。したがって実際の羊を人々が目にする機会はなかったのである。羊の造形は正倉院宝物中の絵画などに見られ、天皇周辺の限られた人だけが目にすることができた。おそらく本品は都（平城京）から斎王とともに伊勢へ運ばれてきた、極めて稀少な逸品だったのであろう。

斎宮跡では、斎宮寮での実務に用いる硯が多数出土している。また、高級器である施釉陶器が多数出土している点も、一般的な地方官衙とことなる斎宮の特徴である。

神宮の古い祭儀の様子

39 皇大神宮《こうたいじんぐう》神嘗祭《かんなめさい》旧式《きゅうしき》祭典図《さいてんず》

一幅
明治二十七（一八九四）年頃／中村左洲《さしゅう》画
縦一一八・四×横一六五・五センチ
神宮徴古館（三重県伊勢市）

神嘗祭はその年の新穀を天照大神に奉る祭儀で、神宮における恒例祭祀の中で最も重要なものと位置付けられる。朝夕の二度にわたって神饌を供える由貴大御饌《ゆきのおおみけ》と、朝廷からの幣帛を奉る奉幣の儀の二つが祭の中核を成す。

本品は、古儀（鎌倉時代頃を想定）の神嘗祭における奉幣の様子を御巫清直《みかんなぎきよなお》が考証し、日本画家、中村左洲が描いたもの。奉幣使として朝廷から王（五位以上の皇族）、神祇官の中臣氏（祭主）、忌部氏（幣帛捧持）、卜部氏が参向して奉幣がおこなわれる場面である。

御巫清直（一八一二〜九四）は神宮史研究の泰斗であり、故実の考証、神宮の旧儀復興に努めた人物である。式年遷宮が途絶する中世以前の祭儀や神宝などを詳細に考証研究し、絵画にも残した。神嘗祭奉幣儀の場面を描いた本品は下絵で、浄書は戦災により焼失している。

庭上《ていじょう》祭祀と殿内祭祀

神宮神嘗祭（外宮神嘗祭奉幣）の斎行風景　　写真提供：神宮司庁

◆列品39に描かれるように、伊勢神宮の祭儀は地面に着座しておこなわれる。中重《なかのえ》と呼ばれる内玉垣御門前の広庭には「お白石」が敷き詰められており、勅使はじめ祭主、大宮司以下神職は皆、石の上に舗設《ふせつ》という薄い敷物を置いて座る。幣帛御衣等の供進を除くと、神宮の祭儀は正殿に参入することなく、庭上で坐して奉仕される点に特徴がある。

◆一方、出雲大社では、本殿内に国造以下、上官《じょうがん》（上級神職）が入り、本殿内で祭儀がおこなわれることがあった。

◆上官であり大社随一の学者でもあった佐草自清《よりきよ》は、出雲大社の祭儀を研究した書物『出雲水青随筆』の中に、図入りで「杵築大社御供儀式」を解説している。これによると、国造は輿にて館を出て、本殿浜床の下で輿を降り、大床に上って殿内に入る。上官がこれに続く。次に、中官から上官へ手渡する伝供にて、神饌が進められる。国造は座を起って箸を持ち、御飯、玄酒を神前に奉奠する。この時、下段にいる上官は笏を把って拝礼する。以上の御内殿への御供奉奠が終わると、客座へも同様におこなう。

◆右下図は、その時の殿内における、国造・御供・上官の配置を解説したものである。主祭神の鎮まる御内殿は西（図では左方）を向いており、その前に置かれた座に、国造は西を向き坐している。下段に列する別火《べっか》、上官は、御内殿に向け御供を献じて拝礼するのであるが、あたかも国造を拝するかのような祭儀の構造をとっている。

◆このような図式は、絵画資料（列品76）にもあらわされている。出雲大社においては、殿内に複数の神職が参入して祭儀がおこなわれる点に特徴がある。そしてそれだけでなく、天穂日命《あめのほひのみこと》の後裔であり大国主神の御杖代である出雲国造が特別な存在とされ、神に近い存在として信仰の対象であった点に特色がある。

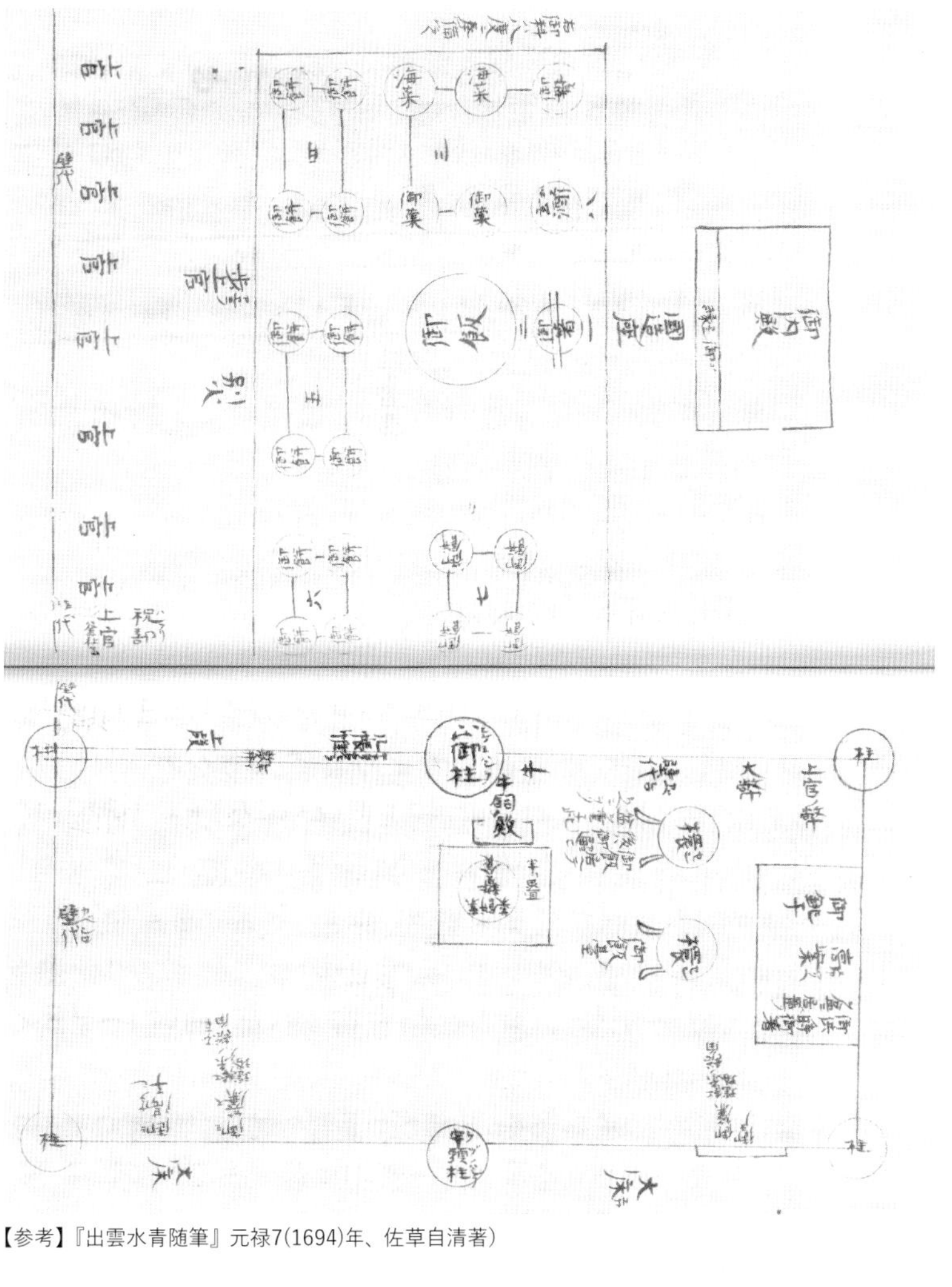

【参考】『出雲水青随筆』元禄7(1694)年、佐草自清著）

古代出雲の神社のかたち

◆青木遺跡（出雲市東林木町）は古代神社の実態を示す遺跡として重要である。ここでは絵馬や木製祭祀具、土馬《どば》などの祭祀具が出土したほか、石敷きで飾った井泉、果実を詰めて土中に埋められた甕など、祭祀儀礼に関わるとみられる特異な遺構が多数確認された。千点を超える大量の墨書土器と木簡八六点に記された文字内容からは、遺跡周辺の伊努《いぬ》郷・美談《みだみ》郷から人々が物品を持ち寄り、ここで共同飲食をおこなったことが読み取れた。これは『令集解』（九世紀成立の『養老令』の注釈書）にある、神社でおこなわれた春時祭田と構造が酷似しており、遺跡は『出雲国風土記』に「伊努社・美談社・縣《あがた》社」と記された神社の複合施設だったと考えられる。

◆神社の中心施設とみられるのが二×二間の総柱建物三棟で、貼り石方形基壇の内側に建てられていた。正面には目隠し塀が立ち、柱が赤く丹塗りされている点、平面構造が大社造の基本的要素と共通するなど、非常に整備された神社の構造をとる（写真左上）。この施設は八世紀前葉、『風土記』撰上の直前に建てられた、神社の事例である。

発掘された方形の基壇と建物柱材（2003年）

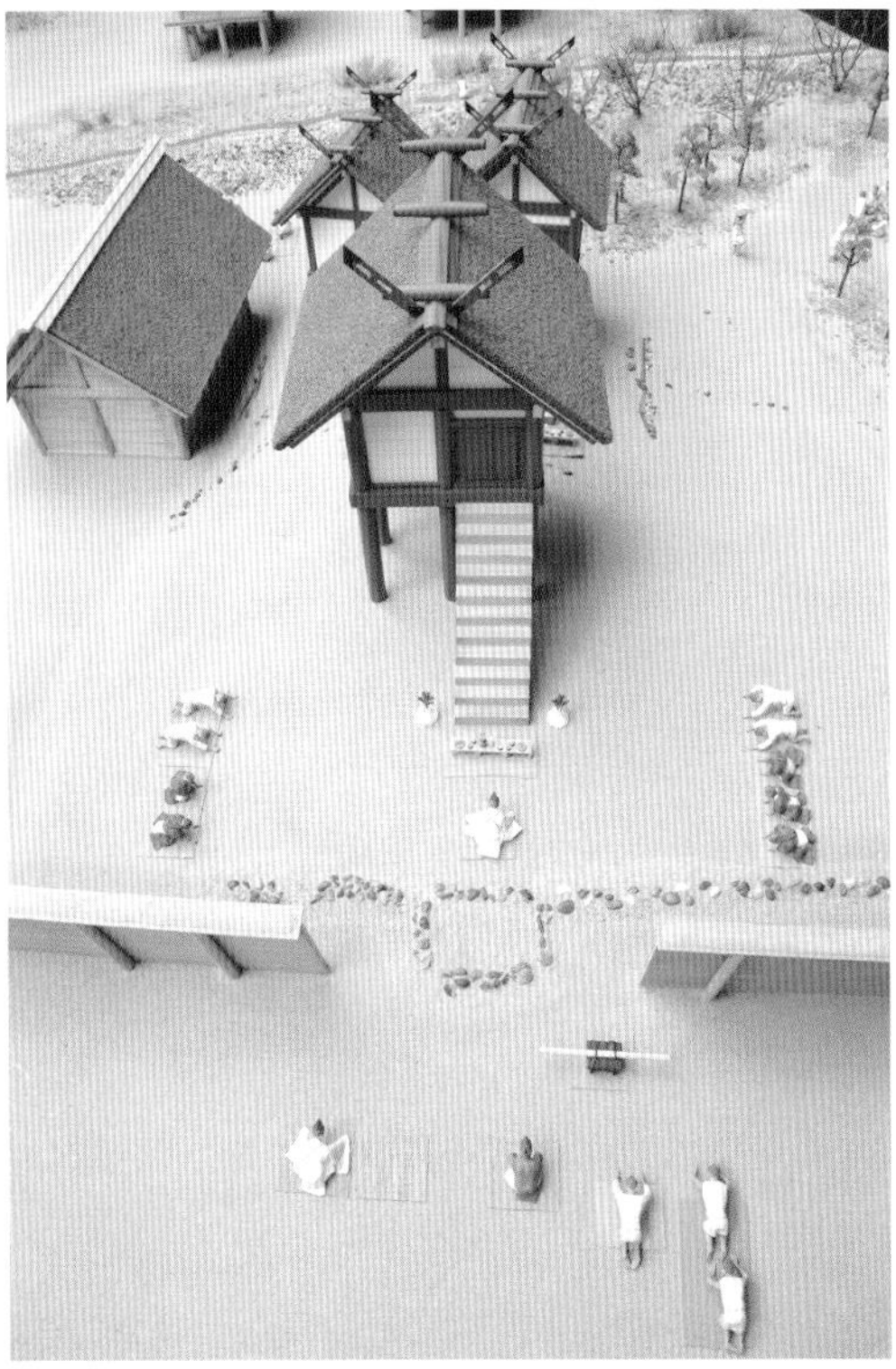

奈良時代の神社祭礼を復元

40

島根県出雲市東林木町

青木遺跡
古代の神社復元模型

一式
復元対象　奈良時代（八世紀）
長一七六×幅八九㌢
当館

発掘調査で確認された神社施設と、そこでおこなわれた奈良時代の祭礼の様子を縮尺一／五〇で復元したもの。春の祈年祭を想定している。赤い塗料が付着した飾り釘が出土したことから、柱が赤彩された社殿を復元した。社殿前（模型右手前）に伏す人物は祝《はふり》を中心とした神職たちで、奉幣の場面。模型右奥の人物群は、祭礼後の饗宴（共飲・共食儀礼）をおこなっている。青い服の人物群は郡司とその一族である。奉幣と饗宴は時間的に前後する行事であるが、模型では異時同図的に表現した。川を隔てた模型左手は管理・保管施設で、周辺郷の人々が賦課された神税を持ち寄っている。また左手前は周囲を石敷きで飾った木枠の井泉で、発掘調査ではヤナギが生えていたことがわかっている。

『令集解』には「春時祭田」という行事について規定がある。水田耕作に不可欠な共同作業に際して、村々の神社を舞台に、春秋の祭礼がおこなわれた。共同で飲食することも、共同体の紐帯を強め、秩序を再確認するために不可欠だったのである。

古代出雲の神社

◆天平五（七三三）年に撰進された『出雲国風土記』の冒頭には、「…故、八雲立つ出雲と云う。合わせて神社、三百九十九所」という記述があり、さらに郡別に個々の神社名を書き上げる。八世紀の出雲に、三九九もの神社があった事実は驚くべきことである。国司が編纂責任者である他国の風土記に、このような神社記載は一切見られず、国造が関わった出雲国だけの特別な事情がうかがえる。

◆出雲の神社には、朝廷の神祇官に把握されているもの（官社／在神祇官）と、そうではなく出雲国内で独自に把握されているもの（非官社／不在神祇官）とがあった。左下写真では、前半二五社が官社、後半一二社が非官社に相当する。このような、神祇官に把握されない神社の存在は出雲の特異な在り方として注目される。同様なのは他に伊勢神宮にしかない（『皇太神宮儀式帳』（列品34）に「官帳社廿五処、未入官帳社十五処」とある）。神々の地、出雲国の特質は、大国主神―出雲大社の存在だけでなく、国造出雲臣氏を中心として出雲全体で神社が整備・把握され、神祇祭祀の色彩が濃厚であった点にある。

◆『延喜式』巻九・十（いわゆる「神名帳《じんみょうちょう》」）には、延長五（九二七）年時点の、国ごとの神社（官社）名が記載される。ここでの神社数を比較すると（82ページ）、古代国家の中心地であった大和国が最も多く、伊勢神宮周辺（多気・度会郡）に神社が多い伊勢国が次ぐ。都から辺地に離れるにつれ官社数は減るが、出雲国は伊勢国に次いで多い一八七座である。出雲国の神社数の多さは異例、ということがわかるだろう。

◆前述のように、『風土記』が編まれた八世紀前半段階で、すでに出雲国には一八四の官社が存在していた。数が多いだけでなく、全国的にみて早い時期に神社整備がおこなわれている点が注目される。そしてその後の約二〇〇年間、ほとんど神社の数は増えなかった（三社微増）。出雲国内の神社体系は八世紀前半に完成していたということができる。

◆これは『古事記』（和銅五（七一二）年）、『日本書紀』（養老四（七二〇）年）成立時期と重なり、さらに「出雲国造神賀詞」奏上儀礼の国史上の初見（霊亀二（七一六）年）とも符号する。出雲国の神々が国家的に重要視された時期であった。

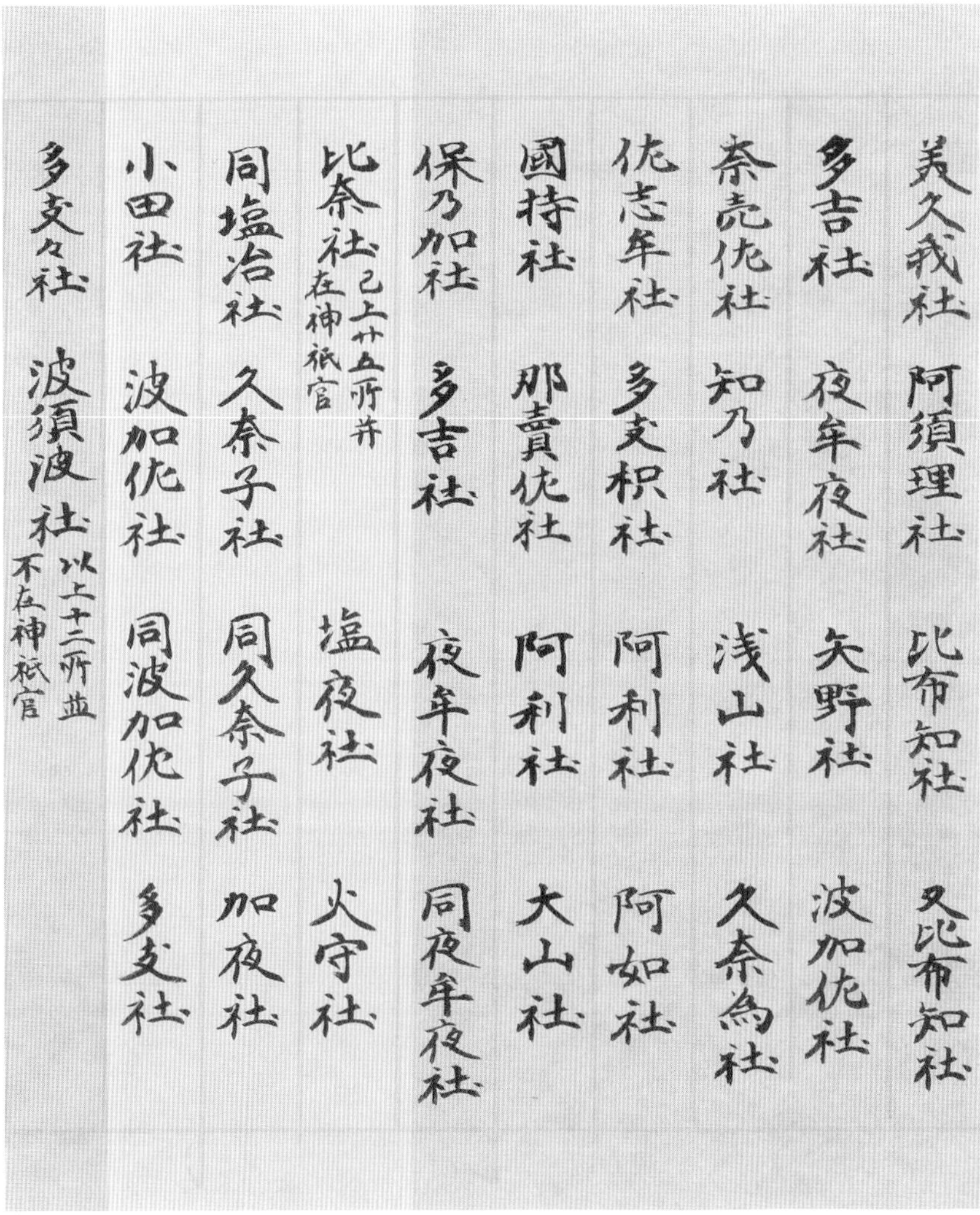
美久我社　阿須理社　比布知社　又比布知社
多吉社　夜牟夜社　矢野社　波加佐社
奈売佐社　知乃社　浅山社　久奈為社
佐志牟社　多支枳社　阿利社　阿如社
國持社　那賣佐社　阿利社　大山社
保乃加社　多吉社　夜牟夜社　同夜牟夜社
比奈社　已上廿五所并在神祇官　塩夜社　火守社
同塩冶社　久奈子社　同久奈子社　加夜社
小田社　波加佐社　同波加佐社　多支社
多支々社　波須波社　以上十二所並不在神祇官

【参考】『出雲国風土記』神門郡の神社部分

神話の出雲と、歴史の伊勢

◆七世紀後葉の天武・持統朝から進んだ律令国家の神祇制度において、伊勢と出雲はそれぞれ異なる性格・役割をもっており、両者を対比的・対偶的に位置付けるような観念はうかがえない。

◆神話の世界観における出雲とは高天原に対する地上の総称であり、大国主神は同様に国津神の統合的存在であった。こうした神話的出雲像を現実の出雲に投影するのが、出雲国造による神賀詞奏上儀礼であり、国譲り神話を前提に、出雲国内諸神に対する祭祀が天皇の御代の長久につながるとする位置付けである。大国主神の御子百八十の眷属神を出雲国内で合わせ祀るという観念に呼応するように、実際の国内官社整備が早く進められたのも、そのような出雲像を背景にしたものだった。実際には遠いが出雲の神が宮都の近き守りとして天皇を守護する、という構造は、あくまで神話的枠組みに依拠するものであった。その中核にあるのは出雲国造による地域権力の強固さであり、それが出雲の最大の特徴ともいえる。

◆一方の伊勢は、神話的世界に登場せず、大和の王宮にいた天照大神が赴いて鎮まった現実の土地として把握されている。伊勢神宮に象徴される伊勢の特異的性格は壬申の乱を起点とする「現代史」の中で形成されたのであり、その結果が皇女を派遣する斎王制度であった。さらに時期が下ると神祇官の大中臣氏に直属する地域という性格が強くなる点も伊勢の特色といえる。

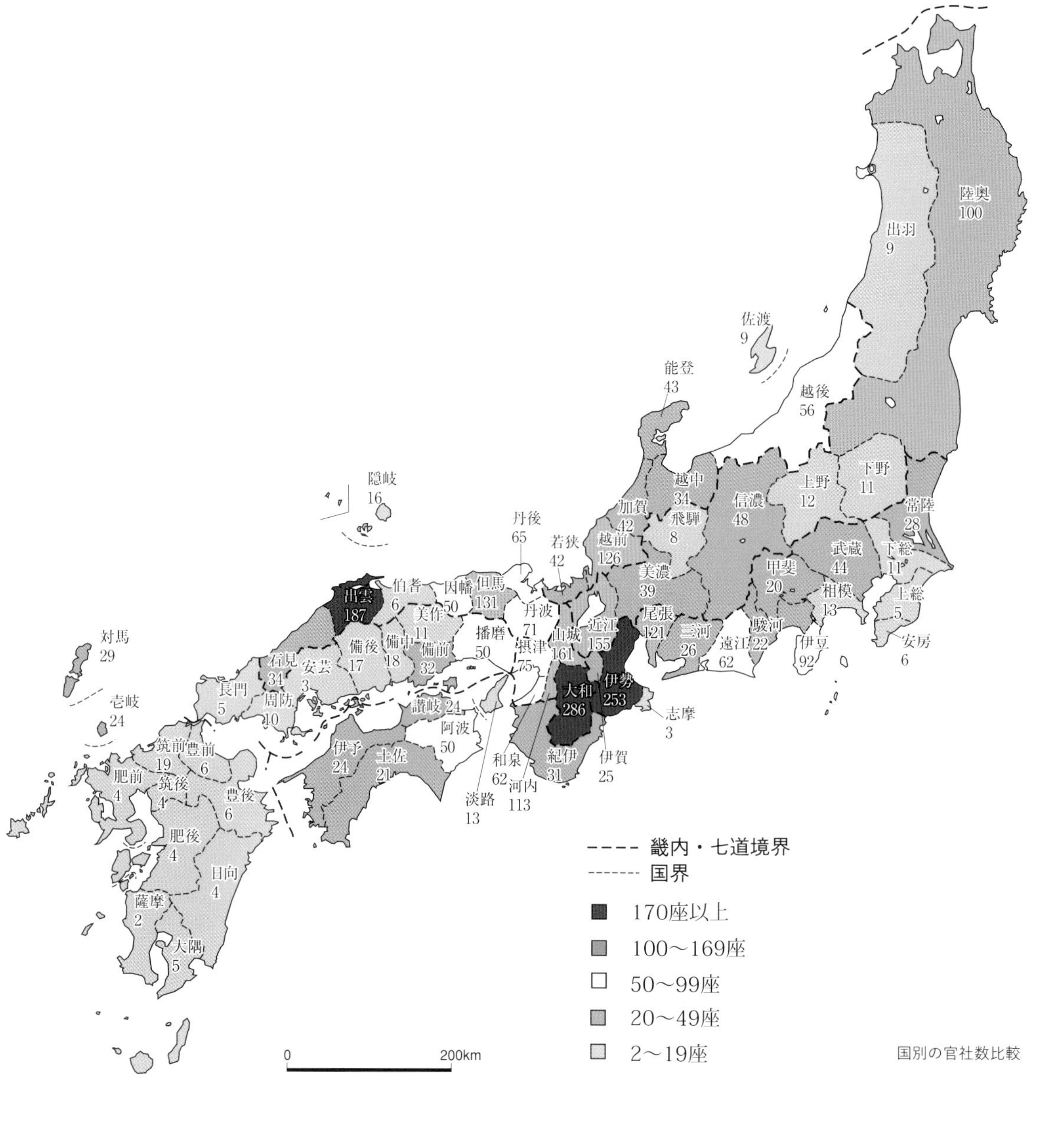

国別の官社数比較

第三章 造営と遷宮

鎌倉・室町時代、伊勢神宮では長期の遷宮途絶、出雲大社では本殿規模の縮小など様々な変容があった。それでも造営は繰り返され、江戸時代には古儀の復興、継承がはかられた。

神宮 式年遷宮のはじまり

◆神宮の式年遷宮は、二〇年に一度、神宝装束を新調し、新造した社殿へ古殿から遷御する祭儀である。天武天皇の宿願により、持統天皇の四（六九〇）年に内宮、同六（六九二）年に外宮において初めて斎行された。これが第一回式年遷宮と位置付けられている。

◆以来、古代・中世を通じて神宮の重儀として継承されたが、南北朝の動乱期には二〇年に一度という制が崩れ、さらに室町時代には一二〇年以上にもわたって遷宮が行われない途絶期間もあった。

◆これに対し織田信長は荒廃した社殿の造営費を寄進、さらに豊臣秀吉の支援を受けつつ天正十三（一五八五）年にようやく、両宮の式年遷宮復興が果たされることになる。以来、江戸幕府の支援によって式年遷宮は継続された。

◆戦災復興の途上であった昭和二十四年の式年遷宮は昭和二十八年に延期されたが、その後は平成二十五年に斎行された第六二回式年遷宮まで、二〇年に一度の式年が保たれている。

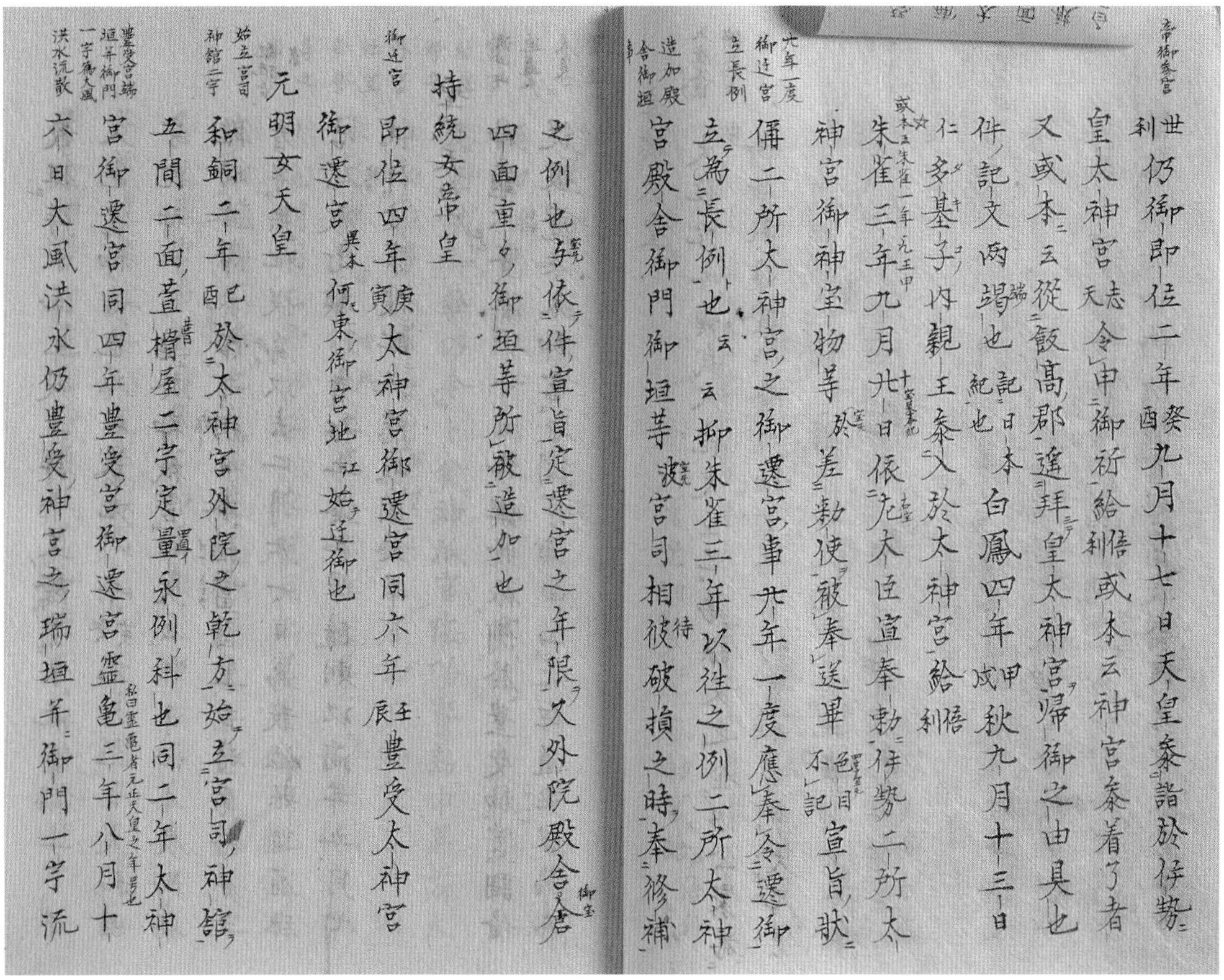
世仍御即位二年癸酉九月十七日天皇奉詣於伊勢ニ利
皇太神宮天志令申御祈給利倍 或本云神宮奉着了者
又或本ニ云従飯高郡遥拝皇太神宮帰御之由具也
件ノ記文丙謁也 記日本紀也 白鳳四年甲戌秋九月十三日
仁多基子内親王奉入於太神宮給利倍
朱雀三年九月廿日依左大臣宣奉勅伊勢二所太
神宮御神宝物等於差勅使被奉送畢 不記 宣旨状ニ
偁二所太神宮之御遷宮事廿年一度応奉令遷御
立為長例也 云 抑朱雀三年以往之例二所太神
宮殿舎御門御垣等波宮司相待破損之時奉修補
之例也 雖然依件宣旨定遷宮之年限又外院殿舎御倉
四面重々御垣等所被造加也
持統女帝皇
即位四年庚寅太神宮御遷宮同六年壬辰豊受太神宮
御遷宮 異本 河東御宮地ニ始遷御也
元明女天皇
和銅二年己酉於太神宮外院之乾方始立宮司神館
五間二面萱檜皮ニ字定量永例料也 同二年太神
宮御遷宮同四年豊受宮御遷宮霊亀三年八月十
六日大風洪水仍豊受神宮之瑞垣并御門一字流

41 式年遷宮の始まりを記す

太神宮諸雑事記《だいじんぐうしょぞうじき》

一冊
貞観～承暦期（九～十一世紀）／安政五（一八五八）年写
縦二七・七×横一九・八ｾﾝﾁ
神宮文庫（三重県伊勢市）

神宮における第一回の式年遷宮が、飛鳥時代（七世紀末）におこなわれたことを記録する。すなわち、持統天皇四（六九〇）年に皇大神宮、同六（六九二）年に豊受大神宮神宮の遷宮がおこなわれた。それ以前は、社殿が破損するに従い、修補がおこなわれていたとする。また諸別宮についても、天平十九（七四七）年に遷宮の宣旨が下されたことを記す。これらは現在につながる、式年遷宮の制の始まりと位置付けられる。

本資料は、神宮鎮座から延久三（一〇七一）年までの、神宮における重要事項を編年体で記したもの。六国史や『延暦儀式帳』にはみられない事項も多く含まれる。神宮祠官であった山口起業による写本。

42 遷宮例文《せんぐうれいぶん》

一冊
貞治二（一三六三）年
室町時代（十五世紀）写
縦二七・二×横二一・四センチ
神宮文庫

冒頭に「伊勢二所太神宮、廿年に一度の造替遷宮は、皇家第一の重事、神宮無双の大営也」という著名な一文を載せる。式年とは定められた年数を言い、神宮の遷宮の場合は二〇年が式年とされた。なお、このことの、史料上の初出は延暦二十三（八〇四）年の『儀式帳』（列品34）である。

本史料は、内宮及び別宮の式年遷宮にまつわる諸祭行事、ならびに祭物の用途について記したもので、第一九回（長暦二（一〇三八）年）から第三三回（嘉元二（一三〇四）年）までの一五回にわたる遷宮記録より抄出したものである。写真左は正殿心御柱の奉立に必要な祭物の項で、木口を整える料として忌鍛冶内人《いみかじのうちんど》が作った鋸一枚、また心御柱を囲う垣のための料物などが記載される。

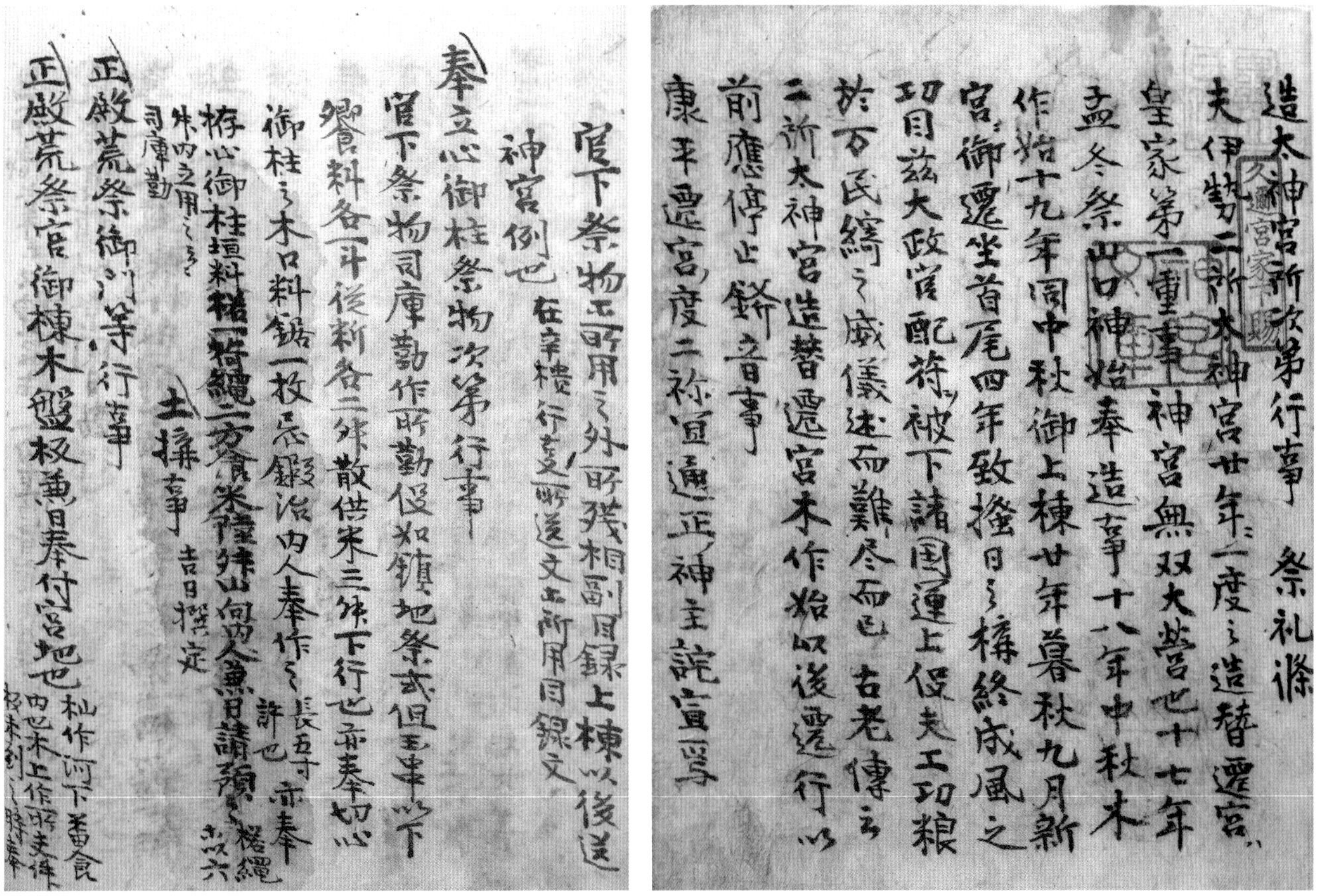
造太神宮所次第行事　祭礼條
夫伊勢二所太神宮廿年ニ一度ゝ造替遷宮、
皇家第一重事、神宮無双大営也、十七年
孟冬祭山口神始奉造事、十八年中秋木
作始、十九年同中秋御上棟、廿年暮秋九月新
宮ゝ御遷坐、首尾四年致擔日ゝ梯終成風之
功、自茲大政官配符ヲ被下諸国運上役夫工功粮
於万民、締ゝ威儀迷而難尽而已、古老傳云
二所太神宮造替遷宮木作始以後遷行以
前、應停止鈴音事
康平遷宮度ニ祢宜遍正神主註置写

『皇太神宮儀式帳』（列品34）
「常限廿箇年一度、新宮に遷し奉る」

最古の遷宮記録

43 文治三年記《ぶんじさんねんき》（建久元年内宮遷宮記）

一巻
文治三（一一八七）年〜建久元（一一九〇）年
鎌倉時代（十三〜十四世紀）写
縦二八・七×横九三三・二センチ
神宮文庫（三重県伊勢市）

鎌倉時代初めの建久元（一一九〇）年に斎行された第27回内宮遷宮の記録。現存する中で最も古い遷宮記録である。

写真は冒頭部で、文治三（一一八七）年十月十八日の造営使大中臣公宣の参宮から始まる。その後は鎮地、立柱、上棟、杵築など造営工事にまつわる諸祭行事がおこなわれ、建久元年九月十六日に遷御がなされた。

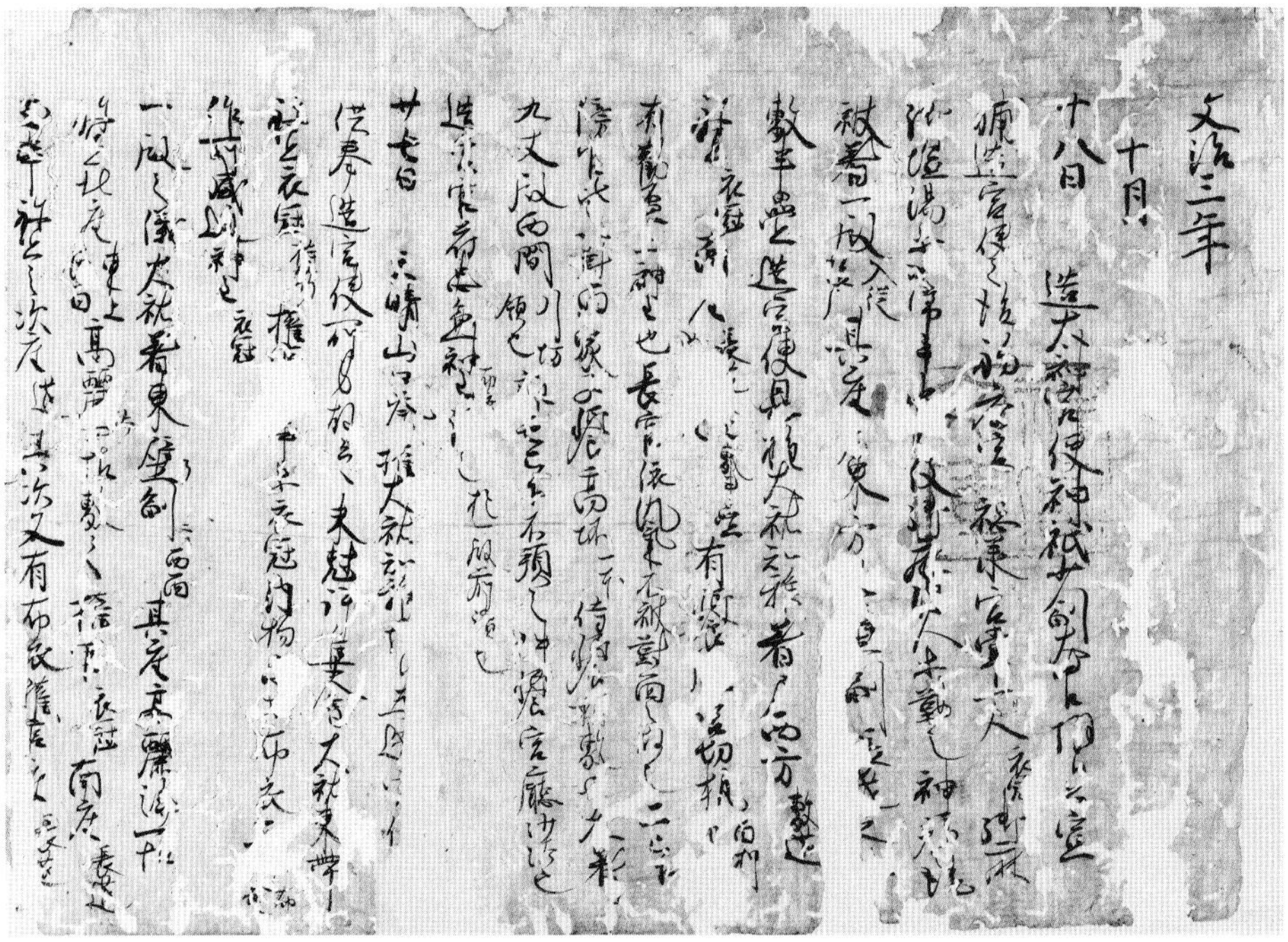

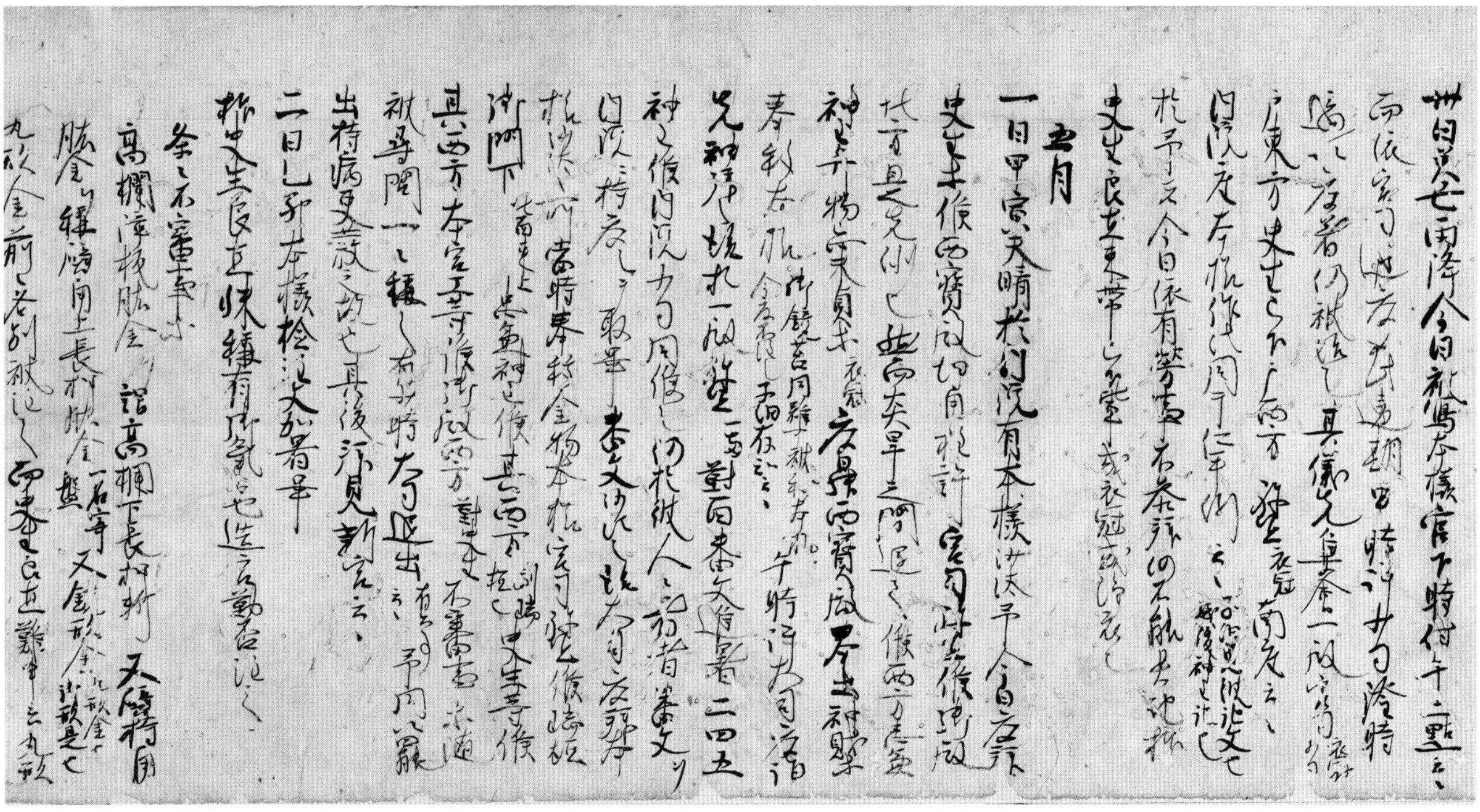

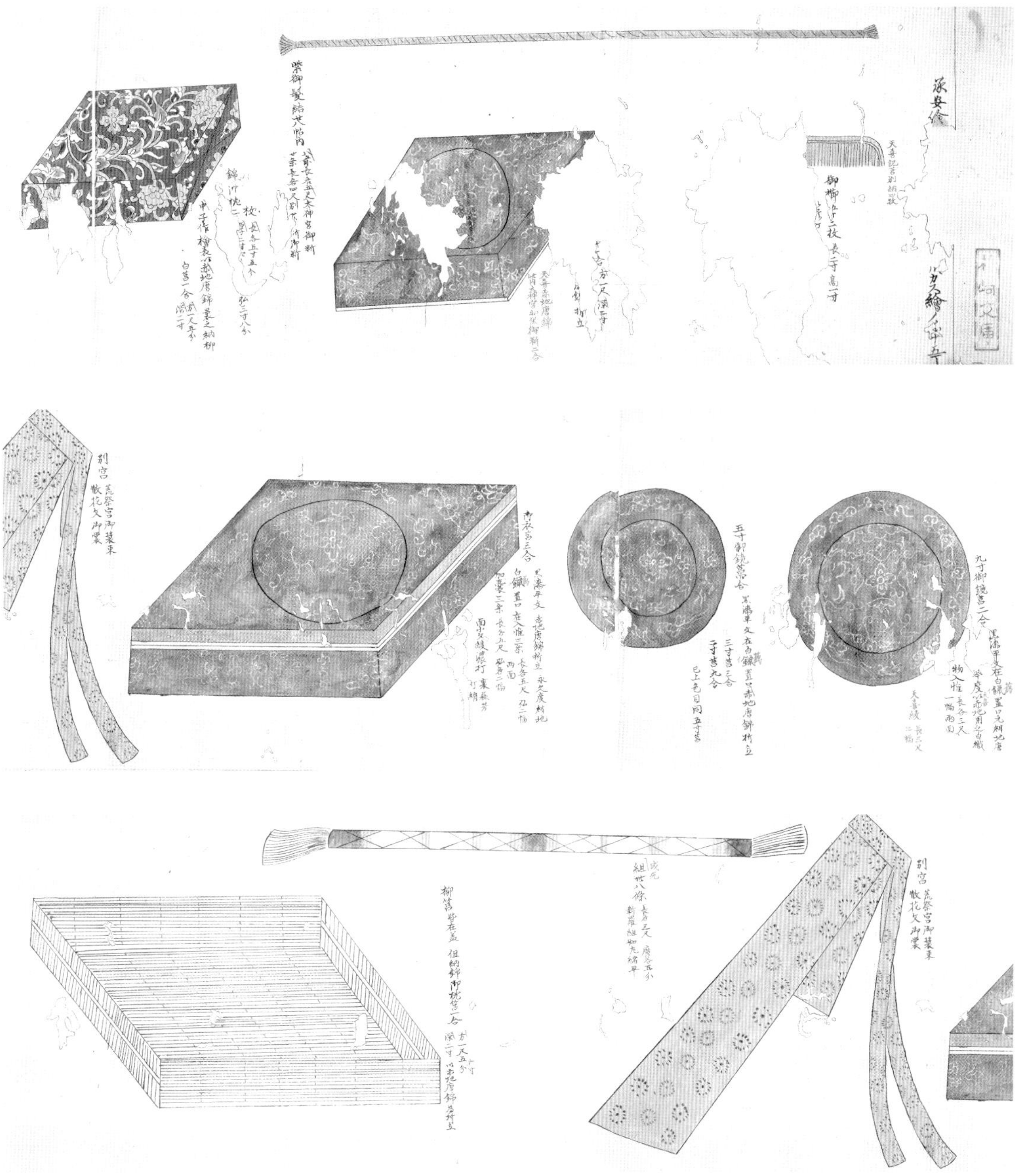

平安時代の御装束

44　承安元年正遷宮御装束絵巻物《じょうあんがんねんしょうせんぐうおんしょうぞくえまきもの》

一巻
現資料：承安元（一一七一）年
嘉永四（一八五一）年写
縦二七・二×横七六六・二センチ
神宮文庫（三重県伊勢市）

御装束神宝は式年遷宮ごとに新しく調進される。撤下された前回遷宮時の神宝類は神々に供された品であることから、江戸時代までは焼却または土中に埋納され、人々の目に触れることはなかった。

本品は、承安元（一一七一）年の第二六回内宮遷宮における神宝の本様図（詳しい仕様図）。正宮の御装束（御櫛・櫛筥・紫御髪結・錦御枕・御鏡筥・御衣筥）および別宮の御装束の全二〇図を収める。

元図は朝廷の諸行事を司る行事官《ぎょうじかん》を勤めた紀家に伝えられていた。嘉永二（一八四九）年の第五四回遷宮に際して京都で模写され、さらにその二年後に御巫清直が模写させたものが本品である。内宮の御装束に関する本様図として最も古い。平安期の御装束の実態を具体的に知ることができる。

平安時代の御神宝

45 永久《えいきゅう》四年《よねん》遷宮《せんぐう》外宮《げくう》装束《しょうぞく》之《の》図《ず》

一巻
原本 永久四（一一一六）年
嘉永四（一八五一）年写
縦二八・一×横七〇四・二センチ
神宮文庫（三重県伊勢市）

式年遷宮に際して奉献される神宝の品目は『皇太神宮儀式帳』（列品34）に記載があり、玉纏横刀《たまきのたち》・須加流横刀《すがるのたち》などの武器・武具・紡織具などが挙げられる。また『延喜式』巻四大神宮に詳細な寸法・仕様などが定められる。嘉祥二（八四九）年の遷宮の際に「これ二十年に一度奉る所の例なり」（『続日本後紀』）とあって、すでに遷宮時に神宝を奉ることが恒例化していたことがうかがえる。

本品は、永久四（一一一六）年の第23回外宮遷宮の際の、神宝の本様図。威儀具・馬具（泥障《あおり》・鞍・鑣《くつばみ》・鞭・差縄）・鉄金物（鉄鏁《てつじょう》・同鎰《かぎ》・鈎匙《からかぎ》）、芦毛の馬に唐鞍を置いた白馬形《あおばのかた》の全二一図を収める。

模写の経緯は列品44と同一。外宮の御神宝の本様図として最も古く、平安時代の姿形について具体的に伝える貴重な資料である。

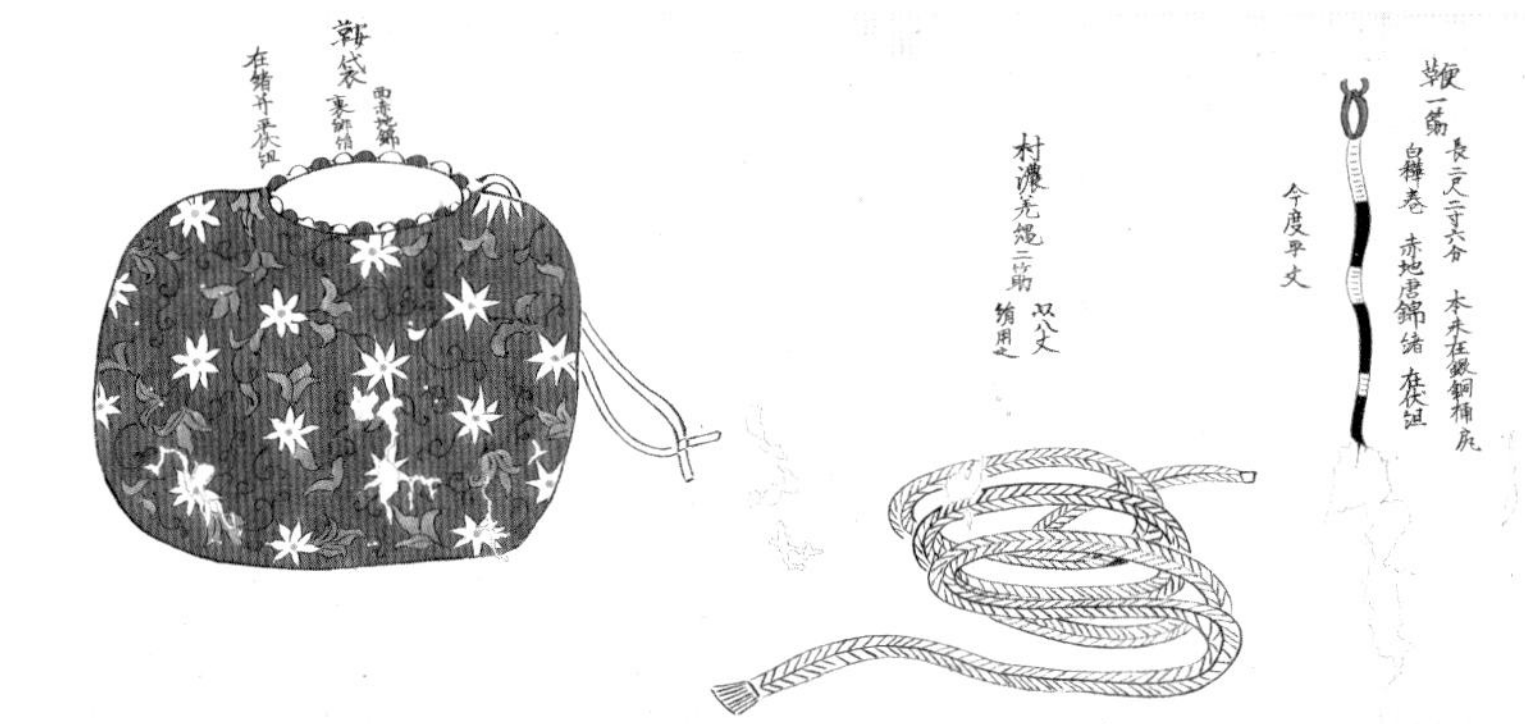

内宮一ノ鳥居勅使御参向体

御新殿杵築祭図

御神宝御上使拝覧体　読合祭図式

遷御前に神宝をチェック

46 豊受《とようけ》大神宮《だいじんぐう》寛政《かんせい》御遷宮《ごせんぐう》絵巻《えまき》

一巻
寛政二（一七九〇）年
縦二六・〇×横九〇二・五センチ
神宮文庫（三重県伊勢市）

寛政元（一七八九）年の第五一回外宮遷宮における諸祭行事を描いた絵巻物。

写真下段は、神宝読合《しんぽうとくごう》の場面である。江戸時代には幕府造営奉行の監督下で、神宮から派遣される神宝検察使の確認のもと神宝調製がおこなわれた。調進された神宝に漏れや誤りがないか照合する行事が神宝読合である。読合役の政所が式目を読み上げ、奉行、大宮司・禰宜らの立ち会いのもとで、辛櫃から一点ずつ神宝装束を取り出して点検している場面が描かれる。

江戸時代の遷御行列

47 豊受《とようけ》大神宮《だいじんぐう》遷御《せんぎょ》之《の》図《ず》

一巻
江戸時代（十八世紀）
縦二二・五×横二五七・〇センチ
神宮文庫（三重県伊勢市）

列品46で描かれたのと同じ、寛政元（一七八九）年九月四日に斎行された第五一回外宮遷宮における遷御列図。画面左の旧正宮から右の新宮へと遷る渡御列の構成が詳細に注記される。ここからは神宝装束や奉持する神職の位置、構成を詳しく読み取ることができる。

名が挙げられる人物として、「御勅使藤波祭主」は神宮祭主の藤波寛忠、「大宮司」が神宮大宮司の河辺長都、「御上使大友式部大輔」が将軍名代である高家旗本の大友義珍に比定される。

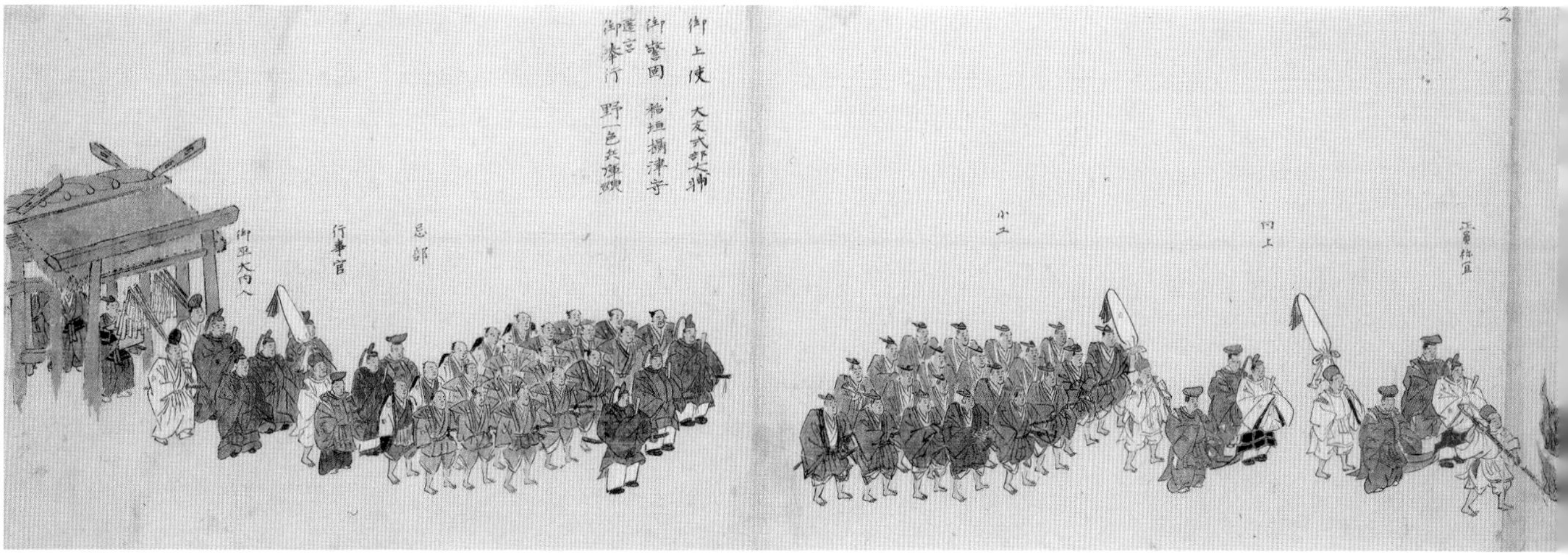

明治2年の遷御之図（列品 48）に描かれた旧正殿（左）と新宮（右）

48

明《めい》治《じ》二《に》年《ねん》両《りょう》宮《ぐう》遷《せん》御《ぎょ》之《の》図《ず》

二巻
明治十五（一八八二）年頃
縦三六・四×横四八五・〇センチ
神宮文庫（三重県伊勢市）

明治二（一八六九）年の第五六回遷宮における、両宮の遷御の様子を描いた絵巻である。

この遷宮の後、神宮では明治四（一八七一）年に制度改正が行われ、職制や祭典が改められた。さらに明治二十（一八八七）年には造神宮使庁の官制が敷かれて古儀の考証が進められ、明治二十二年の遷宮時からは様々な点が改正変更された。したがって本品は、改正以前の、近世における遷御の様子を伝えるものといえる。

内宮

外宮

第 62 回式年遷宮の際に、新旧並び立つ内宮御正宮（写真提供：神宮司庁）

出雲大社の造営・遷宮

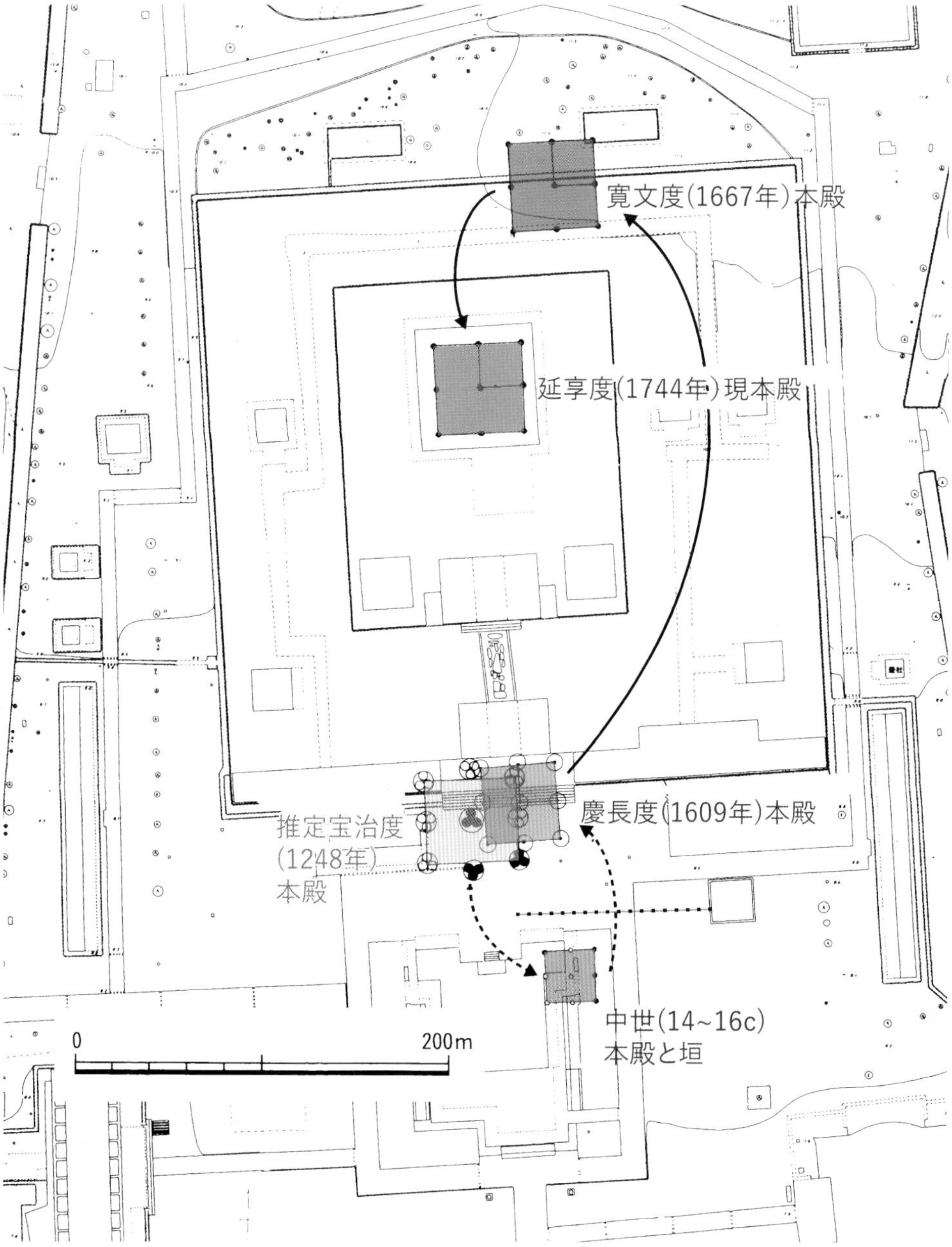

◆出雲大社の本殿が造替される際、新たな本殿の位置はその都度、適所が選択されており、伊勢神宮のような古殿地・新殿地の制度はない。これまでの発掘調査等から、限られた境内地の中で少しずつ位置を変えて造替されてきたことがわかっている。

◆寛文度造営の本殿は、現本殿の右手後方にあった。寛文度造営は境内から仏教色を排除する画期的事業であったが、この際に境内両側の川をまっすぐに付け替えたり、厚さ50㌢に及ぶ大量の土砂を持ち込んで境内地盤のかさ上げをおこなったりと、大がかりな改変がおこなわれている。次の延享度で瑞垣内がまるごと左手前に移動しているが、寛文度の瑞垣の痕跡は現地表面にわずかに現れている。

◆寛文度の盛り土で埋められたために、それ以前の戦国末期～近世初頭に構築された遺構は土中にパックされたように極めて良好に残存している。慶長度本殿は現本殿より南方の、現八足門前に位置しており、平成十二年の発掘調査で礎石の据え付け跡が確認された。その他に楼門などの礎石や区画溝などが現拝殿建設時の発掘調査で検出されている。

◆中世以前の状況は明らかでないが、中世の本殿・玉垣とみられる掘立柱遺構がみつかっているほか、鎌倉時代の宝治度とされる三本束ねの柱材が慶長度本殿と重複する位置から出土している。

◆長い造営史に照らせば、これまでに把握された遺構はごく一部といえる。古代以来の主要遺構の大半は、厚く造成された現瑞垣の内側に位置していることが想定される。

49 ◎杵築《きづき》大社《たいしゃ》造営《ぞうえい》遷宮《せんぐう》旧記《きゅうき》注進《ちゅうしん》

一巻
鎌倉時代（十二〜十三世紀）
縦二九・五×横九〇三・九センチ
北島国造家（島根県出雲市）

治暦三（一〇六七）年、永久三（一一一五）年、久安元（一一四五）年におこなわれた出雲大社の造営・遷宮の次第や、関連する史料を抄出した文書。史料に乏しい平安時代の出雲大社造営について、詳細に知ることができる貴重なもの。

永久度の造営に関して、正殿立柱前の天仁三（一一一〇）年に、大木約百支が稲佐浜に漂着したこと、託宣によりこれが因幡国宇倍神社の神の仕業であったことなどが記される。後に「寄木の造営」と呼ばれる事件である。

久安度の造営に関しては、仮殿から正殿遷宮に至る造営日程について詳細な記述がみられる。

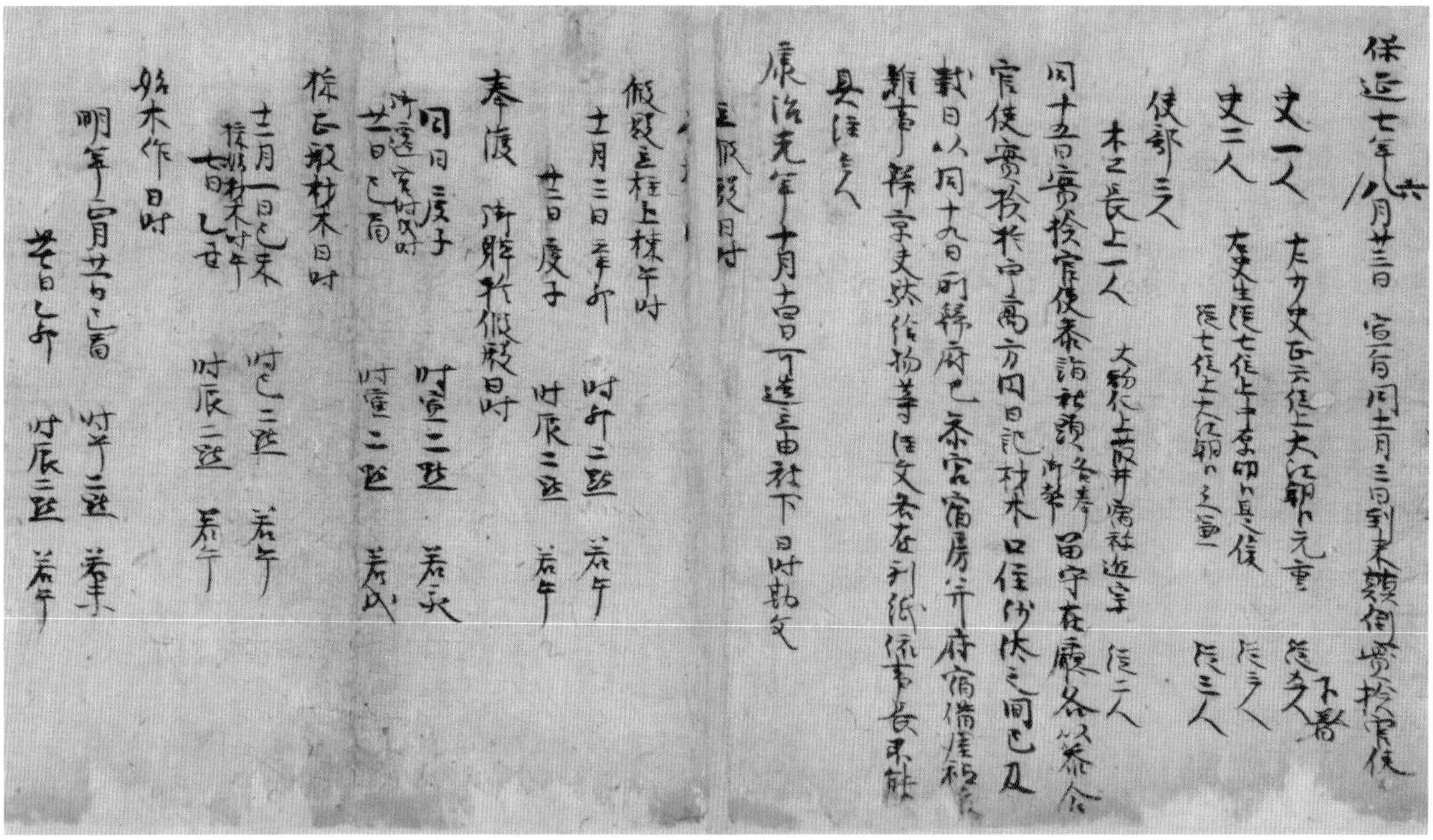

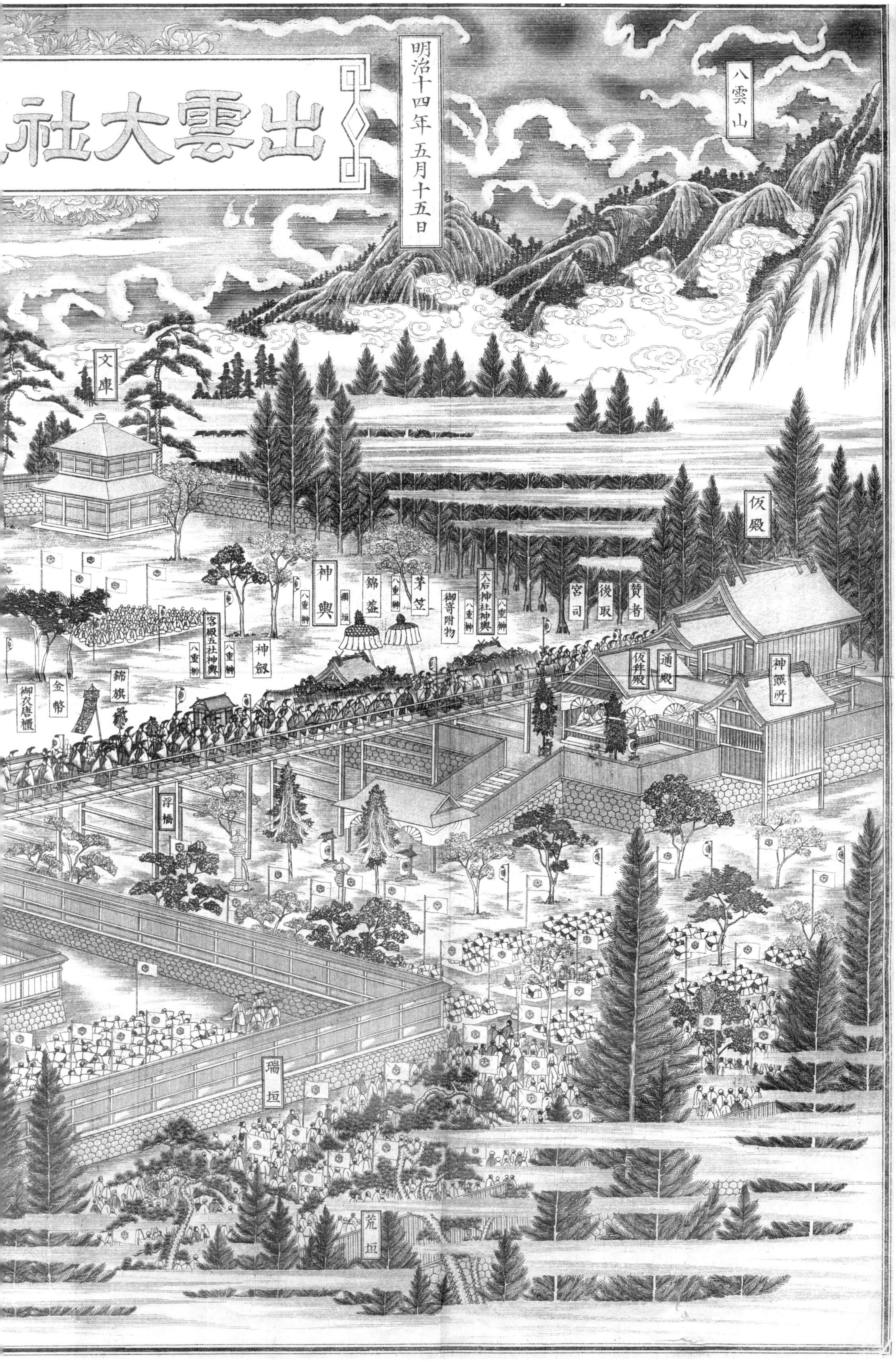

出雲大社
明治十四年五月十五日
八雲山
文庫
仮殿
神輿
錦蓋
茅笠
宮司
後取
賛者
御寄附物
客殿五社神輿
八重榊
神劔
錦旗
金幣
御衣唐櫃
浮橋
仮拝殿
通殿
神饌所
瑞垣
荒垣

遷座之圖
明治十四年五月十日御届
本殿
神楽所
楼門
伶人
五色旗
鏡釼玉
延導幣
典禮
警蹕
大神大后神社
神魂伊能知賣神社
神饌處
玉垣
出雲大社々務所藏版

空中に架けられた橋を渡御

50 出雲大社正遷座之図《いずもたいしゃしょうせんざのず》

明治十四（一八八一）年
縦四〇・一×横五四・九チセン
個人

現在の本殿が造営された延享元（一七四四）年の遷宮以降は社殿の新造はなく、屋根の葺き換えを主とした修理事業が四回（文化六（一八〇九）年、明治十四（一八八一）年、昭和二十八（一九五三）年、平成二十五（二〇一三）年）おこなわれた。

本品は明治十四年の遷御の様子を描いた絵図である。この時は本殿の裏手にある素鵞社《そがのやしろ》を御仮殿としていた。素鵞社から本殿まで木造の「浮橋」を架け、渡御の列は地上に降りることなく空中を渡っている。

出雲国造の由緒、権限を認める

51 ◎永宣旨《ようせんじ》

一巻
寛文七（一六六七）年
縦三四・二×横五二・五チセン
北島国造家（島根県出雲市）

朝廷から両国造家へ下された宣旨で、出雲国造の由緒を認める内容。これに基づき、出雲国内の神職は京の吉田家もしくは、出雲国造から許状を受けることとされた。国造の国内権限に関わる重要史料である。

この永宣旨が下される二年前の寛文五（一六六五）年七月、幕府は神社に関する根本法令「神社条目」を発布した。この中で、全国の神職の装束・位階は京の吉田家から許状を得ることが定められた。全国の神職が吉田家の支配を受ける形になったのである。この事態に両出雲国造家は松江藩の後援を得ながら幕府寺社奉行に訴え、出雲国内の神社・神職を支配する権限を認めるよう願書を提出したのである。その結果下されたのが、永宣旨であった。

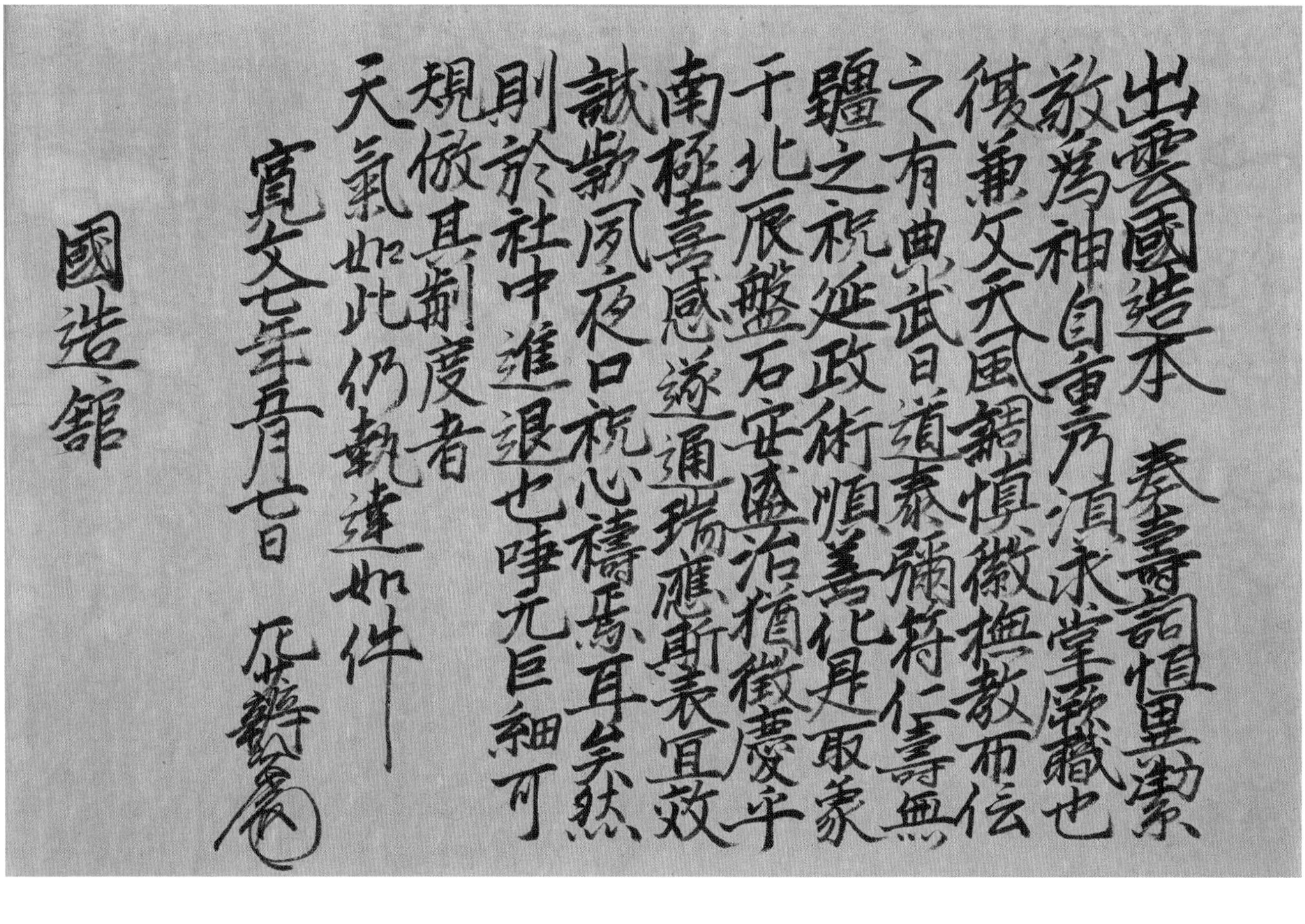
出雲國造本 奏壽詞恒異衆
故爲神自重彦須求掌厥職也
倭兼文天風綢慎徽撫教而伝
之有曲武日道泰彌符仁壽無
疆之祝延政術順善化得取象
于北辰盤石安國治猶徽慶乎
南極喜感遂通瑞應斯表宜效
誠敬夙夜口祝心禱正爲耳矣然
則於社中進退之事无巨細可
規倣其制度者
天氣如此仍執達如件
寛文七年五月七日
國造館

52 神道裁許状《しんとうさいきょじょう》

二点
元禄四（一六九一）年／元文元（一七三六）年
縦三九・三×横五三・二／縦四五・三×横五九・三チセン
個人

出雲国内の神職に風折烏帽子・狩衣の着用を認めた裁許状。右側参考画像のように、江戸時代当初は、千家・北島両国造から裁許状発給を受けていた。元禄四年の裁許状までは同様である。

元禄九（一六九六）年、出雲大社の支配から独立しようとする佐陀神社の運動が表面化した。佐陀神社は出雲国全十郡のうち、島根半島を中心とする三郡半の支配権を主張したのである。これに対し出雲大社は、「永宣旨」の下賜を根拠に幕府へ反論を訴え出て、いわゆる佐陀神社争論へと展開していった。

元禄十（一六九七）年に出された幕府の裁決は、出雲大社の訴えを退け、佐陀神社の主張を認めるものだった。その背景には吉田家の関与があったと考えられる。こうして佐陀神社争論後、出雲国内の神職は吉田家から裁許状を受けるよう変化していった。

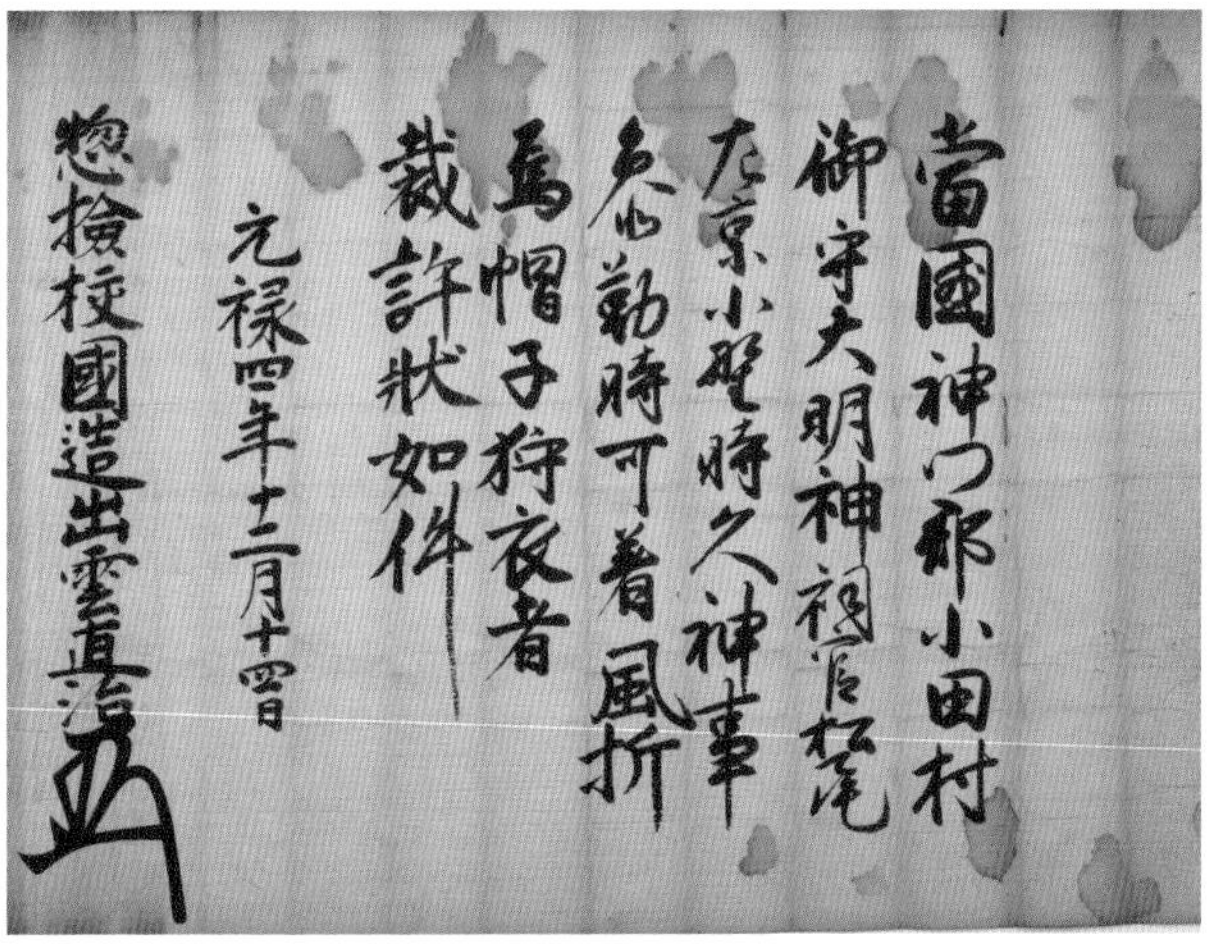
當國神門郡小田村
御守大明神祠官松尾
左京小野時久神事
參勤時可着風折
烏帽子狩衣者
裁許狀如件
元禄四年十二月十四日
惣検校國造出雲直治

元禄 4(1691) 年　出雲国造からの裁許状

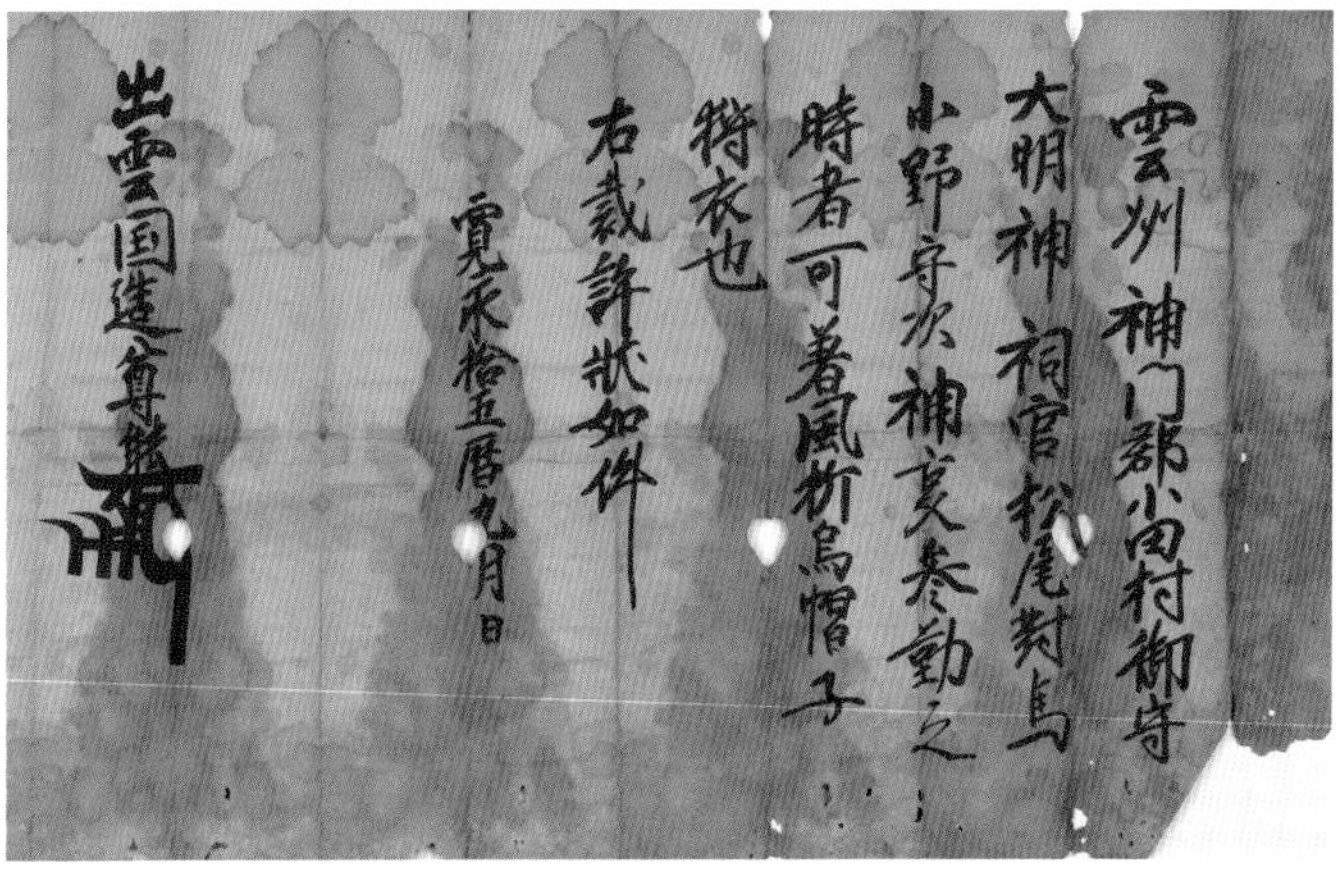
雲州神門郡小田村御守
大明神祠官松尾對馬
小野守次神事參勤之
時者可着風折烏帽子
狩衣也
右裁許狀如件
寛永拾五暦九月日
出雲国造尊能

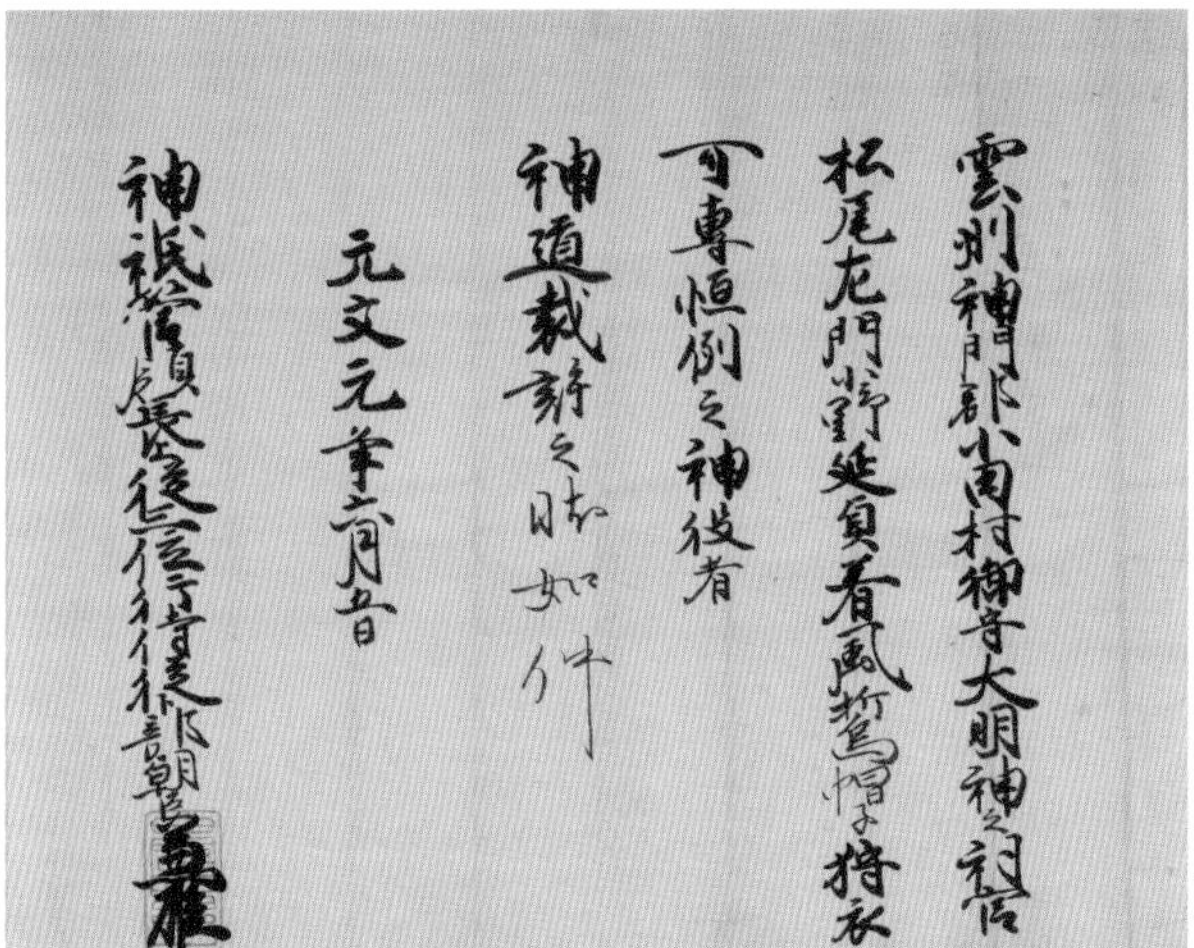
雲州神門郡小田村御守大明神之祠官
松尾左門小野延貞着風折烏帽子狩衣
可専恒例之神役者
神道裁許之状如件
元文元年六月日
神祇管領長上侯従二位行侍従卜部朝臣兼雄

元文元 (1736) 年　京都吉田家からの裁許状

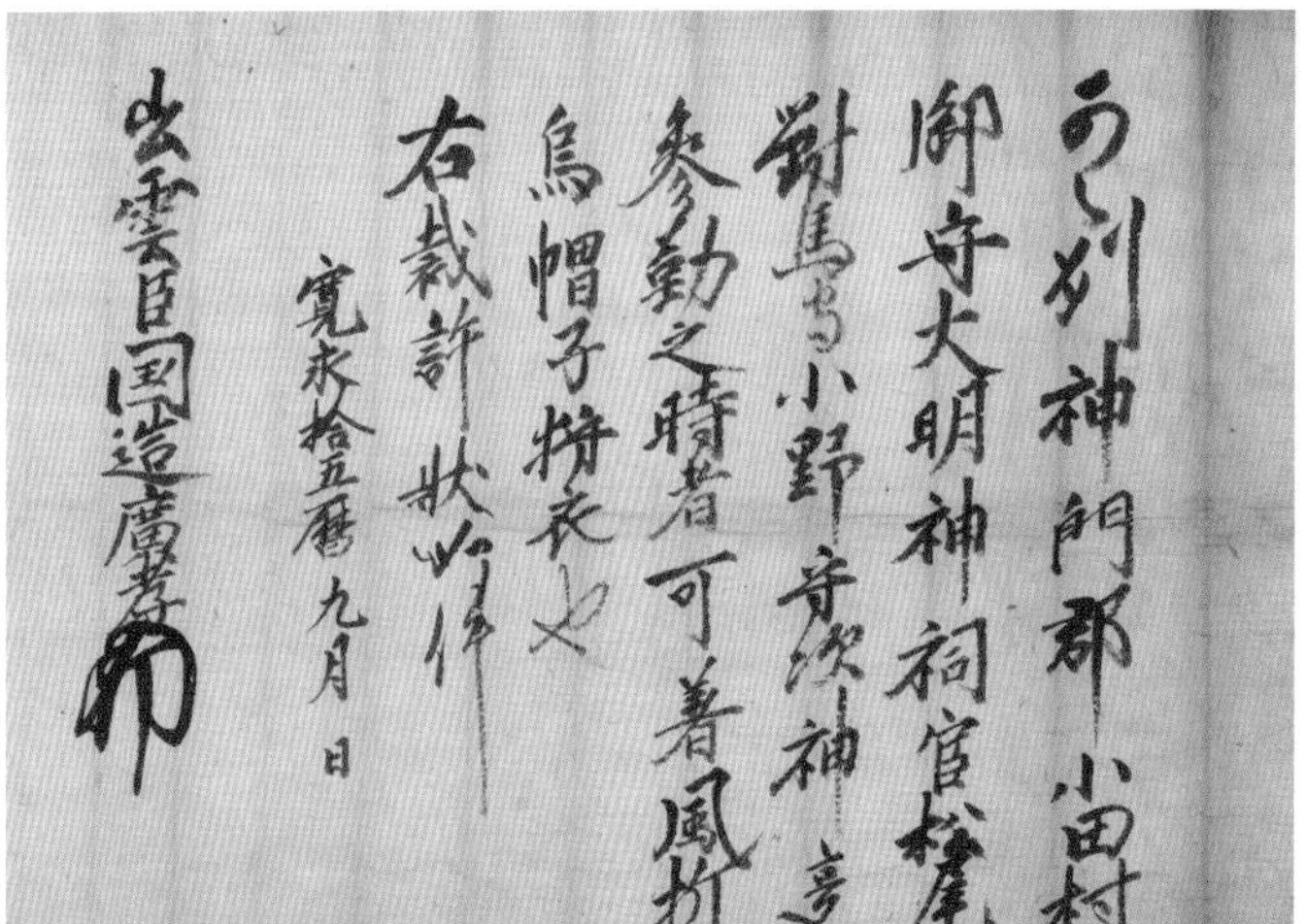
雲州神門郡小田村
御守大明神祠官松尾
對馬守小野守次神事
參勤之時者可着風折
烏帽子狩衣也
右裁許狀如件
寛永拾五暦九月日
出雲国造廣孝

参考　寛永 15(1638) 年　両国造からの裁許状

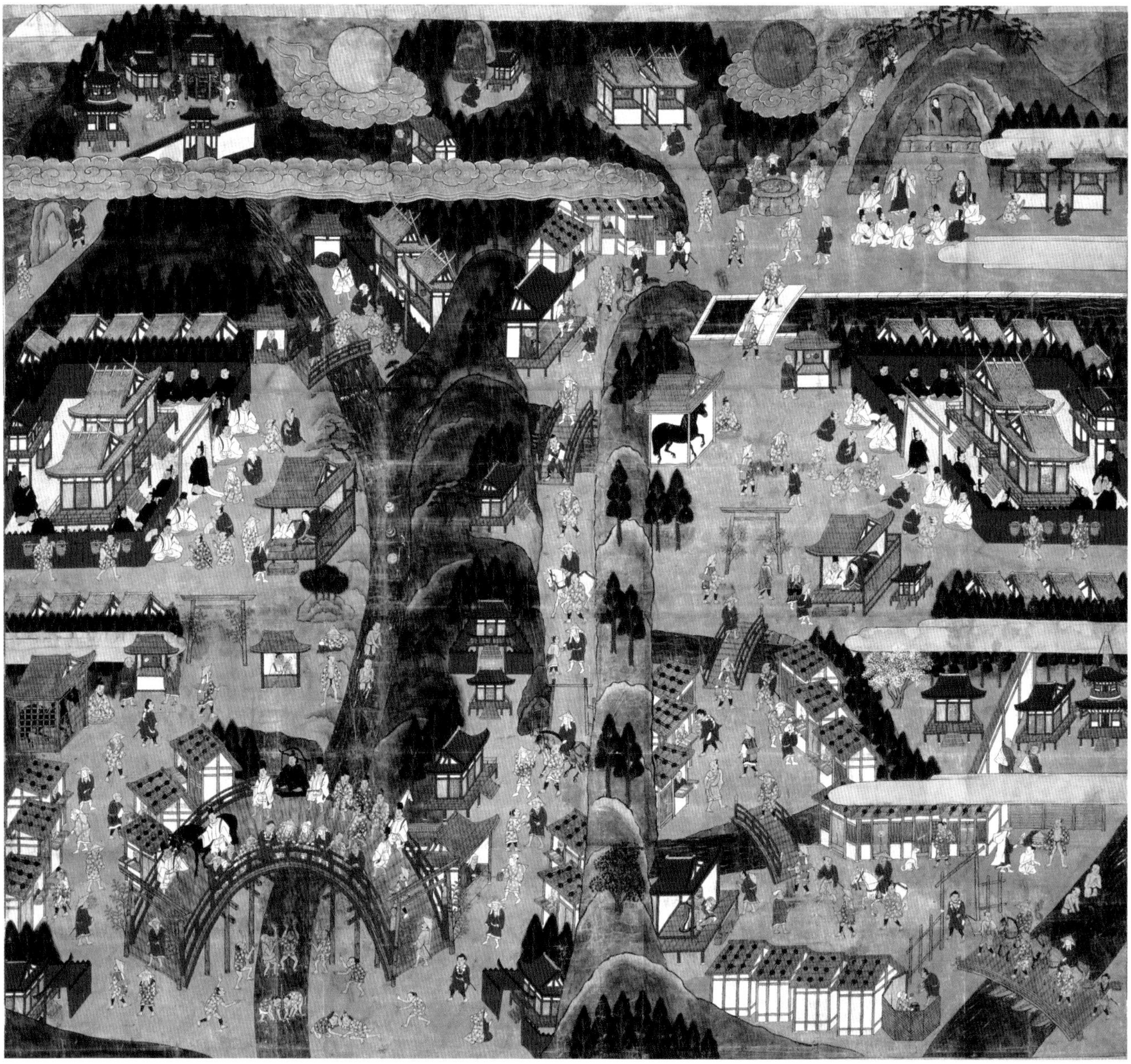

53 ●伊勢《いせ》両宮《りょうぐう》曼荼羅図《まんだらず》

一幅
室町～安土桃山時代（十六世紀）
縦一六五・四×横一七八・七センチ
神宮徴古館（三重県伊勢市）

画面右側に外宮（月輪・高倉山）、左側に内宮（日輪・朝熊山《あさまやま》）を配置した伊勢神宮の参詣曼荼羅。右下隅の宮川から始まり、左上隅の朝熊山に至る参拝路がS字を描くように構図される。同種の伊勢神宮の参詣曼荼羅は計四件が知られているが、本品はその中で最も古いと考えられており、細部の描写などで完成度が高い。参詣道の要所にある勧進所の僧が描かせたものとみられ、正殿・宝殿が朱塗りの入母屋造りで表現されるのは事実と異なる。

参詣曼荼羅は十六世紀から十七世紀初頭にかけて活発に制作された、社寺に参詣する人々の様子を描いた絵画である。信仰対象となる社寺を中心に、参詣のルートや名所が図示される。こうした曼荼羅図は諸国を廻って寄進を募る勧進聖が、参詣を勧めるための絵解きに用いた。朝廷や幕府からの経済的庇護を期待できない時期であり、収入源を広く人々に仰ぐ必要があったのである。

日輪

月輪

内宮正宮

外宮正宮

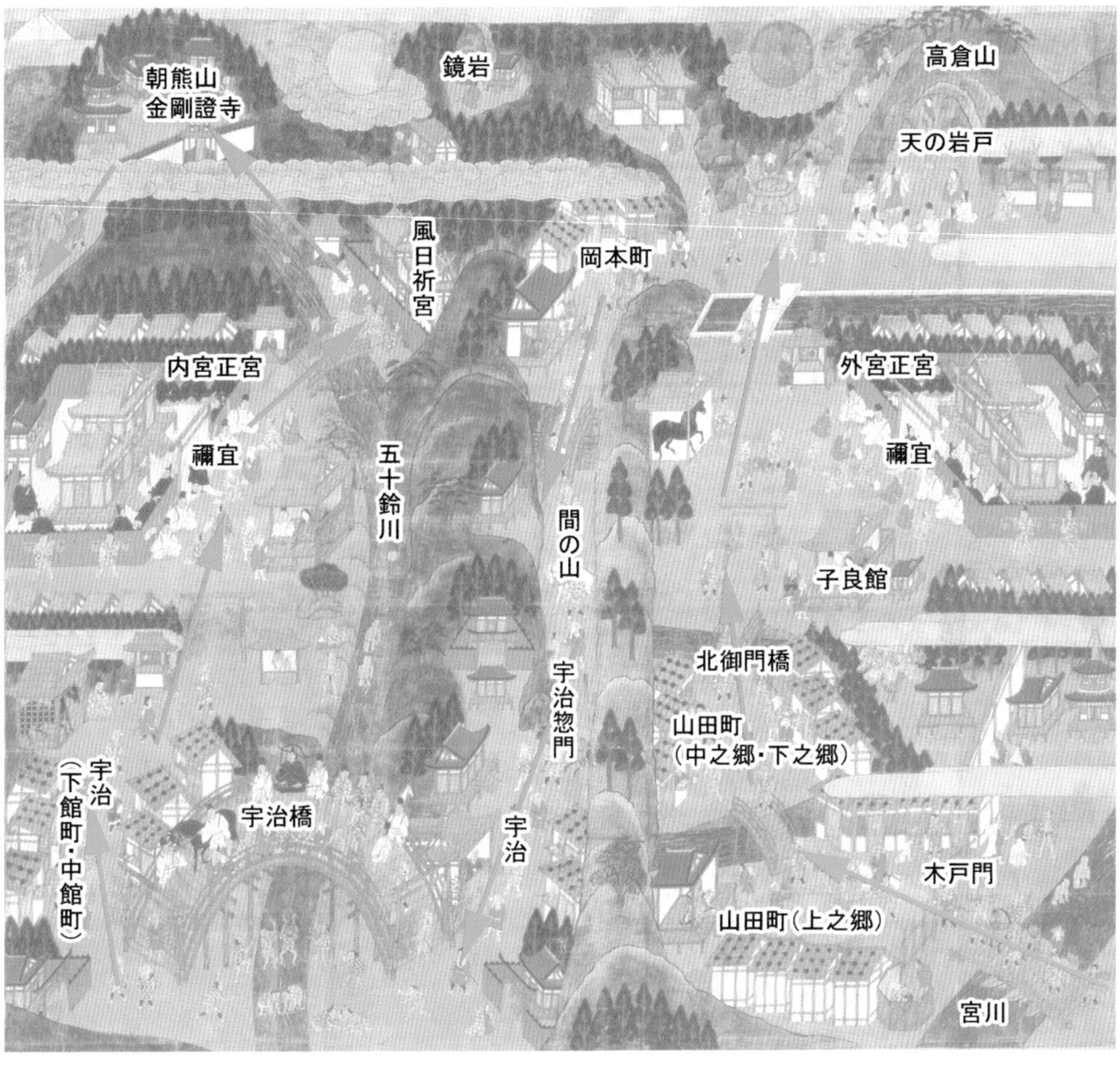

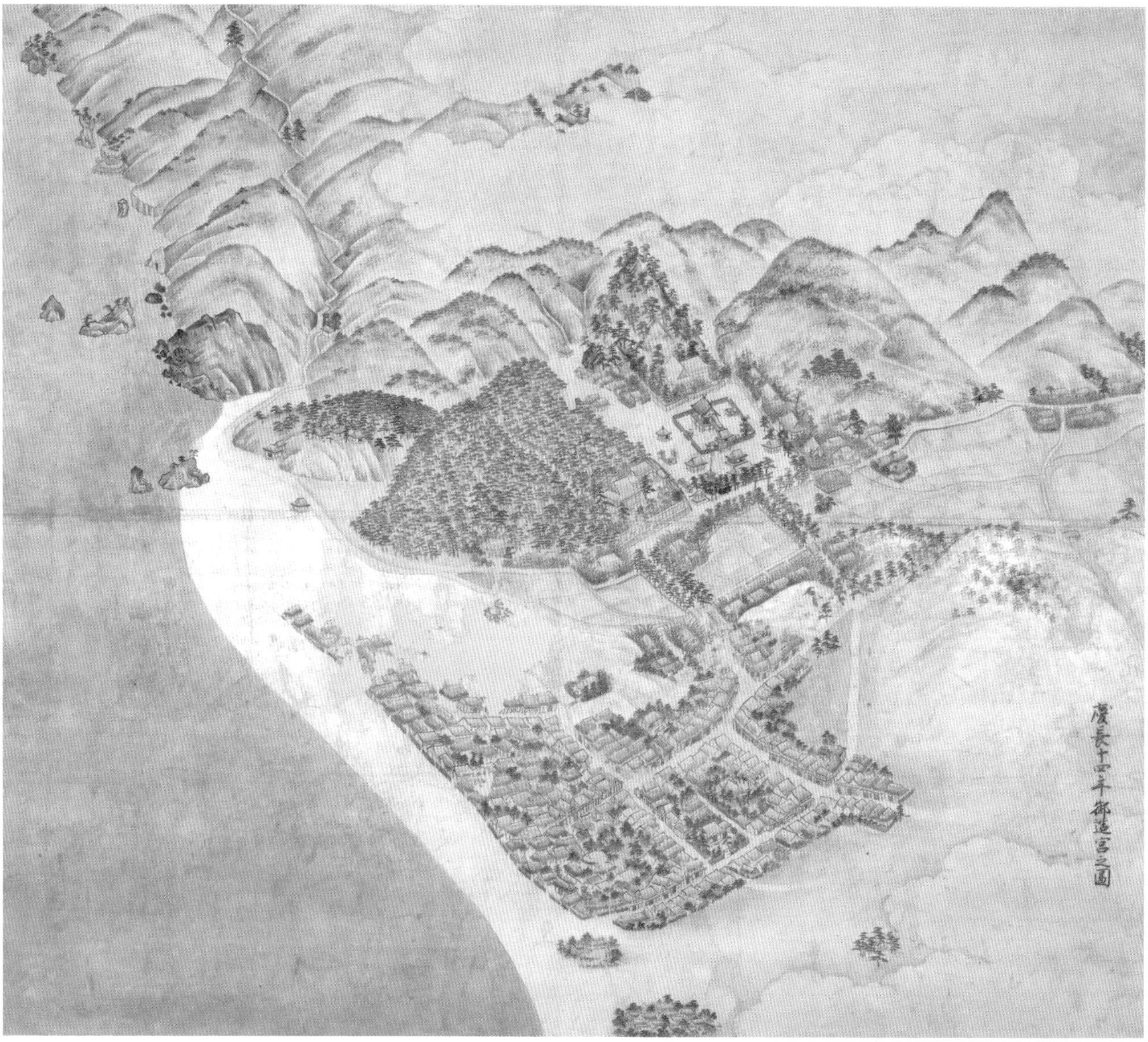

54

●杵築大社近郷絵図《きづきたいしやきんごうえず》

一幅
江戸時代（十七世紀）
縦一一三・三×横一二八・八センチ
北島国造家

慶長十四（一六〇九）年に、豊臣秀頼が願主となって造営された社殿の景観を描いた絵図である。社殿は赤く塗られ、境内には三重塔、鐘楼など、戦国大名尼子氏が建立した仏教施設が描かれる。現在は境内東側に移っている北島国造館が本殿の背後にあるなど、現在の境内景観とは異なる点が多い。神仏分離を図った寛文度遷宮に際して、仏教色の強い境内景観を記録するため両国造家が松江の絵師に描かせたのが本品と列品55である。

神仏習合の影響を濃く受けていた、近世初頭までの出雲大社と、周辺景観をうかがわせる貴重な資料といえる。

55 寛《かん》永《えい》御《おん》絵《え》図《ず》

一幅
江戸時代（十七世紀）
縦一一三・三×横一二七・八センチ
千家国造家

列品54と同じ機会に作成された絵図。「寛永御絵図」との貼り紙が付されるが「寛永」は「寛文」の誤りとみられる。神仏分離により既に仏教施設の撤去移設が進んでいた寛文度遷宮時に、以前の景観を回視して描かれたものとされる。

伊勢神宮・出雲大社　略年表

	伊勢神宮	出雲大社
〈神話〉国譲り神話		国譲りの代償として、大国主神のために社殿造営【出雲大社の起源】
〈神話〉天孫降臨	天照大神の宝鏡を奉じて天孫が降臨する	
崇神朝	豊鍬入姫命に命じ天照大神を笠縫邑に奉斎する	天皇の求めにより出雲大神の信奉を献上する
垂仁朝	五十鈴川の川上に内宮が建つ【内宮の起源】	皇子が話せることを喜び天皇が出雲に神宮を造営 物部十千根大連、出雲の神宝を検校し天皇に奏上
雄略22(478)年	豊受大神を丹波国より迎え祀るという【外宮の起源】	
斉明 5(659)年		出雲国造に命じて厳神之宮を造営させる
天武 2(673)年	大来皇女、斎王に任じられる【斎王制度の確立】	
持統 2(688)年	宣旨により20年に一度の遷宮を定める	
持統 4(690)年	第1回内宮式年遷宮【式年遷宮の開始】	
霊亀 2(716)年		出雲臣果安、神賀詞を奏上【史料上の初見】
天平 5(733)年		出雲国造、『出雲国風土記』を撰進
弘仁 6(815)年	大中臣朝臣淵魚を祭主に補任【祭主の初見】	
天禄元(970)年		『口遊』に「大屋」として雲太・和二・京三が掲げられる。
長元 4(1031)年	（この間、式年遷宮が繰り返される）	出雲守橘利孝、出雲大社顛倒と虚偽の上申 （この後、顛倒・昇殿遷宮を繰り返す）
宝治 2(1248)年		正殿遷宮（この時の柱材が境内から出土） （この後、本殿規模が縮小）
元弘 3(1333)年		隠岐を脱出した後醍醐天皇、神剣の献上を命じる
寛正 3(1462)年	第40回内宮式年遷宮【この後、式年遷宮中断】	
応仁元(1467)年	戦乱のため月次祭・神嘗祭への奉幣なし 【例幣使の中絶】	
大永 7(1527)年		尼子経久、三重塔を造営
天正10(1582)年	織田信長、両宮造営料として三千貫文を寄進	
天正12(1584)年	羽柴秀吉、両宮造営料として金子500枚他を寄進	
天正13(1585)年	第41回内宮・外宮式年遷宮【式年遷宮の復興】	
慶長14(1609)年	徳川家康、両宮造営料を寄進【歴代将軍寄進】	豊臣秀頼願主による造営
慶安 3(1650)年	おかげ参り流行	
寛文 7(1667)年		正殿式遷宮【神仏分離の断行】
宝永 2(1705)年	おかげ参り流行	
延享元(1744)年	（この間、式年遷宮が繰り返される）	正殿式遷宮【現在の本殿が建立】
明和 8(1771)年	おかげ参り流行	
文化 7(1810)年		修造遷宮
文政13(1830)年	おかげ参り流行	
慶応 3(1867)年	おかげ参り流行	
明治14(1881)年	（この間、式年遷宮が繰り返される）	修造遷宮
昭和28(1953)年		修造遷宮
平成 5(1993)年	第61回内宮・外宮式年遷宮	
平成25(2013)年	第62回内宮・外宮式年遷宮	修造遷宮（平成の大遷宮）

第四章

信仰と参詣文化

全国を布教して廻り寄進を募った御師の活動によって、伊勢神宮・出雲大社への信仰は庶民の間に広く行き渡った。参詣を目的とした旅は人々の娯楽であり、時に熱狂的な群参ブームが起こった。

―伊勢に行きたや伊勢路が見たや― おかげ参りの大流行

◆江戸時代の庶民は藩外への移動が制限されており、自由に観光旅行することはできなかったが、社寺参詣を目的にした旅は許される風潮があった。その行き先の筆頭が伊勢神宮であり、多くの庶民が「せめて一生に一度でも伊勢参りに行きたい」と願ったのである。

◆特に、約六〇年ごとに起きた「おかげ参り」と呼ばれる突発的ブームの年には、全国から数百万人もの熱狂的な大群衆が伊勢に押し寄せた。宝永二（一七〇五）年、明和八（一七七一）年、文政十三（一八三〇）年の三回は特に大規模な流行として知られている。

◆おかげ参りが起こるきっかけが、天から伊勢神宮のお札が降ってくる「お札降り」という不思議な現象であった。このような超常現象が現実に起こるとは考えにくく、実際には「朝起きて外に出てみると、屋根の軒先にお札が引っかかっていた」というのが実態のようである。お札が降ったという噂が広まると人々はお札を拝みに押しかけ、降った家はこれを盛大に饗応したという。豪農など、経済的に豊かな家に降ることが多かったようだ。

◆このようなお札降りが各地で頻発すると、それがきっかけとなって、人々がこぞって伊勢参りを熱望するおかげ参りへつながっていった。

御札が降る、奇跡の瞬間

56 御蔭参《おかげまいり》大麻《たいま》降下《こうか》の図《ず》

一幅
文政十三（一八三〇）年
縦一二一・〇×横二八・五センチ
神宮徴古館（三重県伊勢市）

空から神宮のお札（大麻）が降ってくる瞬間を「写した」一幅である。上部中央にお札が配され、下に大きく取られた余白が、お札が落ちていく動きを感じさせる。作者の松村景文（一七七九～一八四三）は四条派の絵師で、花鳥図を得意とした。敢えて署名落款をお札と揃えて中軸線上に配するなど、洒脱な遊び心が垣間見える。

周期的におこったおかげ参りブームの中でも、本品が描かれた文政十三年の群参は最高潮に達し、空前の規模であった。この年は五百万人もの群衆が伊勢へと押し寄せたとされる。

57 豊饒御蔭参之図（部分）

ええじゃないか、ええじゃないか

57 豊饒《ほうねん》御蔭《おかげ》参《まいり》之《の》図《ず》

三枚一組
慶応三（一八六七）年
縦三六・九×横七四・八センチ
三重県総合博物館

天から降るお札の下で乱舞する人々を描く。降ってくるのは「太神宮」のお札（大麻）だけでなく、酒や砂糖、炭や材木など様々である。三枚綴の画面いっぱいに、お札を笠で受けようとする人、笑顔で踊る人など、熱狂する民衆の姿が躍動的に描かれる。

また、画面手前には「天照皇太神宮」の幟をあげておかげ参りする旅姿の老若男女が描かれる。中には手踊りして熱狂の輪に加わっていく者もある。お札降りとおかげ参りという、江戸時代の神宮信仰にまつわる大衆文化の熱気が伝わる作品である。

作者の歌川芳幾《よしいく》は歌川国芳《くによし》門下の浮世絵師で、明治時代には東京日日新聞の挿画などで活躍した。

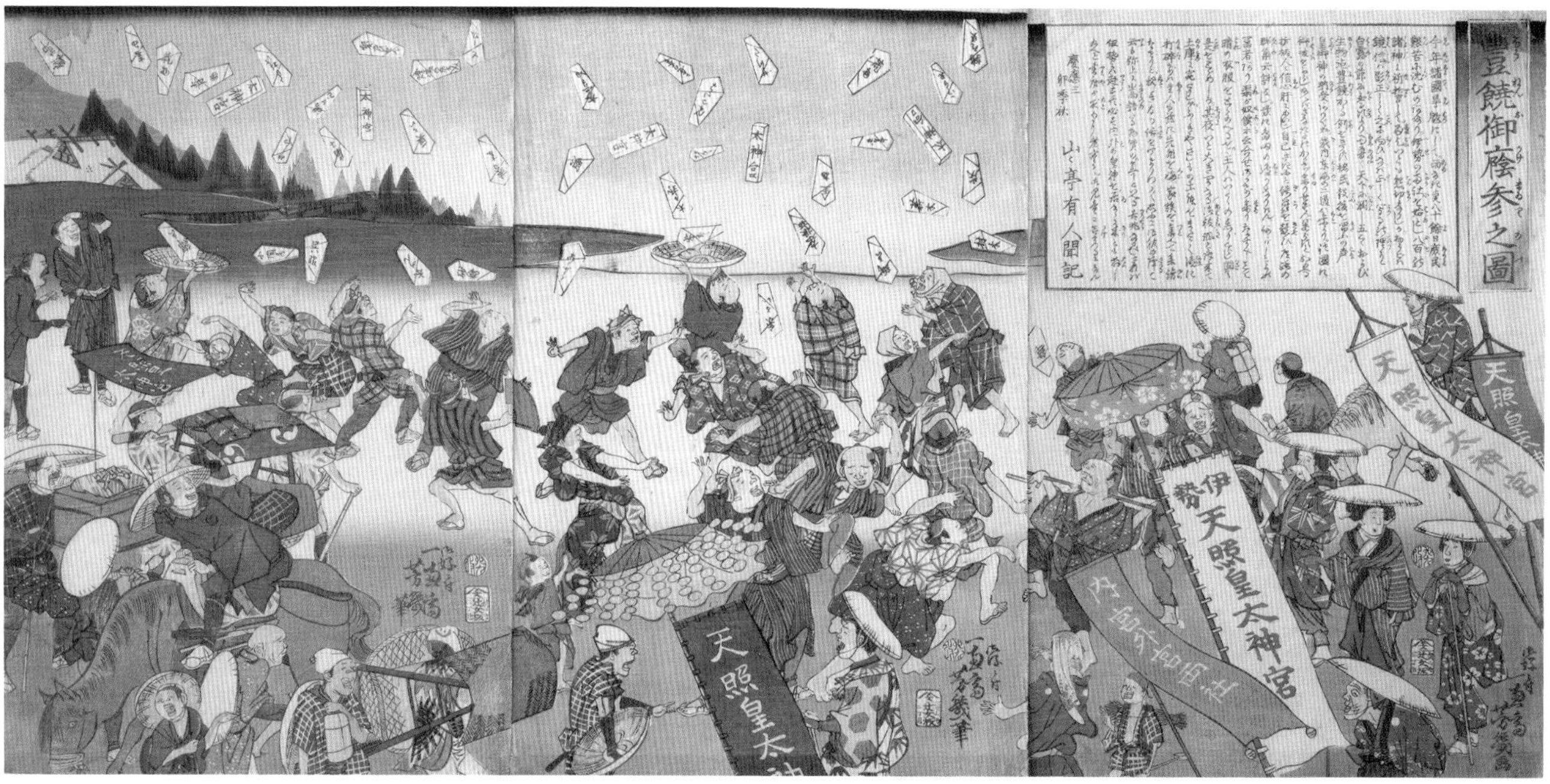

◆本品が制作された慶応三年は、大政奉還が果たされ、政情が大きく動いた歴史の転換点であった。この年、民衆の間では囃子にあわせて熱狂的に乱舞する「ええじゃないか」が大流行した。そのきっかけは伊勢神宮のお札降りであり、さらには仏像、小判が降ったなどという様々な噂とともに、騒乱の輪は全国に広まった。

◆熱狂的な「ええじゃないか」の流行は、幕藩体制における封建的秩序からの解放を歓迎する民衆エネルギーの爆発であったともいわれている。

◆こうした「ええじゃないか」の流行は、時事を扱う浮世絵や瓦版の題材として格好であり、盛んに出版され、全国各地にその情報が伝えられた。

58

文政十三年庚寅春《ぶんせいじゅうさんねんこういんはる》 御影参道《おかげまいりみち》の粧《よそおい》

六枚一組
江戸時代（文政十三（一八三〇）年頃）
縦三六・五×横一五二・三センチ
伊勢市（伊勢市立伊勢古市参宮街道資料館保管）

おかげ参りが最も大規模に流行した文政十三年の、参宮街道の様子を六枚綴の横長画面に描く。おかげ参りの賑わいと、人々の旅のいでたちがよくわかる作品である。また画面上部には内宮・外宮のほか、参宮旅の目的のひとつとされた朝熊岳、二見浦という景勝地が描かれている。

参宮の旅路は基本的に徒歩であり、当時は一日に約四〇kmを歩いたと言われる。菅笠をかぶり、柄杓を腰に差すのが参宮の定番スタイルであった。菅笠には「大神宮」「おかげ」「ぬけまいり」といった定型句のほか、自身の出発地が記されている。「江戸」「阿波」などもあるが、大坂の版元であるせいか、大半は京・大坂に近い地名が記されている。

作者の柳斎重春《りゅうさいしげはる》（一八〇二～一八五二）は大坂の浮世絵師で役者絵を得意とした。

文政十三
庚寅春
道の粧
玉柳亭
重英画

百人組
大坂
玉柳亭
重英画

百人組
大坂
三

見浦
内宮
大神宮
大坂
河内
大神宮
五

参宮道中をアピール

59 おかげ参り旗

三旒
江戸時代
縦一一二・一／九一・九／五〇・五センチ
神宮徴古館（三重県伊勢市）

いずれも「おかげ」と大書した旗（幟）で、おかげ参りの道中であることを示すために実際に使用されたもの。（右）は「布施田　ぬけ参」とあり、現福井県福井市布施田町からの参拝者か。（中）は染め物で、格子目の紅地に藍色で「おかげ」と染められている。おかげ参りは縁故の「〇人組」により集団参宮する場合があった。本品は染め物であり、同品を複数製作して集団内に配ったことも想定できる。その場合の用途は、旗ではなく手ぬぐいだった可能性もある。

なお、「抜け参り」とは親や主人の許しを得ずに家を抜け出し伊勢参りに行くこと。

60 おかげ参り道具 ・菅笠 ・柄杓

[菅笠]一点、[柄杓]二点
文政十三（一八三〇）年
[菅笠]径六〇・五㌢
[柄杓]長四一・〇／四六・〇㌢
大阪歴史博物館

菅笠をかぶり柄杓を一本ずつ腰に差すのがおかげ参りの定番スタイルであった。柄杓は参宮道中であることをあらわす象徴的な器物であり、街道で施行（参宮者に対する銭や食事の無償供与）を受け取るためにも用いられた。

本品は滋賀県近江八幡市から収集されたもので、文政十三年のおかげ参りに使用された。菅笠外面には大きく「江刕（＝近江）」と記される。また柄杓には近江国野洲郡久部村の住人二名が文政十三年閏三月に出発したことが細かく記入されている。

あこがれの伊勢参りを屏風に仕立てて

61 伊《い》勢《せ》参《さん》宮《ぐう》風《ふう》俗《ぞく》屏《びょう》風《ぶ》

六曲一双
江戸時代（十九世紀か）
縦一七二・〇×横三七〇・〇センチ
神宮徴古館（三重県伊勢市）

六曲一双の大画面に江戸時代の伊勢参宮の様子を描いた作品で、作者・制作年代は不詳。右隻は中央上部に外宮を置き、右から中央にかけて宮川の渡し、山田の町を描く。また、実際の地理とは異なるが、二見浦と朝熊山金剛證寺を左に配している。

左隻は中央上部に内宮と宇治橋を置き、右に間の山、左に古市の賑わいといった、参宮に伴う娯楽風俗を描く。金箔散らしの雲の中に、両宮と名所、風俗を配した華やかな作品である。

右隻：外宮

左隻：内宮

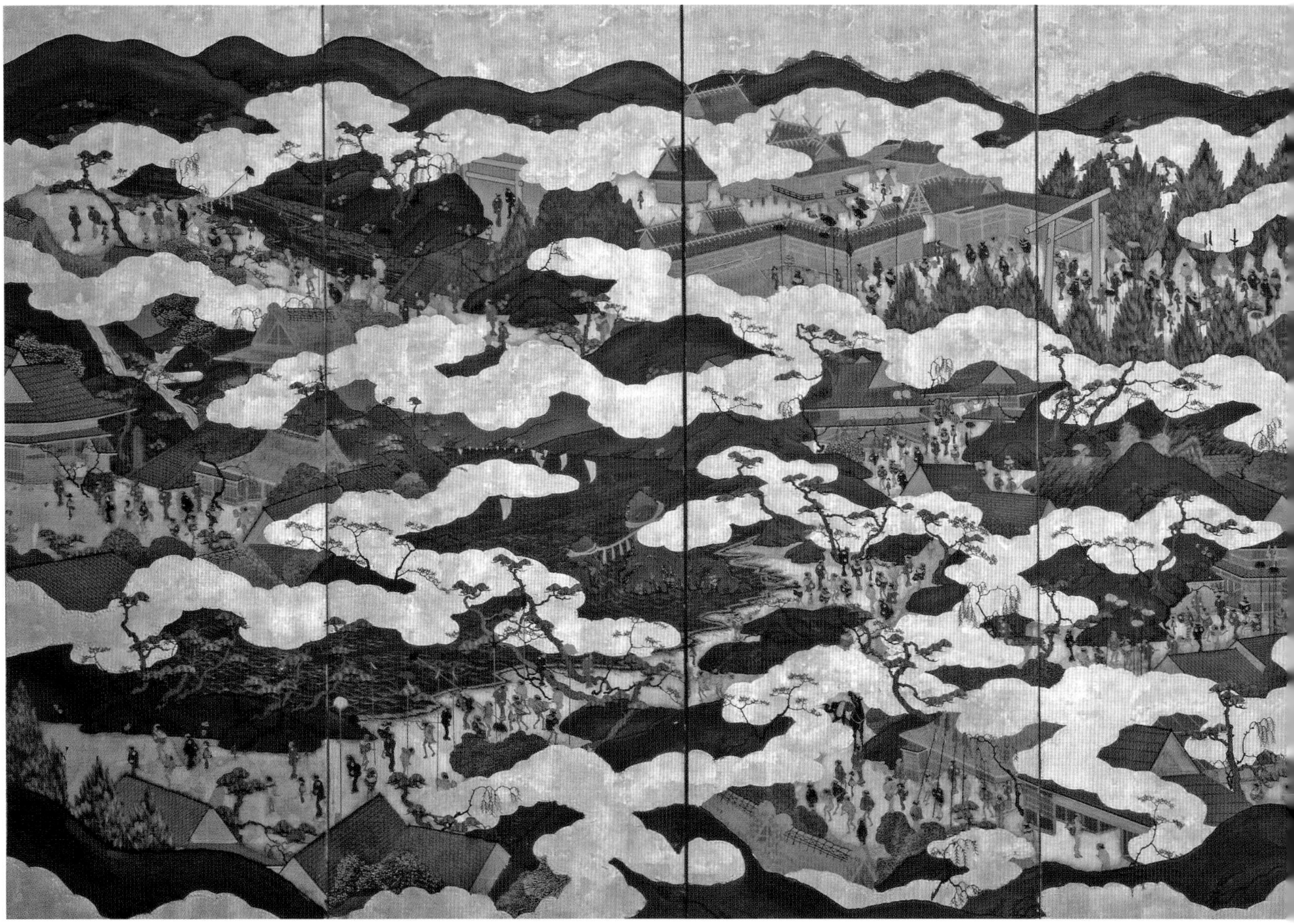

空から見た昭和初期の伊勢

62 神都《しんと》鳥瞰図《ちょうかんず》

一点
昭和九（一九三四）年／橋本鳴泉画
縦九一・〇×横一五二・〇㌢
伊勢市教育委員会（伊勢市立修道小学校保管）

「神都」と呼ばれた、昭和九年時の伊勢市街を描いた鳥瞰図。施設や地形が精確に、緻密に書き込まれている。朝熊山山頂まで路面電車とケーブルカーで結んだ朝熊線をはじめ、朱線で表された鉄道には廃線になって現存しないものも多い。参宮を目的とした観光文化と鉄道交通が盛行した、昭和初めの華やかな交通史の一場面を鮮やかに伝えている。

作者の橋本鳴泉《めいせん》は磯部百鱗《ひゃくりん》に師事した伊勢の日本画家。描かれた場面は三月で、随所に咲き誇る満開の桜が、伊勢の神都を温かく彩っている。本作は美術作品として制作されたものであり、図中に説明は一切附されていないが、郷土を精確に表現しようとする画家の愛情を感じる作品である。

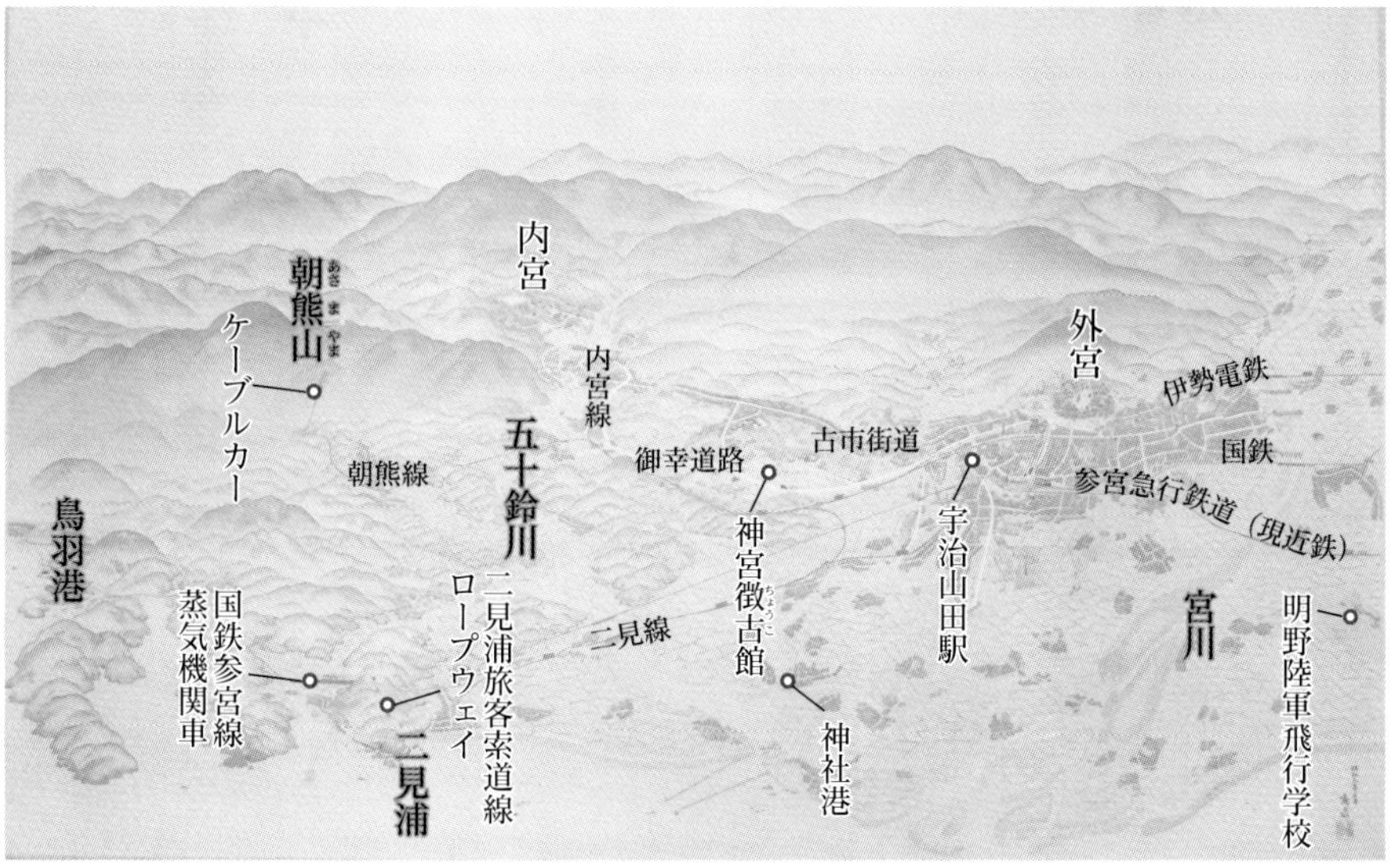

朝熊山《あさまやま》
ケーブルカー
朝熊線
鳥羽港
国鉄参宮線蒸気機関車
内宮
内宮線
五十鈴川
二見浦旅客索道線ロープウェイ
二見線
二見浦
御幸道路
古市街道
神宮徴古館
神社港
外宮
伊勢電鉄
国鉄
参宮急行鉄道（現近鉄）
宇治山田駅
宮川
明野陸軍飛行学校

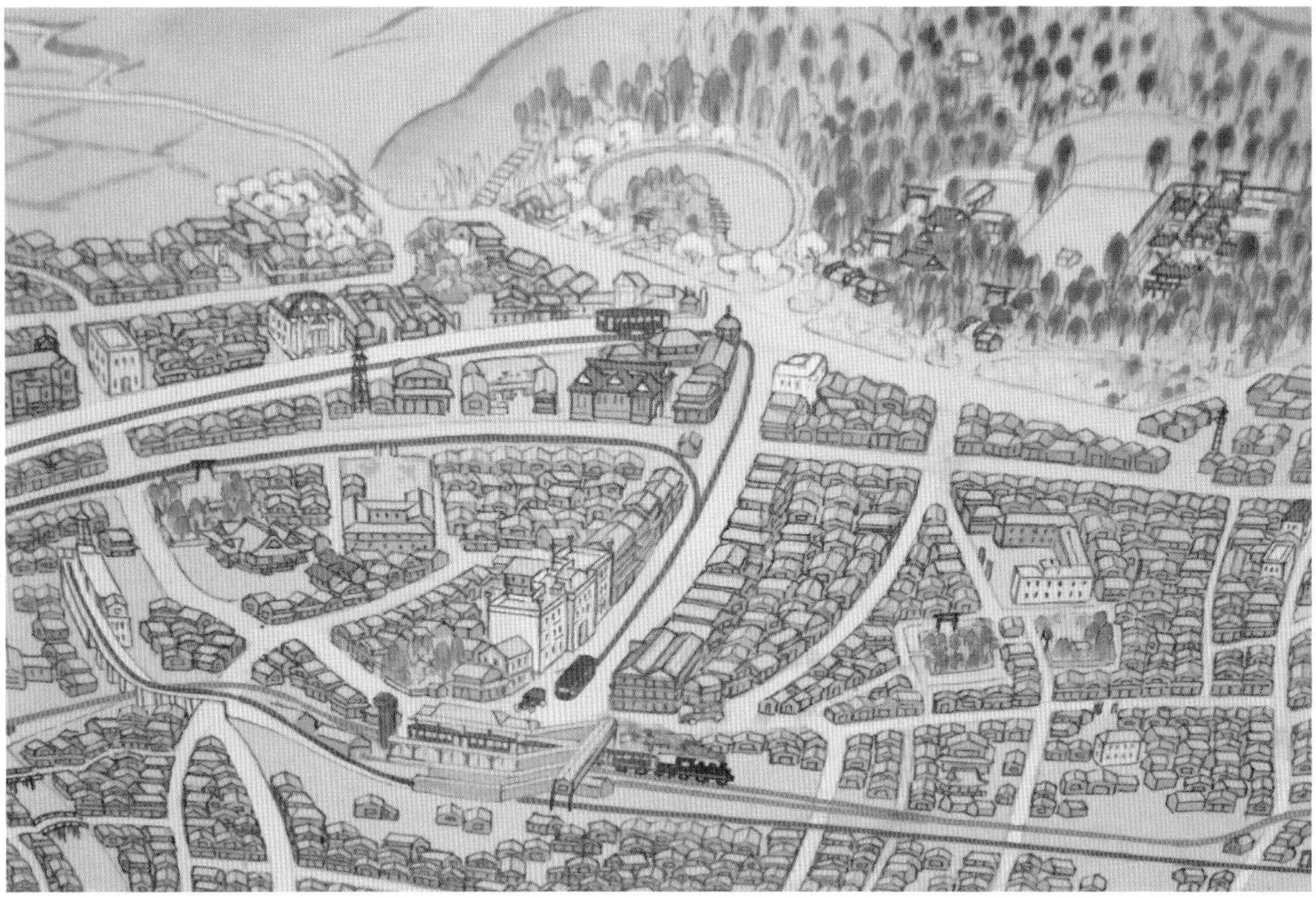

外宮と、門前に広がる山田の町

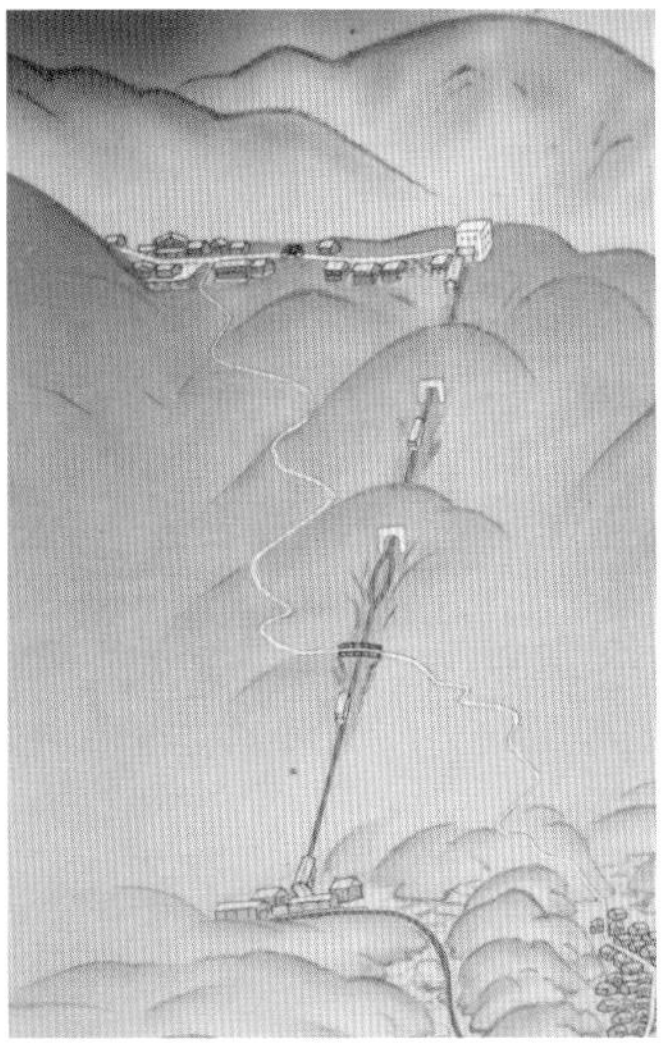

朝熊線のケーブルカー

内宮と外宮を結ぶ、古市街道（上）、御幸道路（中）、新都線（下）

内宮周辺

63 参宮風俗図《さんぐうふうぞくず》

五点一組
大正〜昭和時代初期（二十世紀）／橋本鳴泉画
各縦四二・五×横五八・五㌢
神宮徴古館（三重県伊勢市）

参宮の典型的な場面を描いた五部作で、作品62と同じく、橋本鳴泉の作。四条派の流れを汲んだ日本画の技法により、桜が咲き誇る春の参宮の光景を軟らかく、かつ細かく表現している。

「宮川渡場」は宮川を舟で渡った神域の入口にあたる場所で、御師邸から来た出迎えや、駕籠が描かれる。馬の背に乗せられた三人乗りの鞍も独特なものである。

間《あい》ノ山は外宮と内宮の間に位置する丘陵で、その中に広く知られた伊勢の歓楽街、古市がある。「間《あい》ノ山」に描かれる、小屋掛けの中で三味線を弾くお杉・お玉には、いくら銭を投げつけても、巧みにこれを避けて決して体には当たらない、と言われた。銭を盛んに投げる参宮客が描かれている。

「古市」は妓楼をはじめ料理屋や旅館が多数軒を連ねた大繁華街であり、参宮客でごったがえす情景が描かれる。「伊勢音頭」は大妓楼のお座敷で演じられ、浮世絵や戯曲の素材ともなり、広く知られた。

内宮入り口で五十鈴川にかかる「宇治橋」の橋下には、参宮客が投げる銭を長い竿の先についた網で巧みに受ける網受けの人々が描かれている。

宮川渡場

間ノ山

古市

伊勢音頭

宇治橋

御師邸での大々神楽と饗膳

◆御師《おんし》とは信仰する人々の願いを受けて祈祷を行う神職であり、全国の檀家を廻り、大麻（御祓札）を配って初穂料を集めることが主たる活動であった。

◆伊勢の御師にとって、もう一つの重要な仕事が、伊勢参りにやって来た檀那に宿泊施設を提供し、もてなしをすることである。まず一行が宮川の渡しに着くと、御師の手代が迎えに来て挨拶を述べ、歓迎の酒席となる。そこから御師邸に案内され、到着すると小豆餅と素麺が出される。そして風呂で身を清め、座敷に通されて御師の挨拶を受ける。夜には邸内に設けられた神楽殿で神楽を奉納し、御祓を受ける。それから広間で直会となる。山海の珍味をはじめとした豪華な食事に舌鼓を打ったあと、柔らかい絹の夜具に包まれて眠りにつく。翌日は御師の家の者の案内でいよいよ外宮、内宮を参宮する。道中では土産物屋や名所、花街などの見物、観光も大きな楽しみであった。

◆このように御師邸は伊勢参りの檀家を宿泊させる旅館機能を備えており、数多くの客室や広々とした台所から構成されていた。中でも最大規模であった三日市大夫次郎邸は間口約五五メートル、奥行き約一三〇メートルの壮大なもので、広さ四〜一六畳の客室が三二室もあった。

御師　三日市大夫次郎邸　復元画　（復元：大林組　画：穂積和夫　建築監修：菅原洋一）

◆明治四年に御師制度の廃止令が出されると、御師は急速に衰退した。広壮な御師邸もことごとく姿を消し、現在では門などのごく一部の建築遺構が保存されるのみである。

旧御師　丸岡宗太夫邸長屋門（伊勢市宮町）

64

伊《い》勢《せ》大《だい》々《だい》神《かぐ》楽《ら》之《の》図《ず》

一点
江戸時代
縦三一・五×横四六・九センチ
神宮徴古館（三重県伊勢市）

御師邸で執行される神楽のうち、格式が高く盛大な太々神楽の様子を描いた絵図。

縁・高欄を巡らせた神楽殿の内部には金欄装飾の柱で囲まれた祭壇区画がある。その中央に湯立用の釜を焚き、奥には榊で覆った神籬が置かれる。手前には御師とみられる束帯の人物が控えている。御師が祝詞を奏上した後、三十六番の舞が行われた。両側には舞姫と発声を担う口頭が連なり、さらに手前にかけて黒・色物の素襖を着用した神楽役人達が周囲を囲んでいる。願主となる人たちは描かれていないようである。

檀家にとって太々神楽を奉納することは伊勢参りの重要な目的であり、御師側にとっても大きな収入源としていた。

65 人数は誇張あり

伊勢《いせ》大々《だいだい》神楽《かぐら》図《ず》

一幅
江戸時代
縦五〇・〇×横七五・四センチ
三重県
斎宮歴史博物館（三重県多気郡明和町）

作品64と同様に、御師邸における太々神楽奉納の様子を描いた絵図である。中心には御師が祝詞を奏上する場面が描かれ、手前側には素襖《すおう》姿の神楽役人が多数描かれる。実際の神楽殿内の構造が良くわかる構図であるが、描かれている人数は多く誇張されているとみられる。右下に八人ほどいる肩衣姿の人物が祈祷の願主たちであろうか。

◆御師邸で神楽を奉納した後に供される、豪華な本膳料理を神楽膳という。全国から伊勢へやってきた参宮客は、当時の料理の最高峰ともいえる神楽膳を楽しんだ。その献立を参宮者が道中記に記すなどして、その情報は全国に広まった。

御師邸でふるまわれた神楽膳（復元）
写真提供：三重県総合博物館

◆神楽膳は本膳・二膳・三膳を基本とし、二つの向詰、その他追加の料理からなる。右頁の写真は、三重県総合博物館が展示用に神楽膳の模型を制作するために、実際の食材を用いて復元した料理。

66 朱塗瓶子《しゅぬりへいし》・五ツ組大盃《いつつぐみたいはい》

［朱塗瓶子］二点一対、［五ツ組大盃］一組
江戸時代
瓶子高三六・五センチ
神宮徴古館（三重県伊勢市）

御師邸での饗宴で使用されていたと推定される、朱塗の瓶子・大盃セットである。瓶子は作品64の中に太々神楽の御供として描かれているものと形状が良く似る。神楽奉納後、撤下されて直会の席に供されたのであろう。大盃は台と盃見込みに「神」の字があらわされる。使用後はコンパクトに台の中に収納できるよう作られている。

出雲に広まる伊勢信仰

◆出雲においても、伊勢神宮の信者でつくる伊勢講の形成や、御師による配札が盛んにおこなわれた。一例をあげると、文政五（一八二二）年正月に伊勢外宮の山田から御師三村梶助大夫の名代として三名が松江へ来訪し、松江城下の白潟社・伊勢宮の神主青砥家を宿所として二月まで滞在し、出雲国中の壇所を廻って伊勢神宮のお札（大麻・お祓い箱）や伊勢暦を配った（賣布神社文書）。この頃には出雲国中の中級以上にあたる階層の百姓まで、ほとんどが伊勢御師の檀那になっていたとみられる。

◆また、周期的におこったおかげ参りブームは広く波及し、出雲・石見からも伊勢を目指して参宮の旅に出るものが多く見られた。

◆さらに、神宮より祭神を勧請して祭る「伊勢宮」や「天照太神宮」も、江戸時代の出雲国内にいくつか事例が認められる。明治時代以降に社名を改称した伊勢神社（安来市今津町）、高濱神社（出雲市里方町）、大島神社（出雲市大島町）・日原神社（雲南市大東町）などはその例である。

几帳面に保管された毎年のお札

67
御《お》祓《はらい》大《たい》麻《ま》
一箱（大麻九四点）
江戸時代
幅九三・二×奥行二七・〇×高六三・二センチ
当館

松江市宍道町の旧家に残されていた神宮の大麻（お祓い箱）群。毎年新しいものに更新された後も、大切に木箱に収めて保管されていた。御師名は三村梶助大夫が八三体、藤波神主が一一体ある。書き付けから判明する配札年は天保六（一八三五）年が最も古く、万延二（一八六一）年まで毎年続く。その他に年不明のものが六〇体ほどあることから、松江藩域を壇場とした三村梶助大夫の配札は十八世紀後葉（享保頃）から始まったことが推定されよう。明治初めに廃止されるまで師壇関係は継続した。

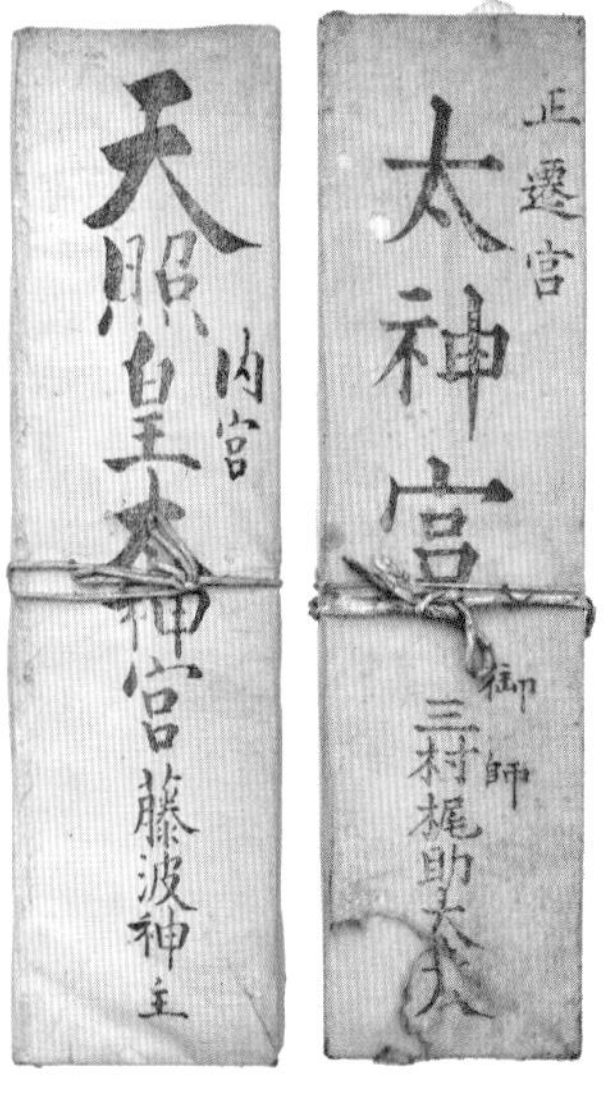

68

天《てん》地《ち》家《か》用《よう》禄《ろく》

一冊
江戸時代
縦一〇・〇×横一六・六センチ
森廣家（出雲市大津町）

明和八（一七七一）年に出雲でも神宮のお札降りがあったことを記録する。お札が降ったのは松江・杵築（現出雲市大社町）・久村（同多伎町）で数カ所、また今市大津善正寺であった。この年は、全国的にお札降りがあり、おかげ参りのブームが起きた年にあたる。本史料は、お札降り、おかげ参りが出雲に及んだことを伝える記録として最も古い。

本史料は明和～天明（一七六四～八九年）頃にあった事件・出来事を「家用」の手控として記録した覚書。出雲市大津町の旧家である森廣家（本森廣家）の人物による筆とみられ、同家所蔵。

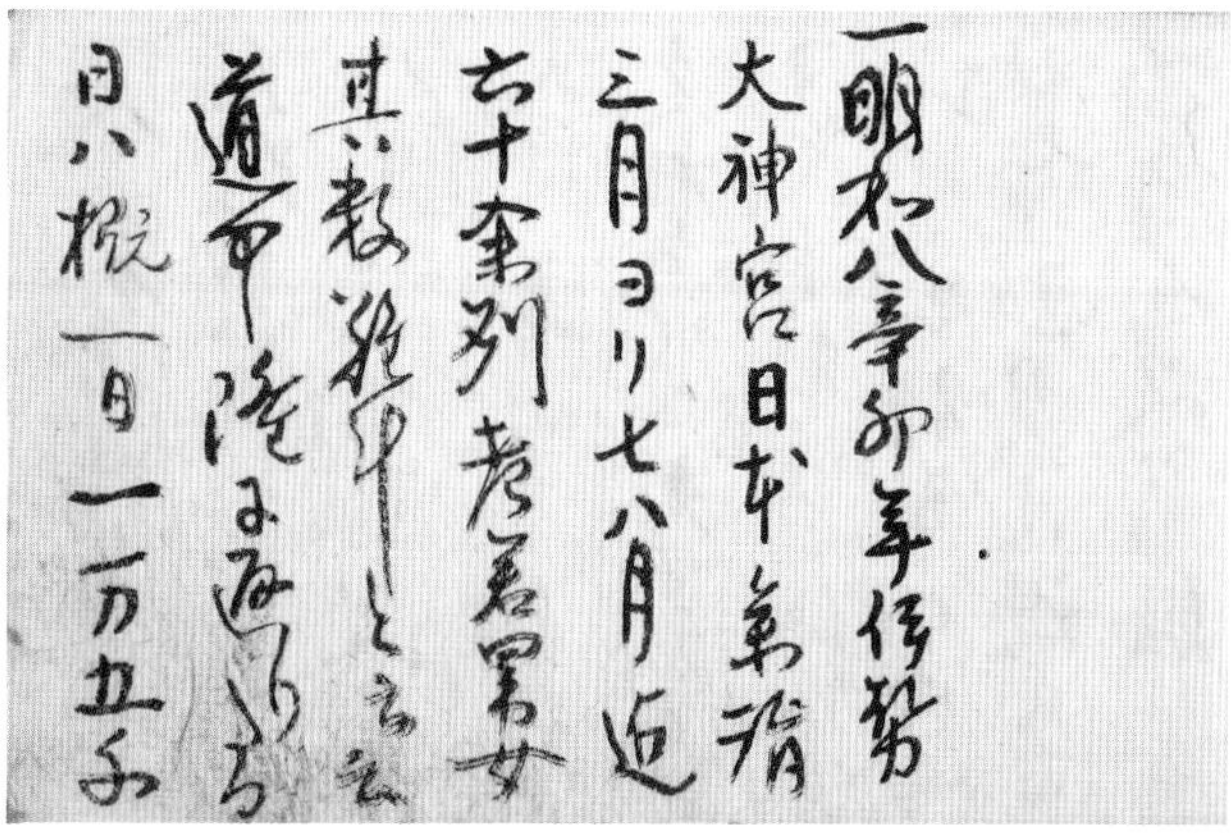

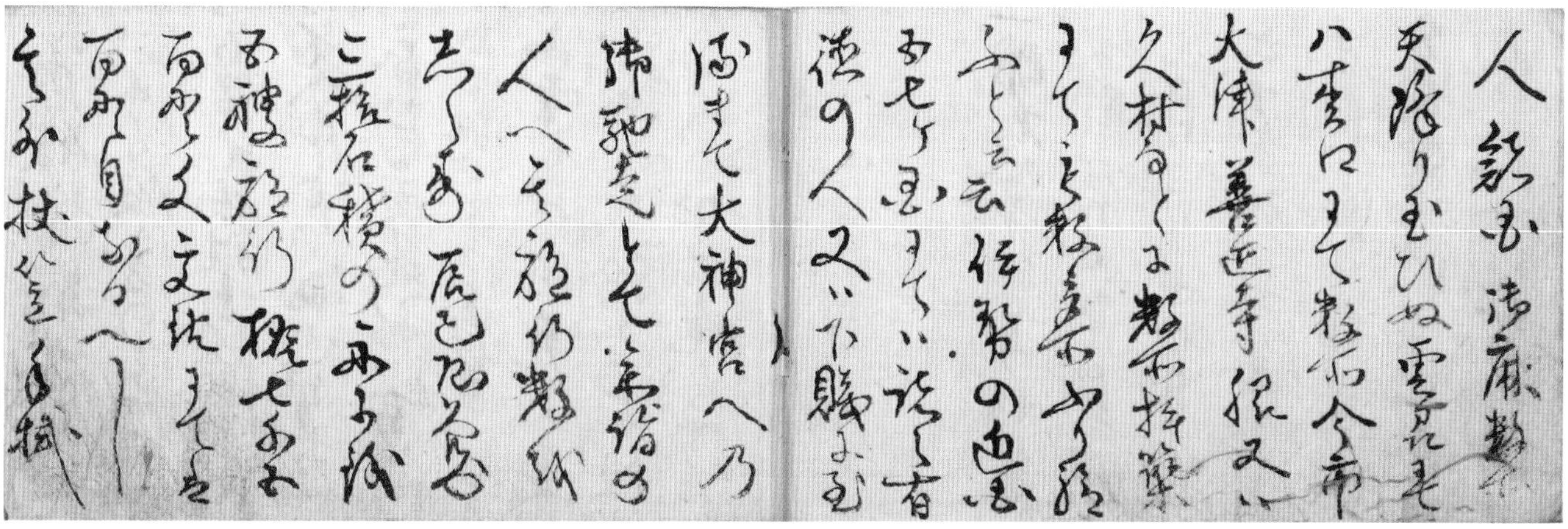

明和八年卯年伊勢大神宮日本参
詣、三月ヨリ七、八月迄六十余州
老若男女其数難斗と云云　道中
隆に通りたる日ハ概一日一万五千
人、諸国御麻数所　天降り玉ひ
ぬ雲州にてハ松江にて数所今市
大津善正寺脇又ハ久村などに数
所杵築にても数多所ふり給ふと
云云　伊勢の近国五七ケ国にて
ハ諸々有徳の人又ハ下賎に至
るまで大神宮への御馳走とて参詣
の人へ其施行数をしらず 辰巳屋
久左衛門三拾石積の舟に銭五艘
施行　概七千五百貫文 文銀にて
は百貫目なるべし
其外杖・笠・手拭

松江城下の伊勢宮

◆松江市内で最も賑やかな繁華街が伊勢宮町である。その地名は、かつてこの地に伊勢宮という神社が鎮座していたことに由来する。

◆伊勢宮は寛永二十一（一六四四）年、松江藩主松平直政によって建立され、明治七（一八七四）年の大火で焼失するまで賣布《めふ》神社（橋姫社）の東側にあった。

◆明治二年の由緒社記抄撮（賣布神社文書）によれば、松平直政が大坂の陣にあたり両皇大神宮へ深く祈誓をかけたところ、その霊験によって武名を挙げることができた。寛永十五年に雲州を拝領し、入国の後に伊勢宮を建立した、とされる。また祭神は「天照皇大御神・豊宇気毘賣神」で、倭姫命を祭神とする「齋宮」を本殿に併せ祭る、とある。

◆松平直政は初陣にあたる大坂の陣で活躍したことを契機に大名として異例の出世を遂げた。これを伊勢神宮の加護ととらえ、篤く崇敬していたのであろう。前述の由緒社記には、直政が慶安年間に、藩主御殿内に大神宮を祭ったことも記されている。

松江市伊勢宮町の飲食店街

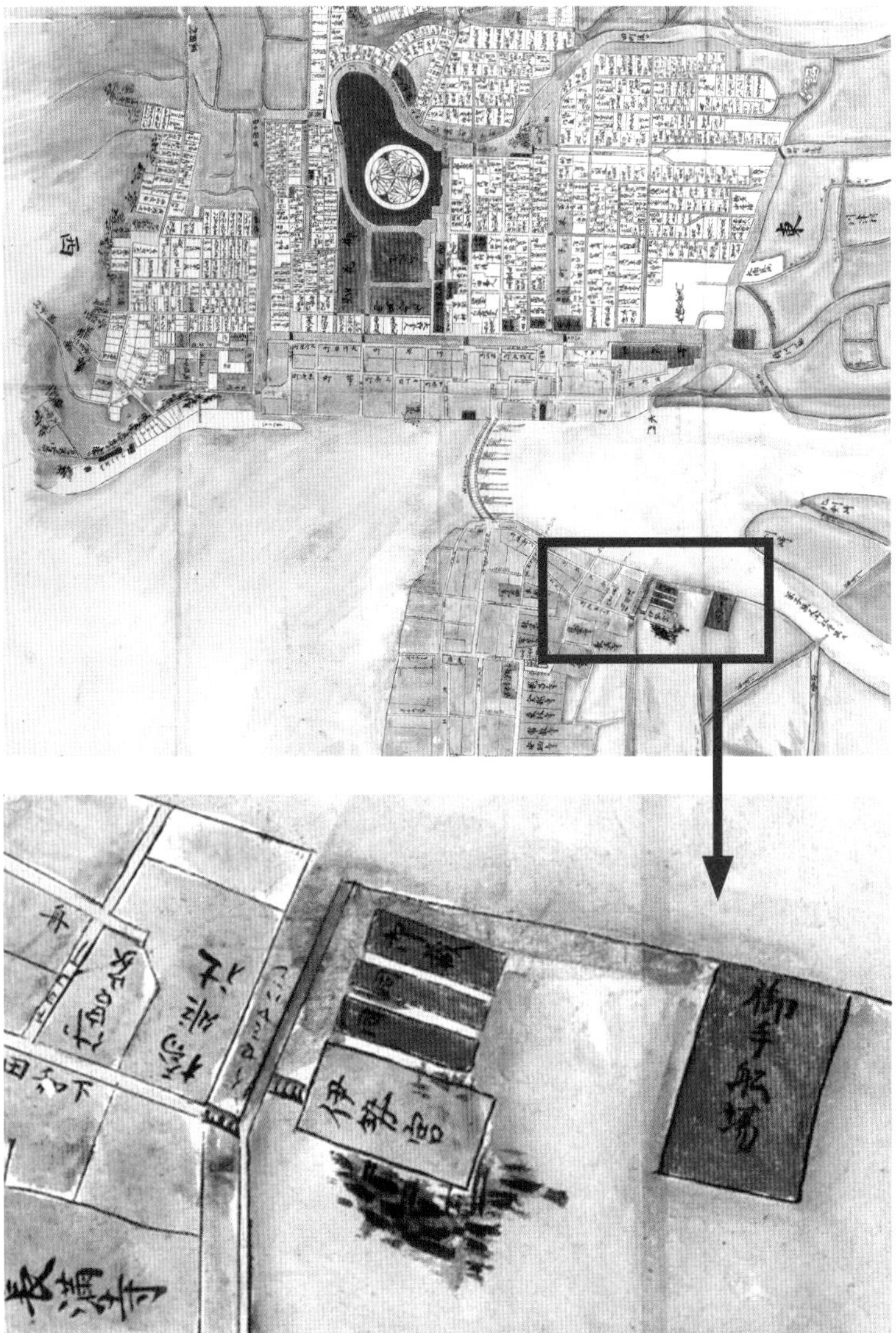

天保年間の「松江城下絵図」部分
写真提供：松江歴史館

69 伊《い》勢《せ》宮《みや》差《さ》図《ず》（松江寺社地差図のうち）

一冊
安永四（一七七五）年
縦三九・八×横二五・三センチ
島根県立図書館

松江城下にあった伊勢宮の平面図。社名は「伊勢宮社」の上に貼り紙で「伊勢二所大神宮」と修正される。本殿柱間が二間四方で心柱をもっており、大社造の建築様式と推定される。伊勢神宮に特徴的な神明造ではない点が興味深い。

本史料は安永四（一七七五）年「松江寺社地差図」の表題があり、上辺には寺社名を書いた竹製の見出しがずらりと並ぶ。松江藩寺社奉行が、寺社の建築を規制するために構造や規模、仕様を記録した基礎台帳にあたり、修復・再建の申請・許可の際に照合された。図内には、届け出された事項が細かく記載されている。

この書き込みから、伊勢宮社が火災（天保八年十二月の松江大火か）で本殿・拝殿ともに焼失し、天保十一年に再建されたことが読み取れる。

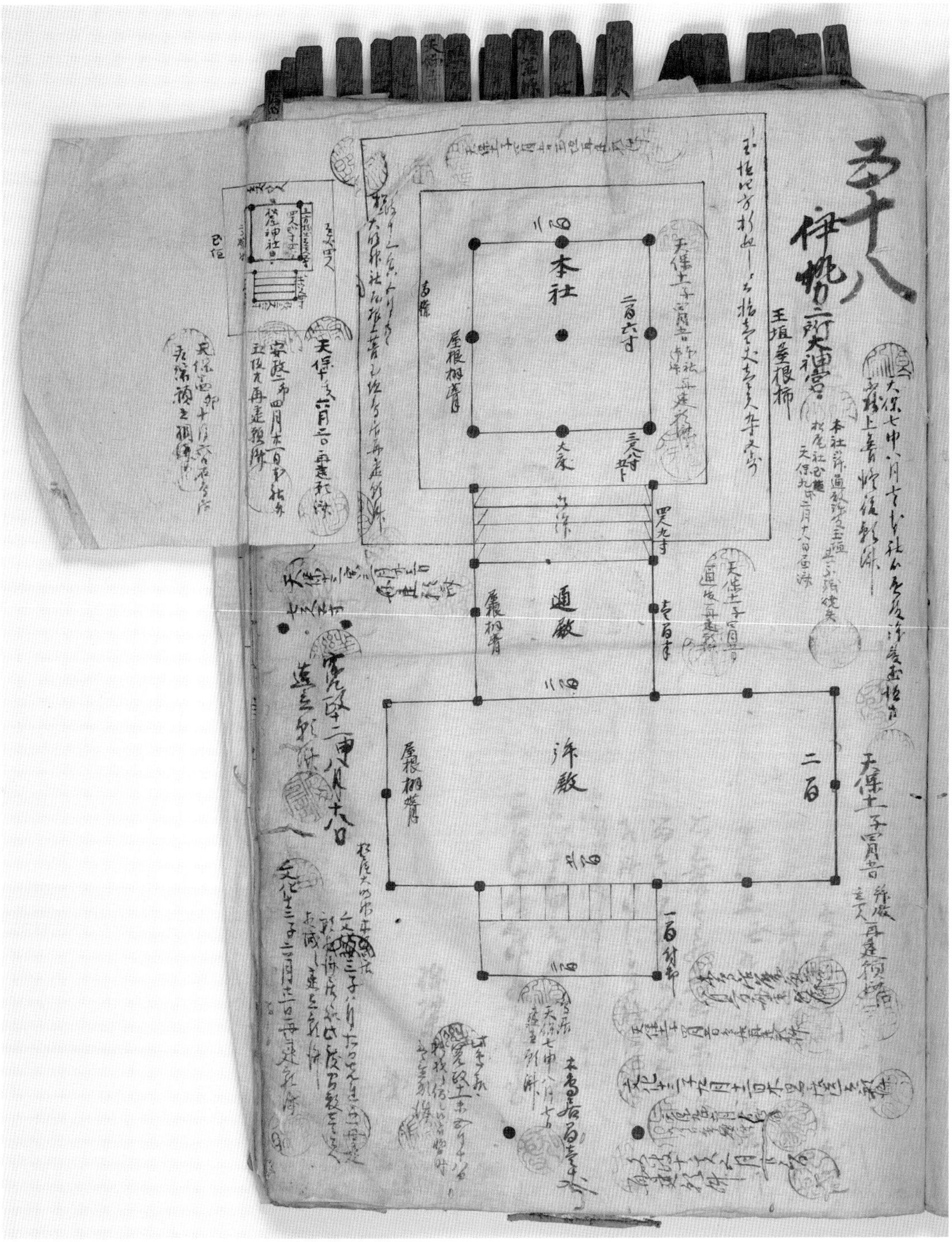

出雲大社の御師

◆出雲大社においても中世以来、各地への布教を担う御《お》師《し》がいた。社家のうち、主に近習・中官という中級神職を中心に、約50家が御師を務めた。受け持つ布教地域（壇所）を廻ってお札を配り祈祷を行い、信者の出雲参りの際には自身の屋敷を宿として泊まらせ、参拝の案内や祈祷の取り次ぎをおこなう点は、伊勢の御師による活動と同様のものである。壇所は西は筑後から東は蝦夷地松前藩まで及んだ。

◆享保一〇（一七二五）年、大社の造営に必要な資金を全国から集めるための「日本勧化」を幕府が許可すると、出雲御師の活動は一層と活発になった。御師は大社の神徳を記した縁起書をもって、万民が信仰すべき産業・医療を司る福の神であることを説いたのである。このような幕府公認の布教である全国勧化を機会に、出雲大社は出雲国内のローカルな神社ではなく、全国民のための、我が国を代表する神社という位置付けを確立していく。

◆各地にある出雲大社の分祀・分院の中には、江戸時代の御師の家系が、明治時代になって自身の壇所としていた地域に定住して開いたものがある。左の写真は讃岐を壇所としていた西村右大夫（中西村家一四代、西村光佞）が金刀比羅で撮影したもの。後に明治十四年、同家一五代の西村槙之助昌澄が設立した比地《ひじ》大教会が、現在の出雲大社讃岐分院につながる。写真は同分院に伝わるもので、旅装の御師の姿を記録した貴重な資料である。

出雲大社の御師（明治５年撮影／写真所蔵：出雲大社讃岐分院　西村忠臣分院長）

参拝客の目印

70 御師宿看板《おしやどかんばん》

一枚
明治初期
縦一五一・三×横三五・三センチ
出雲大社

矢田家は近世、矢田忠（仲）大夫として土佐を壇場に持った御師であった。明治十五年に神道大社派（大社教）が設立されて以降も、全国教会から大社参拝に訪れる信者のための宿所を経営し、御師と同様の役割を担った。本品は、矢田家の軒下に吊された軒看板。

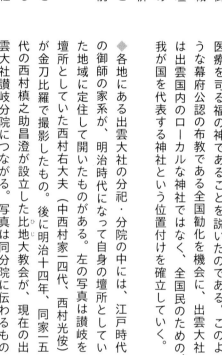

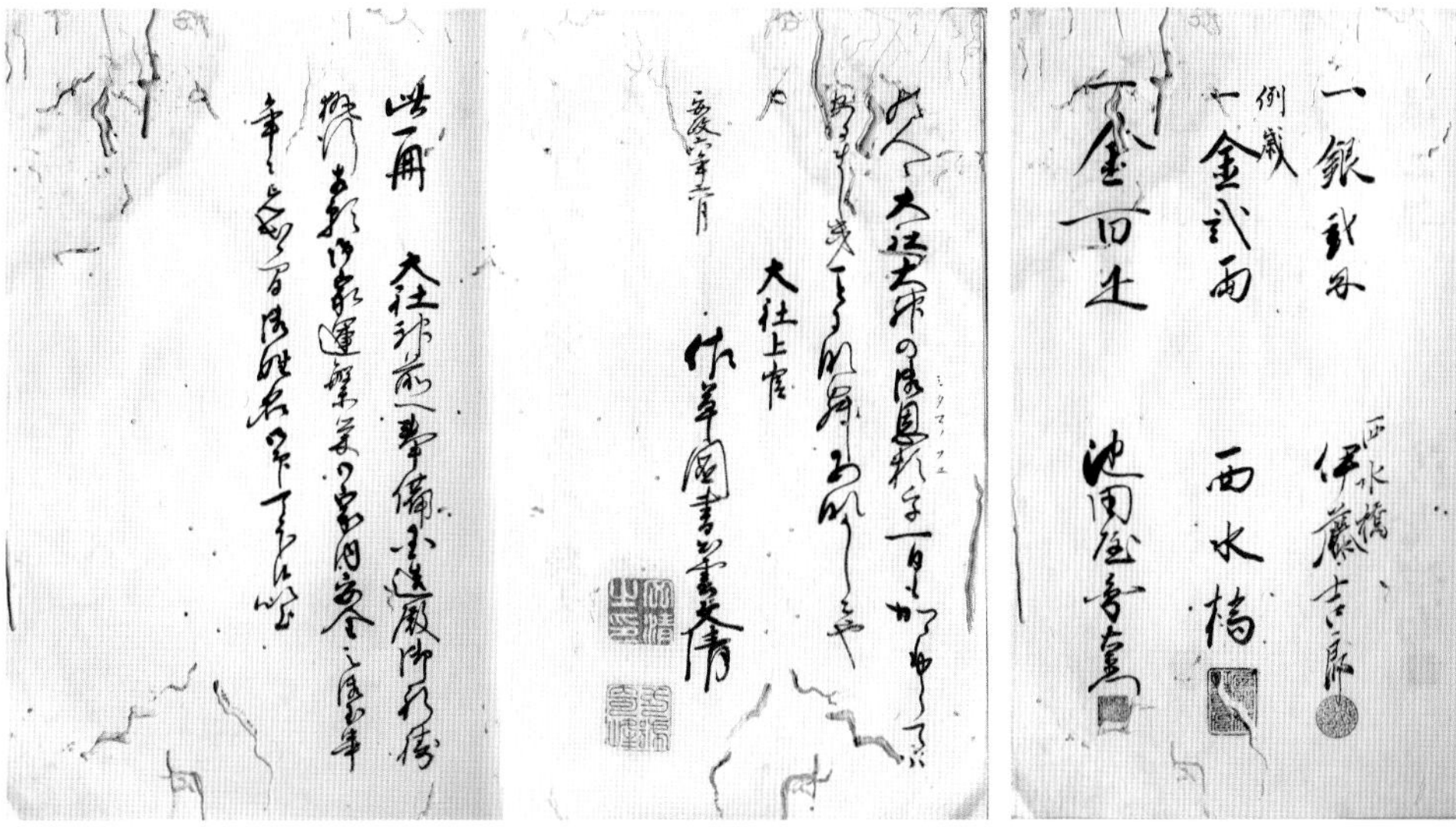

大社への奉納金リスト

71 奉《ほう》幣《へい》寄《き》付《ふ》姓《せい》名《めい》録《ろく》

一冊
安政六（一八五九）年
縦二九・五×横一九・二センチ
当館

大社へ集団参拝した際の奉納金額と奉納者氏名を、奉納者が自筆した帳簿である。奉納者は西水橋（現富山市）の廻船問屋連中であった。末尾には、この姓名録を神前に供えて国造が祈祷すれば家運繁栄、家内安全である旨が、取り次ぐ上官佐草文清により記されている。

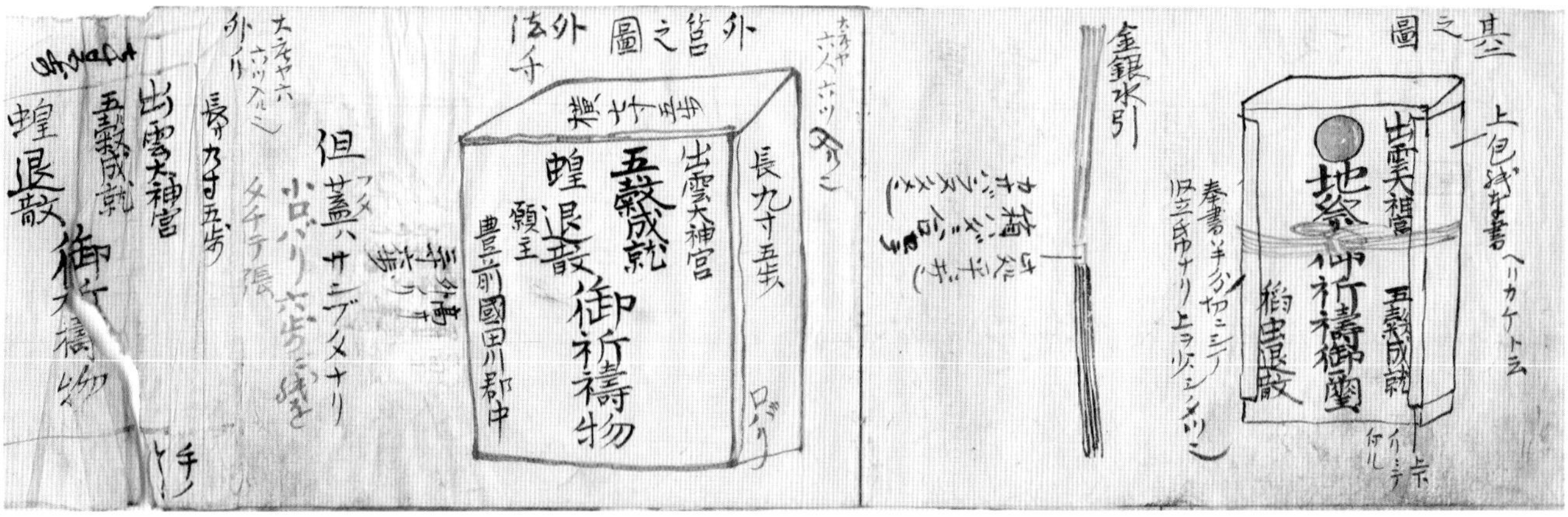

出雲御師の布教バイブル

72 年《ねん》々《ねん》定《じょう》格《かく》時《とき》々《どき》見《み》合《あい》

一冊
嘉永七（一八五四）年
縦一一・五×横一七・〇センチ
当館

出雲御師が壇所で配るお札類の種類や、材料として必要な物品数、配札対象となる村名などを詳細に記した覚書。お札の内容は地鎮祭や蝗退散、牛馬守護などで、日常的な生業に密接なものが多く、願意目的に応じて仕様・寸法が細かく異なることがわかる。出雲御師が実際に製作・配札していたお札の実態が詳細にわかる、重要な資料である。

また、役人や世話人、高額奉納者に贈る土産物についても記載されている。土産の品目は、まげの根元をしばる元結、箸がみられる他、大国主神が医療の神でもあることから各種の薬があった。

本史料は高濱大夫を名乗った田中数馬が記したもの。その壇場は小倉城下を中心とする豊前一三七ヶ村で、戸数は一三二六四軒にものぼった。全戸個別に配札することは物理的にも不可能であり、町村の役人や世話人に配札と初穂の収受を託していた。

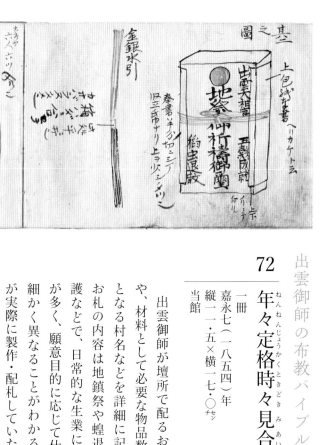

出雲御師が使った版木

◆出雲御師がお札類を刷るのに使用した版木が今に伝わっている。ここではその一部を取り上げて、大社信仰・布教の実像にせまってみよう。

お札を刷る道具

73 御師版木

四点　※一三二頁に掲載
江戸時代～明治時代初め（十九世紀）
出雲市（出雲弥生の森博物館）

旧大社町教育委員会が所蔵していた版木一三〇点の一部。収蔵された経緯は様々で、御師名としては坪内をはじめ法橋、加藤、佐々などがみえる。

74 御師版木

一二点　※一三三・一三四頁に掲載
江戸時代～明治時代初め（十九世紀）
当館

出雲御師を務めた矢田家に伝わっていた版木八一点のうちの一部。出雲大社のお札だけでなく、疱瘡の守護で知られた鷺大明神の版木も一定数含まれている。

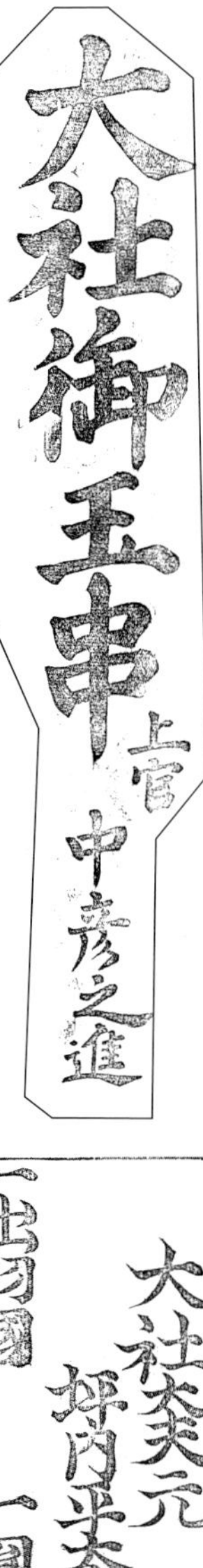

一般的なお札

お札表書きの基本形は「大社御玉串＋［御師名］」であるが、「御祈祷　悪病退散／家内安全　御玉串」といった祈祷願意を含めたものなど、様々なバリエーションがある。壇所をとりまとめる世話役や役人、高額奉納者には、大国像などを刷った掛幅を渡すこともあり、そうした図像の版木も多数残されている。

玉持大国像

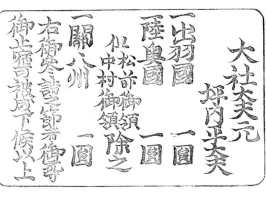

御師の壇所範囲

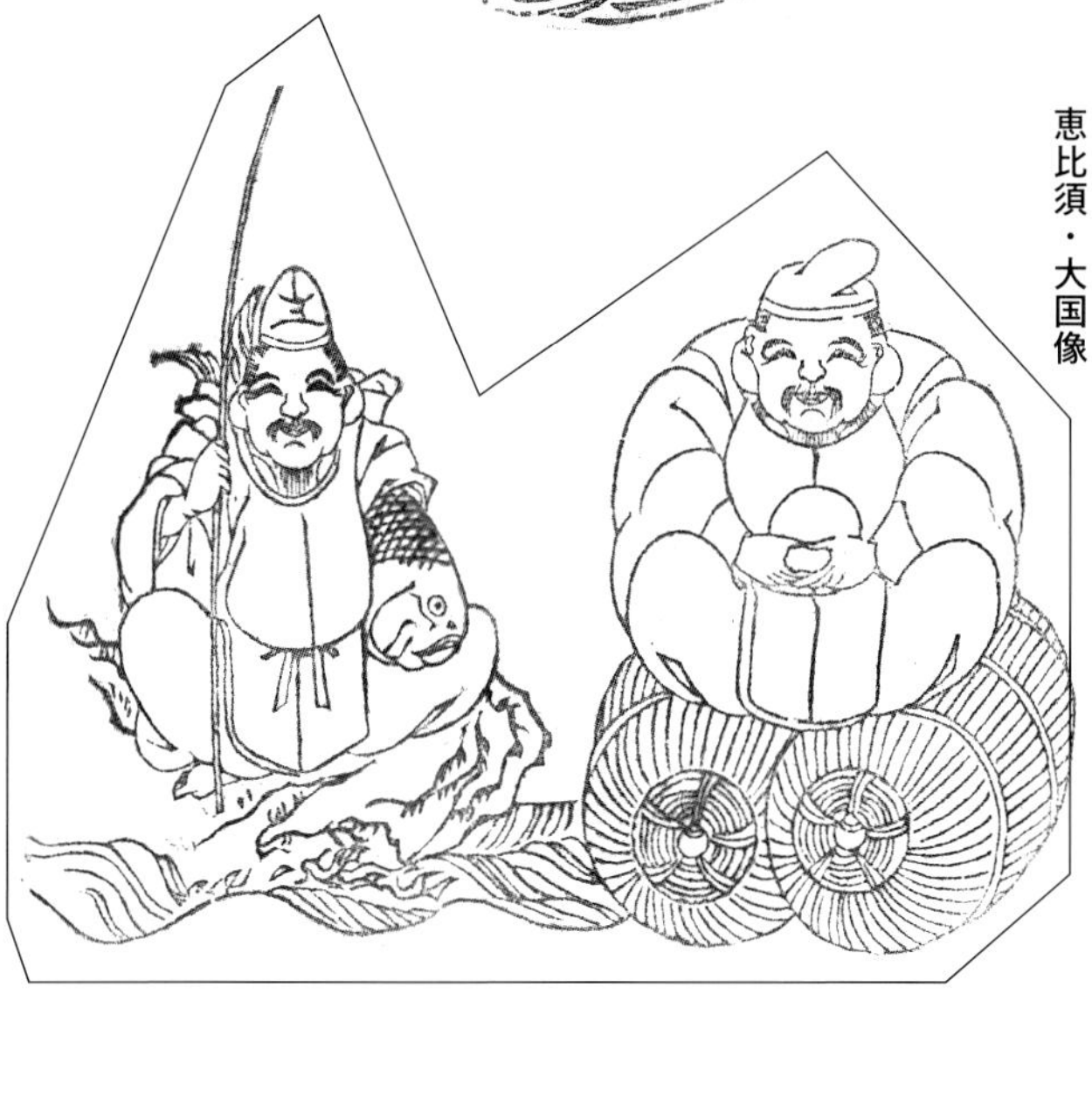
恵比須・大国像

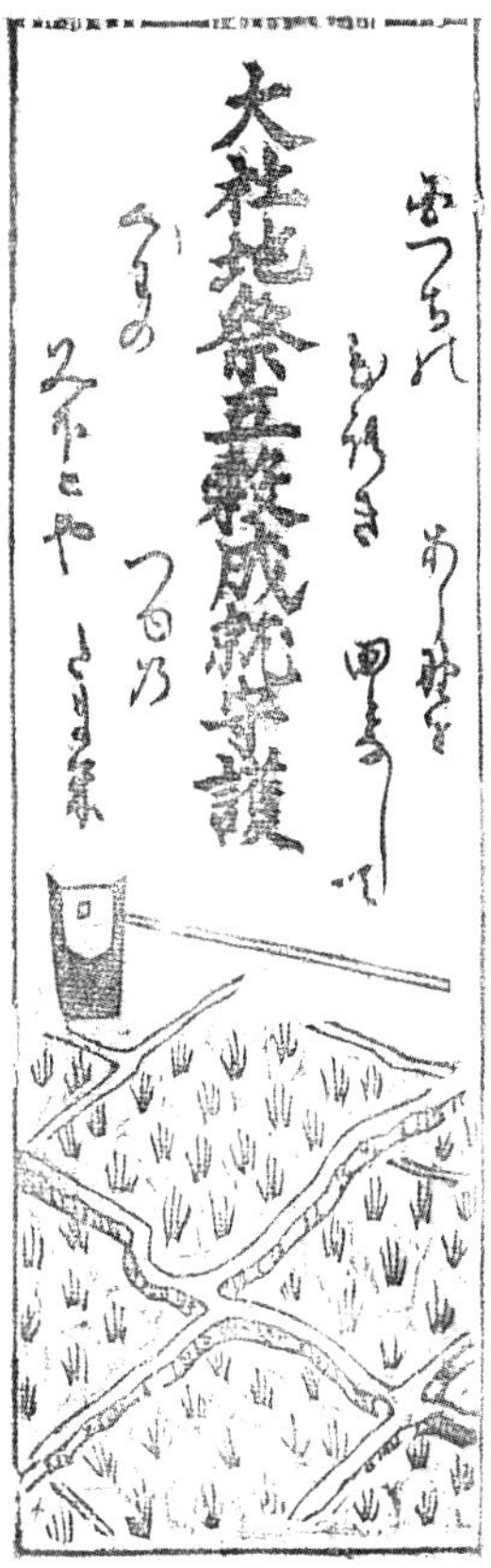

地祭五穀成就札

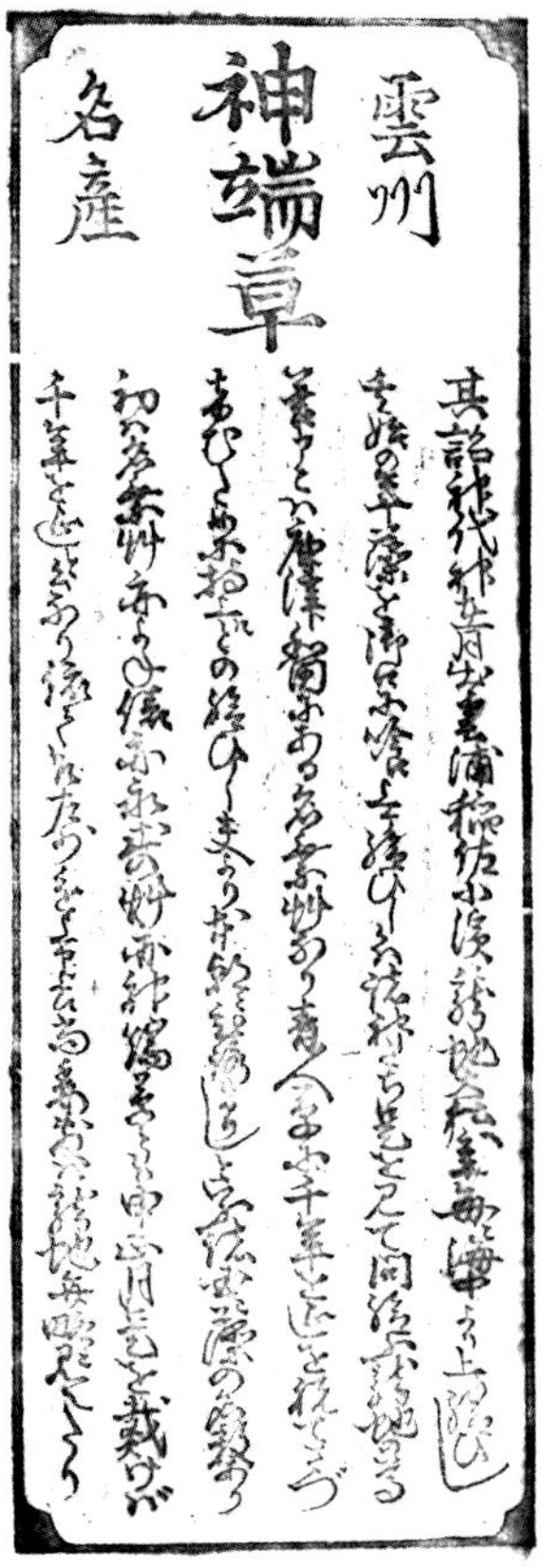

土産物包紙
「雲州名産　神端草」※ホンダワラ

お札の名目は、稲虫（蝗）防護、牛馬・蚕の安全といった、農耕生業の安寧を守護する事項が多い。また悪病退散・疫病除けや家内安全など、健康長寿に関するお札も配られた。人々の心の基層にある素朴な願いに、大社の神徳は届くものだっただろう。

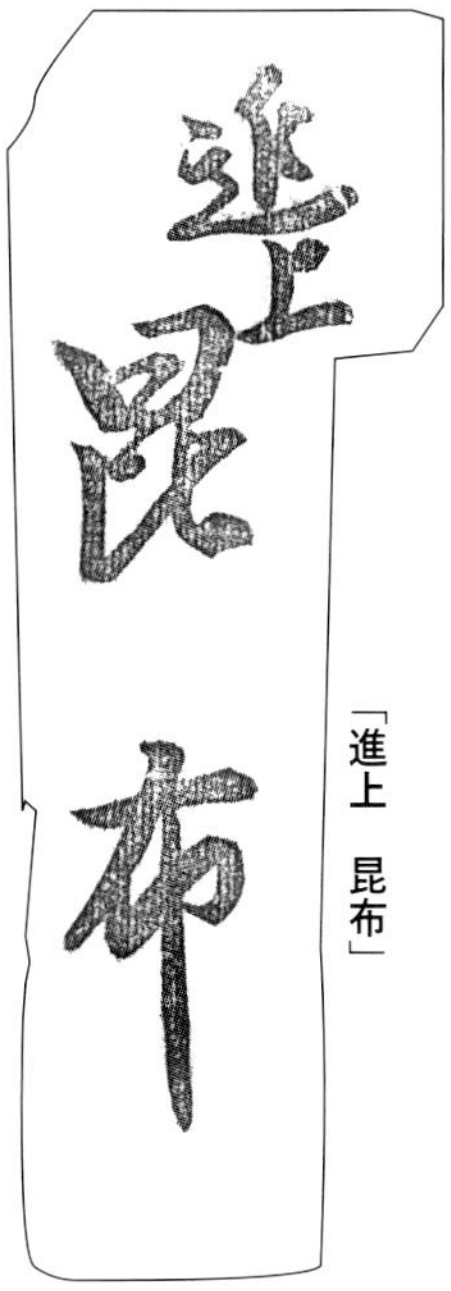

「進上　昆布」

「十六嶋海苔」

龍蛇札

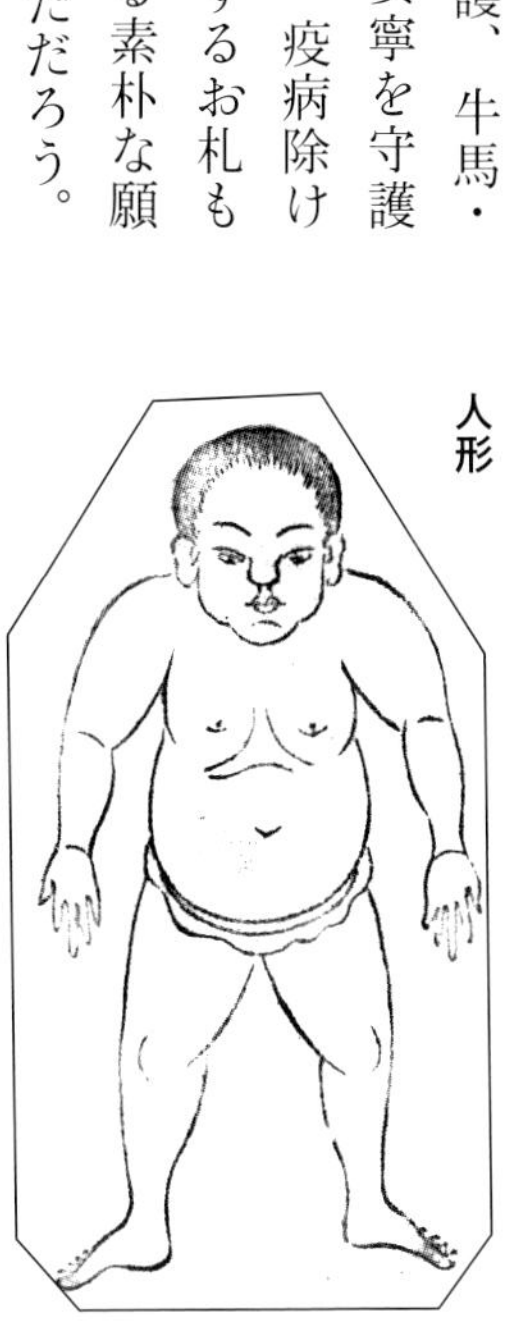
人形

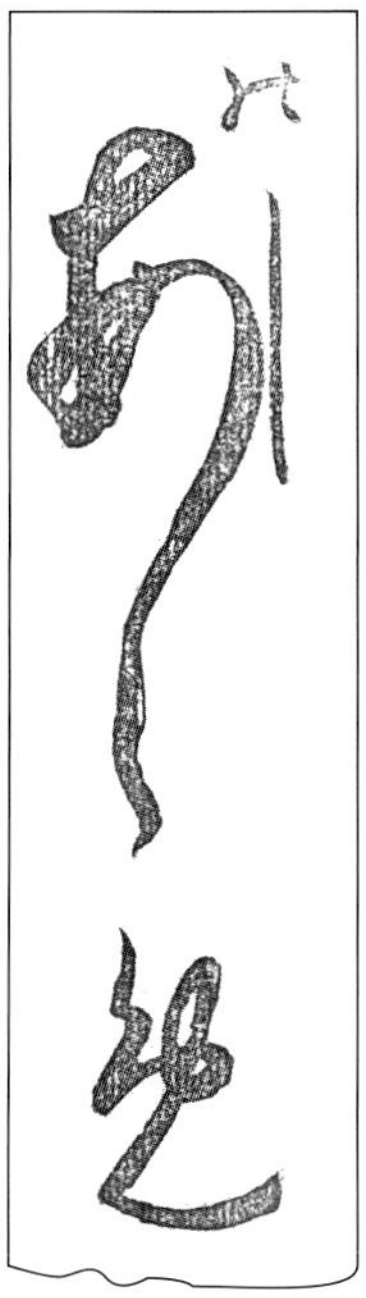
「のし　あらめ」

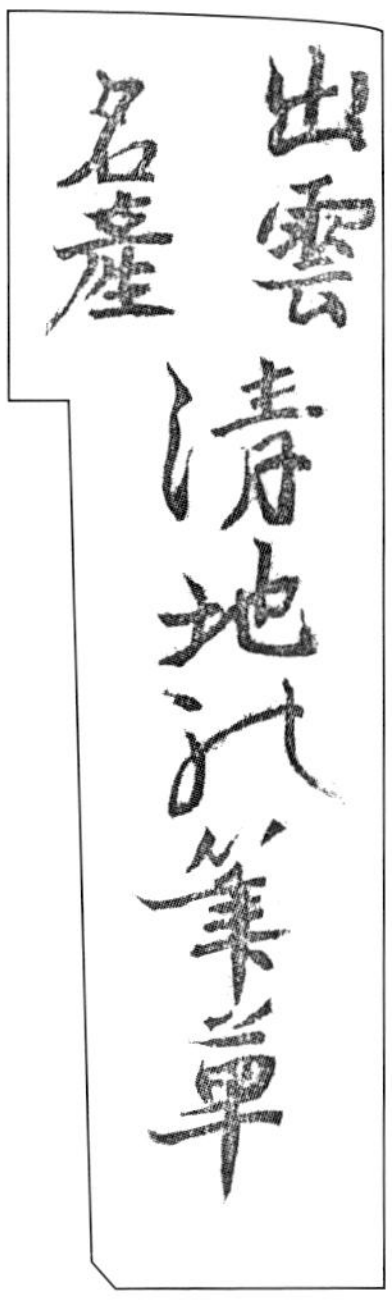

「出雲名産　清地の筆草」※コウボウムギ

八百万神が神在月に出雲に集うという信仰言説も、御師によって全国に広められた。神在祭において、龍蛇（海岸に漂着するセグロウミヘビ）は神々の先導役もしくは龍神からの使者と信じられ、水・火・風難を防ぐとして信仰され、龍蛇札が配られた。

お札とともに檀那に渡す手土産は、軽くて運搬しやすい海藻類が中心である。出雲名産と謳った筆草とは砂浜に自生する草本で、地下の繊維が筆状になったもの。いずれもお印程度のものとはいえ、出雲からもたらされた、おかげのある品々であった。

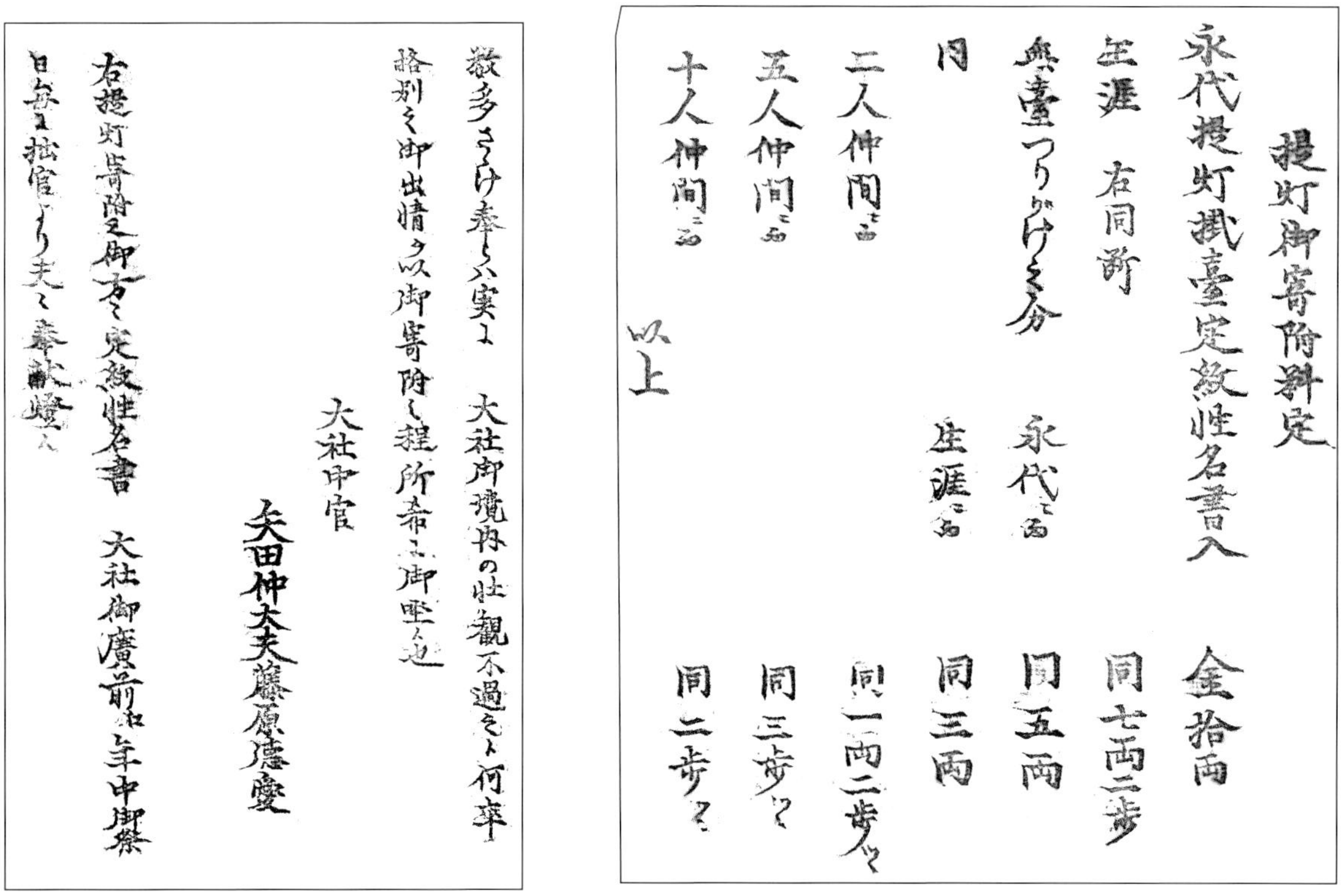
提灯御寄附料定
永代提灯掛臺定紋姓名書入　金拾両
生涯　右同断　同七両二歩
無臺つりかけ之分　永代ニ而　同五両
生涯ニ而　同三両
二人仲間ニ而　同一両二歩ツヽ
五人仲間ニ而　同三歩ツヽ
十人仲間ニ而　同二歩ツヽ
以上

数多さけ奉り候実ニ　大社御境内の壮観不過之候何卒
格別之御出情を以御寄附之提所希ニ御座候
大社中官
矢田神大夫藤原徳慶
右提灯寄附之御方々定紋姓名書　大社御廣前ニ而年中掛
日毎ニ拙官より夫々奉献燈

提灯奉納の案内

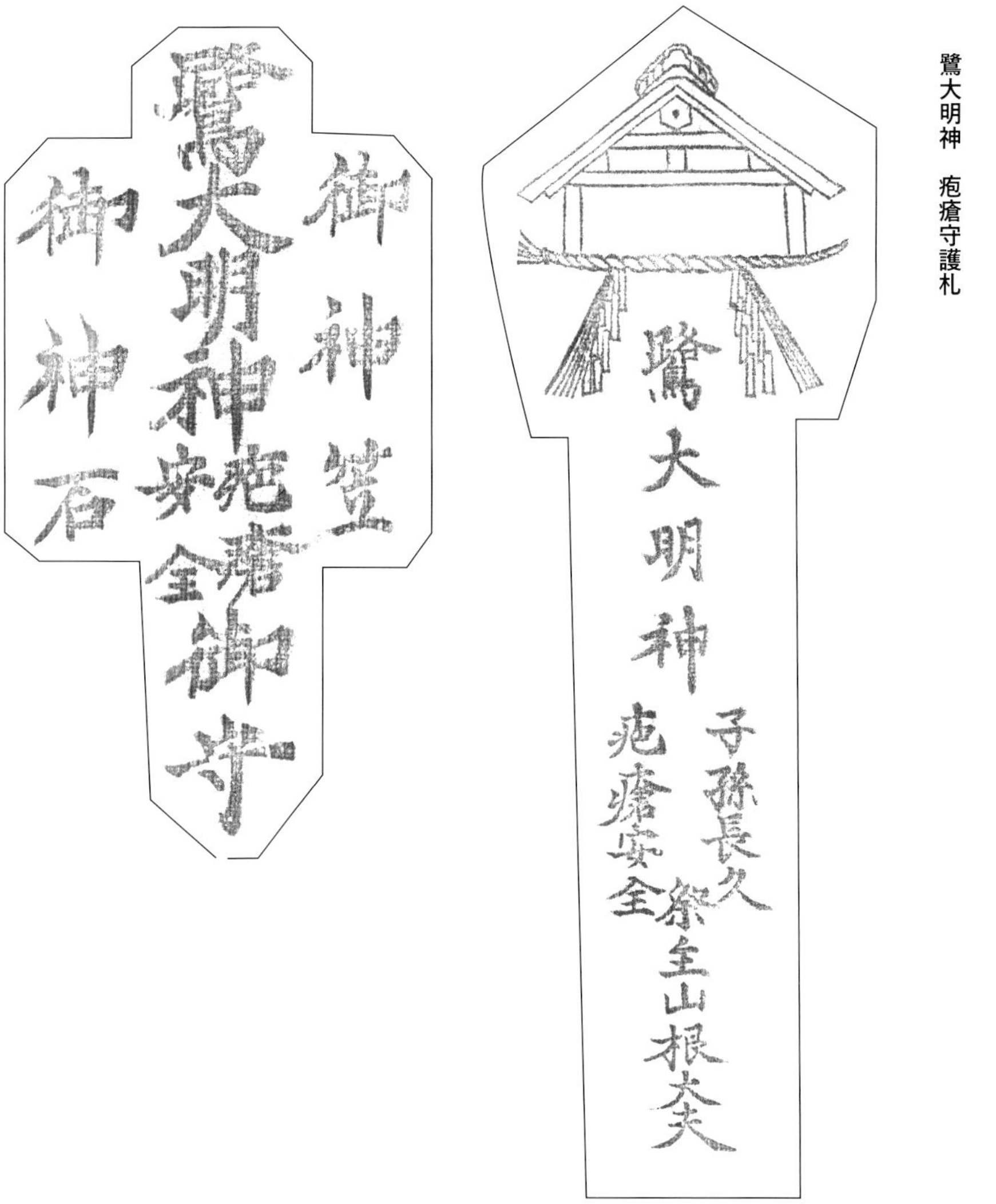

鷺大明神　疱瘡守護札

江戸時代には数年ごとに「疱瘡」と呼ばれた天然痘が大流行した。全国から疱瘡守護の神として信仰されたのが出雲の鷺大明神（現在の伊奈西波岐神社：出雲市大社町鷺浦）である。疱瘡を恐れる人々に対し、出雲御師は鷺大明神の疱瘡除け・封じのお札を配った。疱瘡には赤色が効くと考えられていたため、お札はベンガラで刷られている。

杵築門前町と社家邸

◆近世の出雲大社周辺には杵築六ヶ村と称される門前町が形成されていた。御師らによる全国規模での配札により、近世後半には諸国からの参詣人が杵築を訪れ、経済活動を活発化させることになる。その影響もあって、商家や御師屋敷、旅籠などからなる市街地（市場村・越峠村）が著しく発展し、建物が建て並ぶ杵築門前町の景観を形成していった。近世後半の大社町絵図（次頁）はそうした杵築の発展を伝える資料である。

◆近世出雲大社の職掌は、千家国造・北島国造それぞれのもとに別火《べっか》・上官《じょうがん》・近習《きんじゅう》・中官《ちゅうがん》・四職《ししょく》にわかれていた。日常は百姓・町人で神事等の供奉や臨時の飛脚を務める被官社人を含めると、総人数は三九一人に達する（寛政二（一七九〇）年時）。公式の町運営には大社奉行―大年寄―年寄という秩序があったとはいえ、杵築の住人のほとんどは両国造家によって家職を支配される構造が保たれていた。

◆伊勢の宇治・山田が寺社権門から独立した自治都市として運営されたのに対し、あくまで両国造家による支配理念を維持したのが杵築門前町の特色といえる。

社家（御師）邸の住宅地図

75 出雲国大社神地略図面《いずものくにたいしゃしんちりゃくずめん》

二曲一隻
明治四（一八七一）年頃
縦一五六・〇×横一六八・〇センチ
平岡邦彦氏（島根県出雲市）

杵築町の絵図上に、社家（公式な社中以外を含む）の位置を示した図。明治四年に松江藩庁へ提出した図の写しであり、上官家に伝わる。社家邸を示す四角枠の中に氏名と、千家方（白色）・北島方（青色）どちらに属するかが示されている。

杵築六ヶ村の土地と居屋敷は、中世以来すべて国造家（一部は上官家）のものであった。本資料は、幕末・明治初頭において両国造家抱えの社家屋敷がどのように位置・分布していたかを詳細に伝える貴重な資料である。

本社境内周辺の山際にあたる宮内村は東西に分かれて両国造館と上官家屋敷が広がり、宗教空間としての色彩が強い。その南側にあたる杵築六ヶ村では、主要参道沿いに中官・近習層であった御師邸が連なっている。このあたりは職人が多く住む商工業の中心地でもあった。

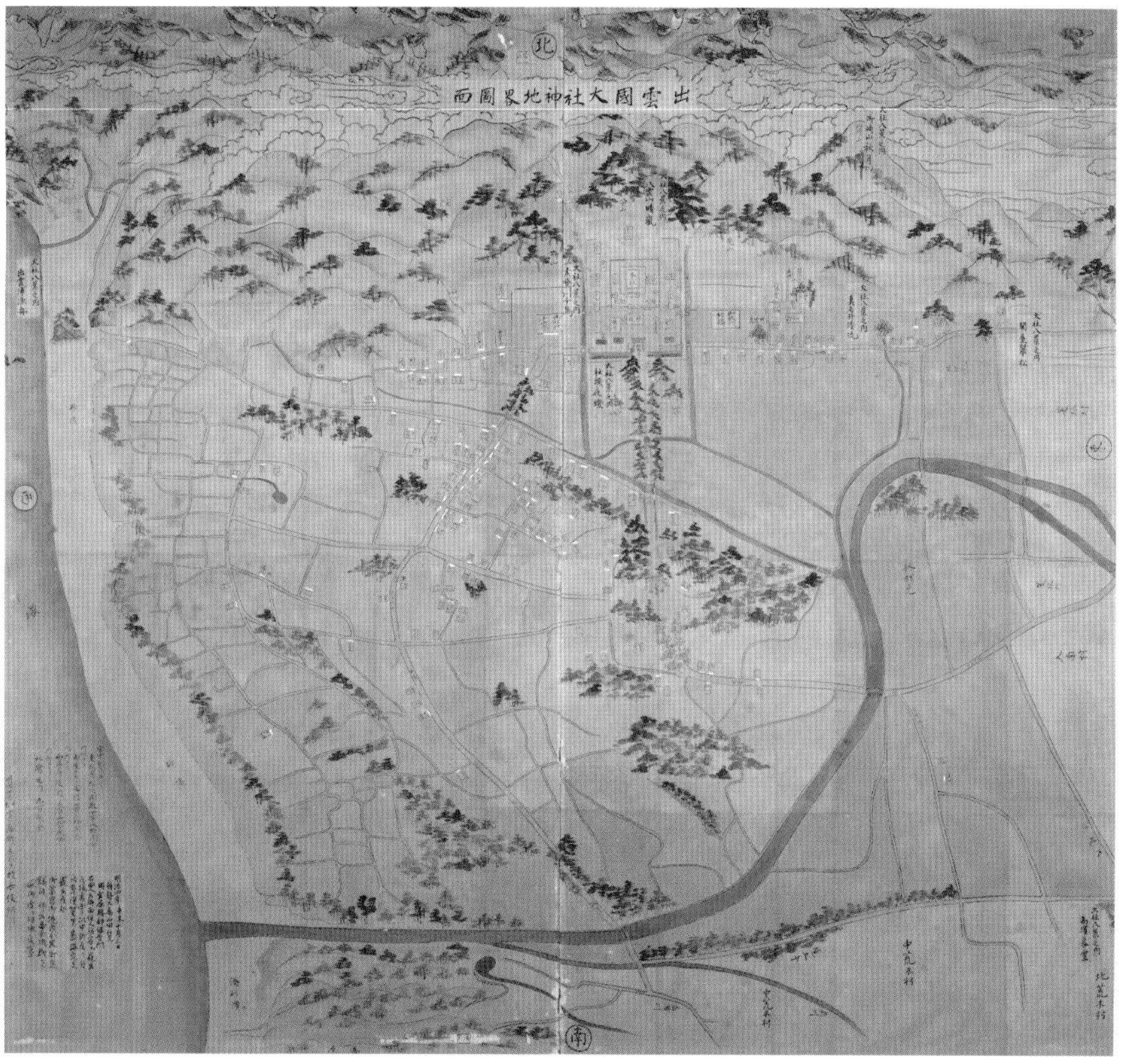

本図は社家位置の表示に眼目があり、全ての邸宅を表したものではない。本図には無いが新興開発地にあたる修理免村には宿屋が連なる町並みが形成されていた（次頁参考図）。

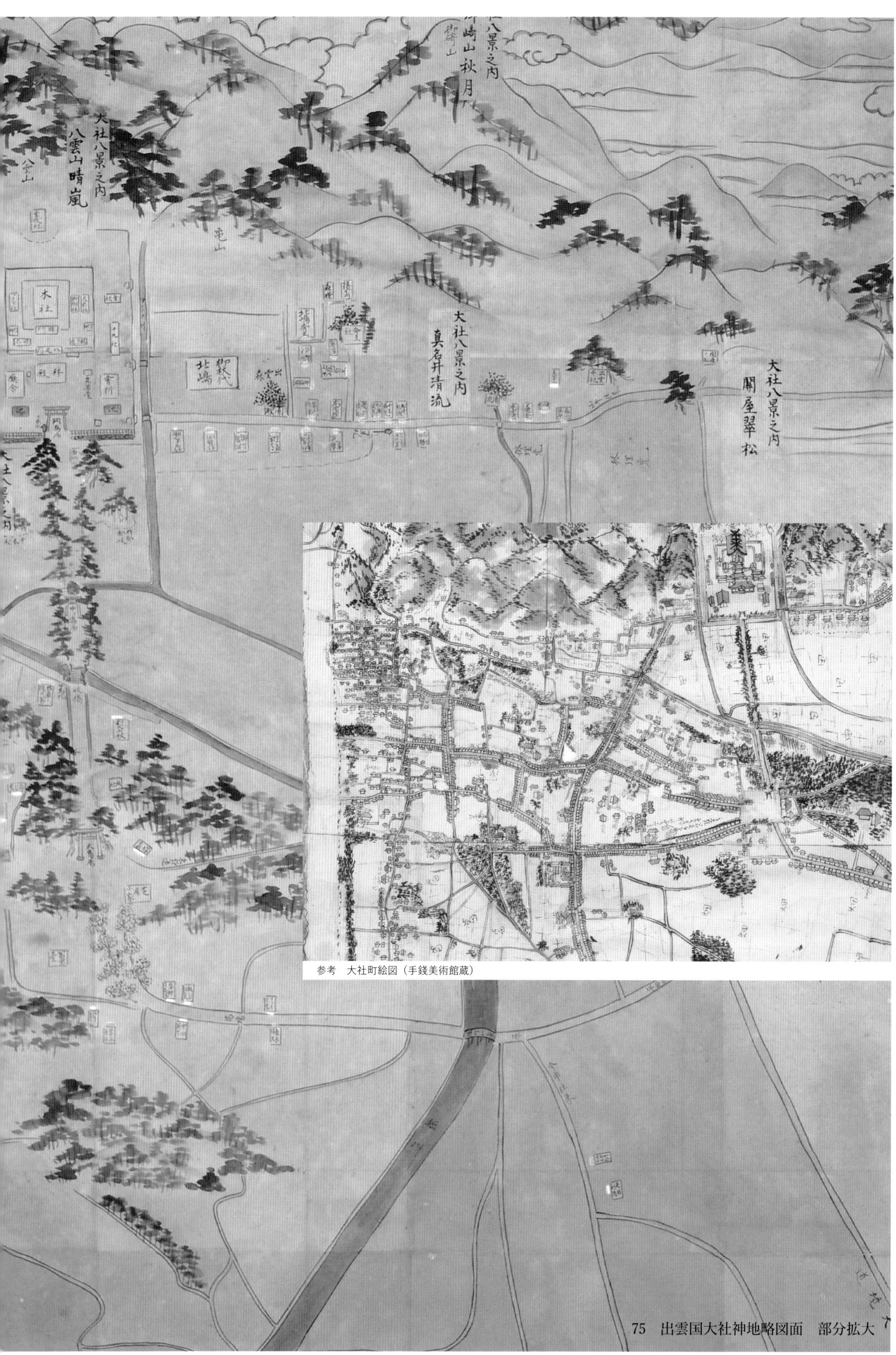

参考　大社町絵図（手銭美術館蔵）

75　出雲国大社神地略図面　部分拡大

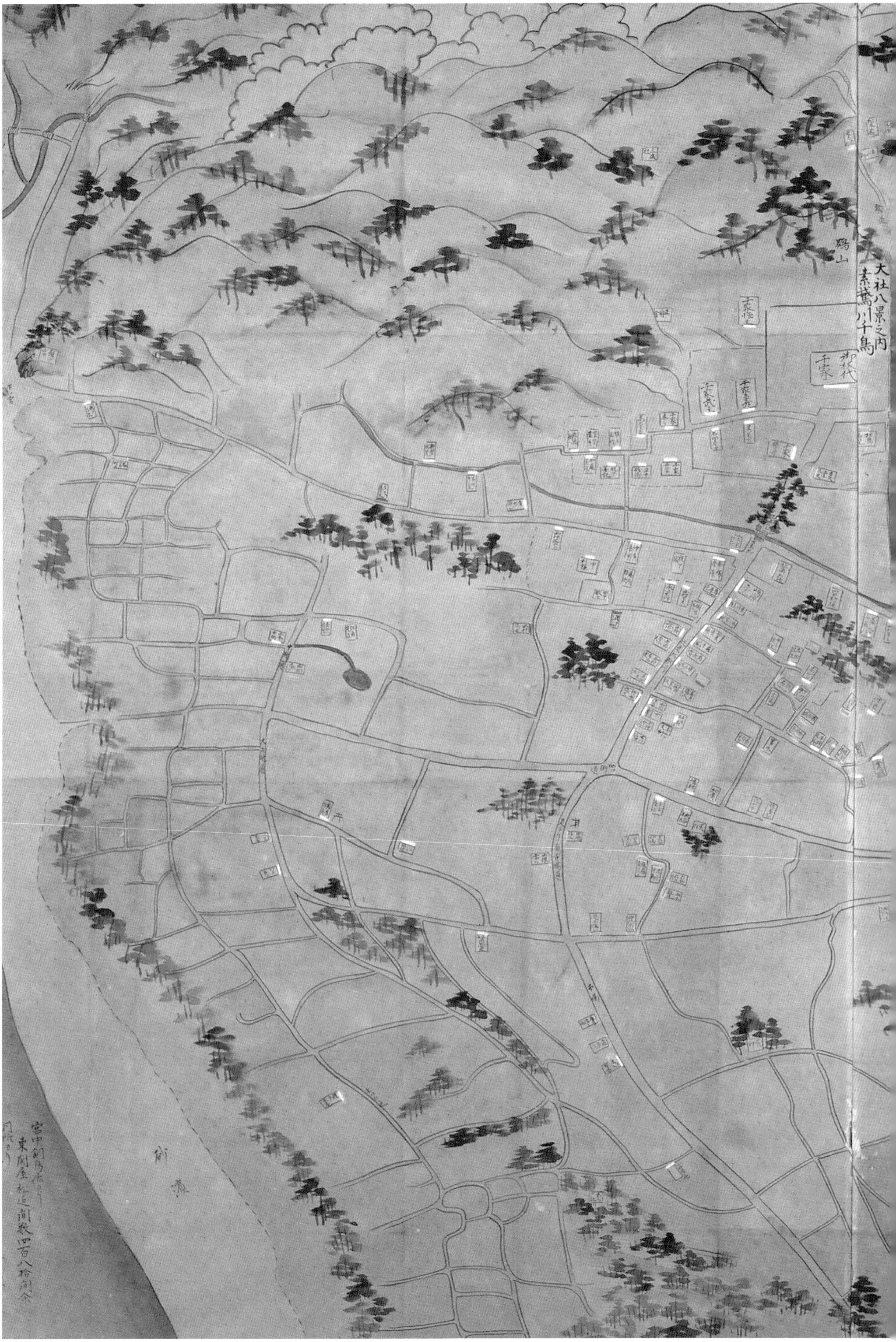
大社八景之内
素鵞川千鳥
鶴山
御杵代
千家
宮中御鳥居より
東関屋松迄間数四百八拾間余

出雲大社への参拝・御供・御神楽

◆讃岐国からの出雲大社参詣を記録した嘉永二（一八四九）年の旅日記によれば、その経過は次のようなものだった。杵築に到着すると出迎えに従ってまず御師宿に入る。そして大社参拝・境内を見物。翌日早朝風呂に入り、拝殿にて神代神楽を執行、見物する。昼頃に神楽が終わると、烏帽子・白張（装束）を着て八足門・楼門をくぐり、順番に本殿に昇殿する。上官の案内により御神宝を拝観し、やがて国造お目見えとなる。国造からは遠路大儀であるとのお言葉があった。その後は国造館に寄って御神酒・御供・御祓をいただき、夕方、宿に戻る。

◆翌日は稲佐浜を見物してから日御碕神社参拝。社家にて握り飯と煮染めの昼食を取るが、これも御師が手配したものだった。そして鷺浦の鷺大明神を参拝して御師宿に戻る。宿でのご馳走は「筆には言われず」というほど素晴らしいものだったという。

◆御師が宿泊や参詣案内を手配する点は伊勢御師と同様であるが、本殿への昇殿参拝や国造お目見え、拝殿での御神楽がある点などが大社参りの特色であった。念願の出雲参りを果たした参拝者にとっては、さぞや感激の体験であっただろう。

出雲大社参拝行事の見本絵

76 本殿座配図《ほんでんざはいのず》

一幅
江戸時代
縦一三一・八×横五八・六センチ
出雲大社教

77
神楽之図《かぐらのず》

一幅
江戸時代
縦一三一・八×横五八・六センチ
出雲大社教

76本殿座配図ならびに77神楽之図の三つの絵は本来一組だったもので、御師が国外からの参拝者に対して、大社参拝（御神楽奉納）の内容を解説するためのものとみられる。76は昇殿参拝・国造お目見えの場面で、殿内奥には国造が座し、手前には上官衆が控える。白張を着て殿外大床の上に居並ぶ形で、参拝者の集団が描かれている。

77上は本殿内に御供を献上する様子。奥が本社、手前三台は門内摂社三社に対するものか。77下は拝殿にて神楽を奏する場面である。祝詞を奏上し、巫女が出仕する大がかりなもので、神代神楽（七座）が舞われている。

参拝行事の内容・規模は、奉納額に応じて差異が設けられていた。本資料が表すのは最も大規模な「太々神楽」奉納の場面である。

授与品としての大社境内図

◆出雲大社を信仰し格別高額の志納をする者に対しては、尊像（大国主神・恵比須（事代主神）等）や国造真筆、神号の掛軸が授けられることがあった。出雲大社の境内を俯瞰した境内図も、そうした特別な場合に授与される品のひとつである。

◆より簡便に作製できる授与品として、墨単色で刷られた境内図もあった。御師が壇所への土産として携えただけでなく、各地から杵築を訪れた参拝者が、記念品として御師から求める場合もあった。参詣旅から戻った郷里の人々に、土産話とともに見せたのであろう。

授けられた最上品の境内図

78
出雲国《いずものくに》大社図《たいしゃず》

一幅
江戸時代（十九世紀）
縦一二八・九×横五九・六センチ
当館

資金面で功績があった石見国安濃郡の富豪、志学富屋に出雲大社から贈られたもの。延享度（一七四四年遷宮）以降の境内が、極めて細密な筆致と彩色で表現される。

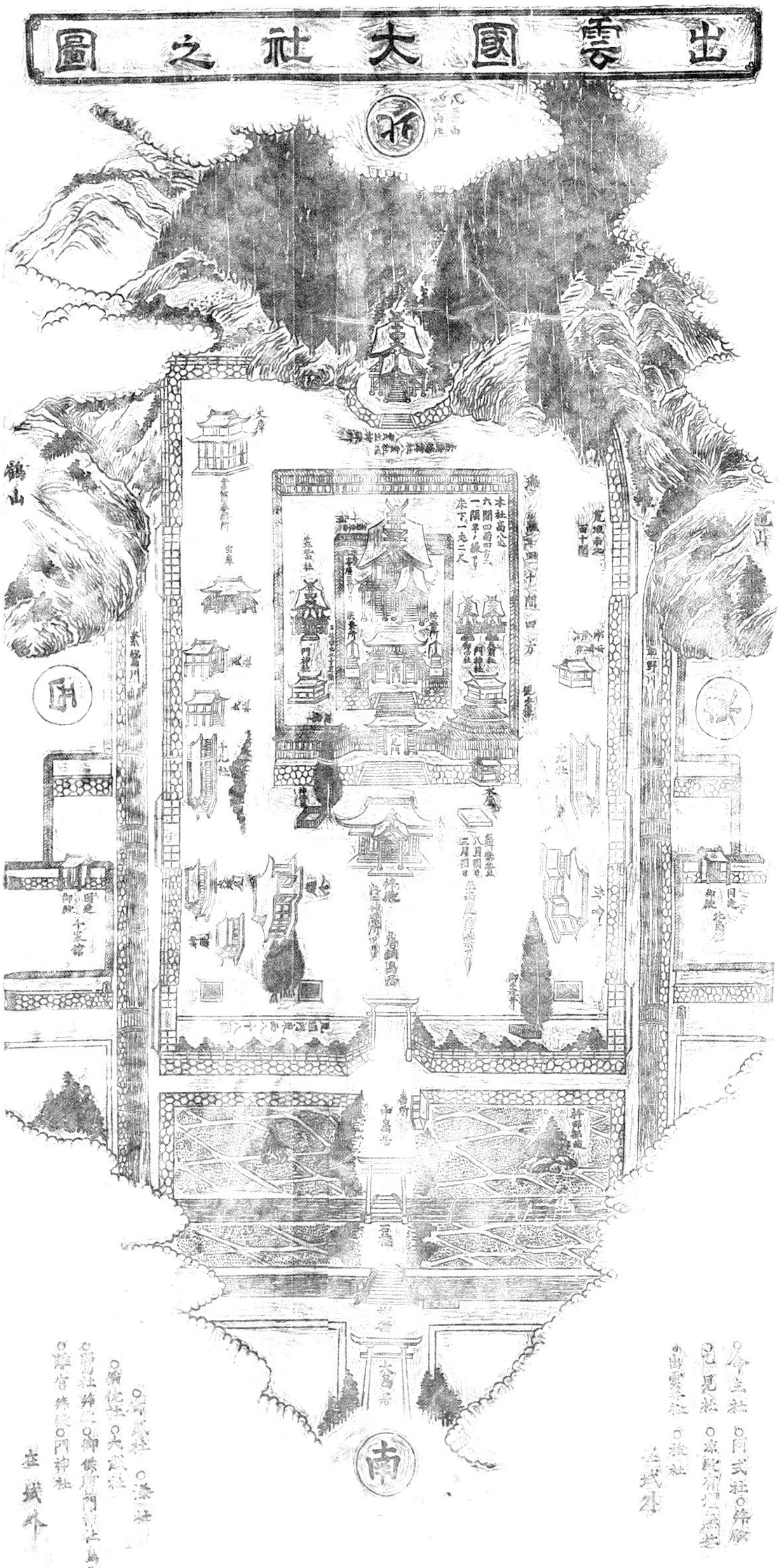

量産された境内図

79 「出雲国《いずものくに》大社《たいしゃ》之《の》図《ず》」版木《はんぎ》

一枚
江戸時代
縦一一六・四×横五五・八センチ
当館

一枚の板に彫り出された境内図の版木。本殿・摂社など境内建物の名称、規模を記し、下端左右隅には境外摂社の社名が列記されている。大社境内全体を俯瞰した、ガイドマップ的な構成となっている。

伊勢・大社の御師

◆伊勢御師の活動は極めて大規模であった。安永六（一七七七）年には四五三軒の御師邸があり、檀家は四九六万軒であったとされる。御師が集積する冨は莫大で、外宮前の山田と内宮前の宇治には門前町の都市空間が形成されていた。

◆伊勢とは比べるべくもないが、出雲大社の門前である杵築にも門前町が形成された。江戸中期には町域が東に広がり、新たに開発が進む修理免村（大鳥居・馬場地区）は歓楽街として大いに栄えたのである。出雲信仰が全国に広まった江戸後期には、杵築大社の最大の神事である三月会や、八月祭礼にあわせて全国各地から参拝する人々で賑わった。そして参詣客の大きな楽しみが、祭礼後に開催される富くじ興行だったのである。

◆富くじは松江藩の許可・監督のもと、杵築町の町人らが運営する大規模な抽選会である。富くじを購入した参詣客は、杵築町に宿泊滞在し、祭礼を拝した後は芝居小屋で芝居を見物したり、日御碕や鰐淵寺などの名所旧跡を観光したりして抽選の日を待つ。富くじ興行は近隣地域の経済活動を活発にし、そうした商業の中心地として杵築町は発展したのである。また、富くじの売上高の中から出雲大社への上納をおこなうしきたりがあった。松江藩による興行許可は、間接的な出雲大社に対する財政支援という側面がうかがえる。さらに松江藩は安永十（一七八一）年以降、富くじ購入を他藩の者のみに認めた。射幸心をあおり一種の賭博である富くじは、他藩からの外貨獲得というねらいもあったのである。

◆こうして江戸中期以降の杵築町は富くじを目当てに大社参りを目指す信者、旅人で大いに賑わった。しかし明治初年、政府は富くじを禁止した。これを契機に娯楽としての参詣旅が一気に減衰し、杵築町の宿屋、関連する商業が苦境に立つことになったのである。

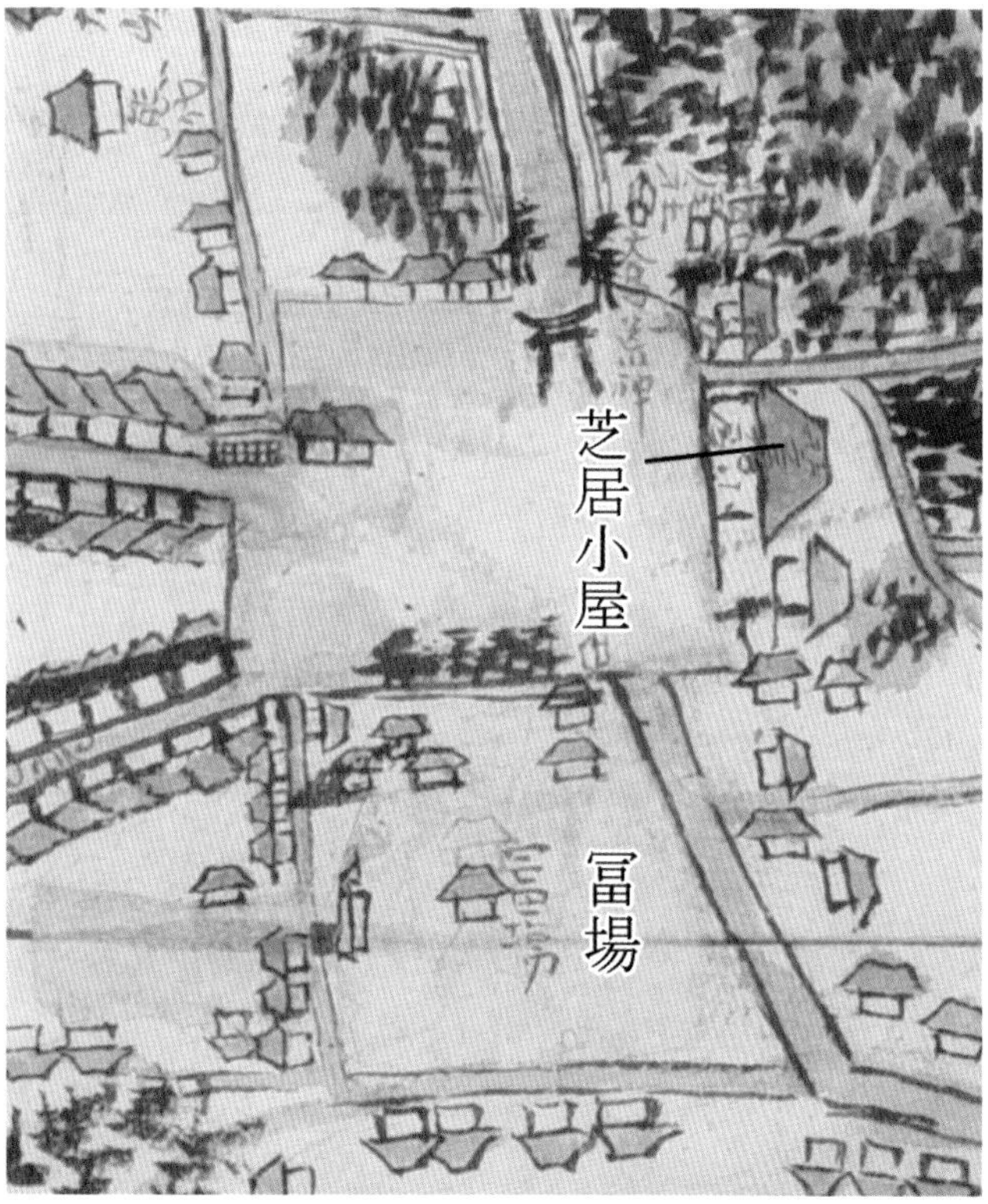

大社町絵図　部分（手錢美術館蔵）

現在の勢溜（左図の周辺）景観
神門通りは大正 3(1914) 年に敷設された

第五章

伊勢と出雲を結ぶ人

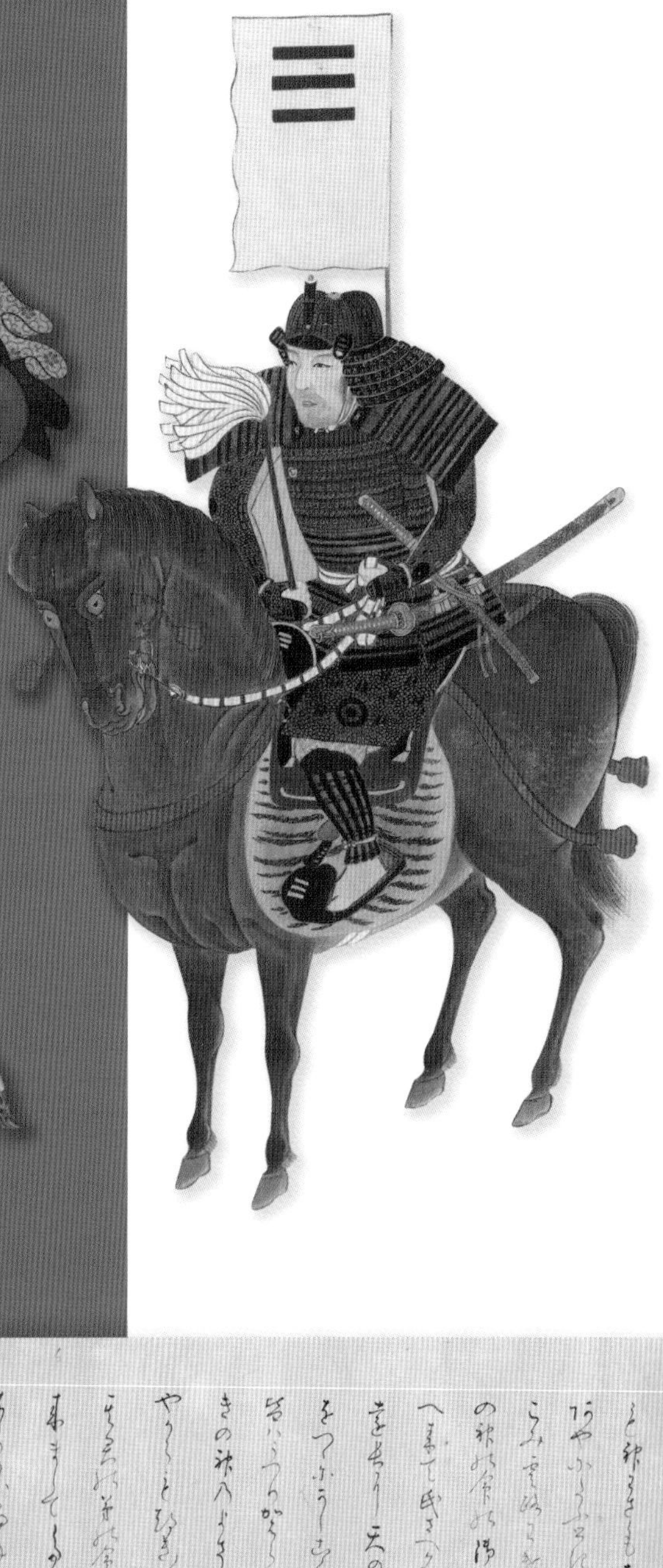

神道思想や国学といった学問において、伊勢と出雲は特別な場所であった。両地域を結ぶキーパーソンの活動によって、伊勢と出雲は接触し、聖地としての地域像を増していく。

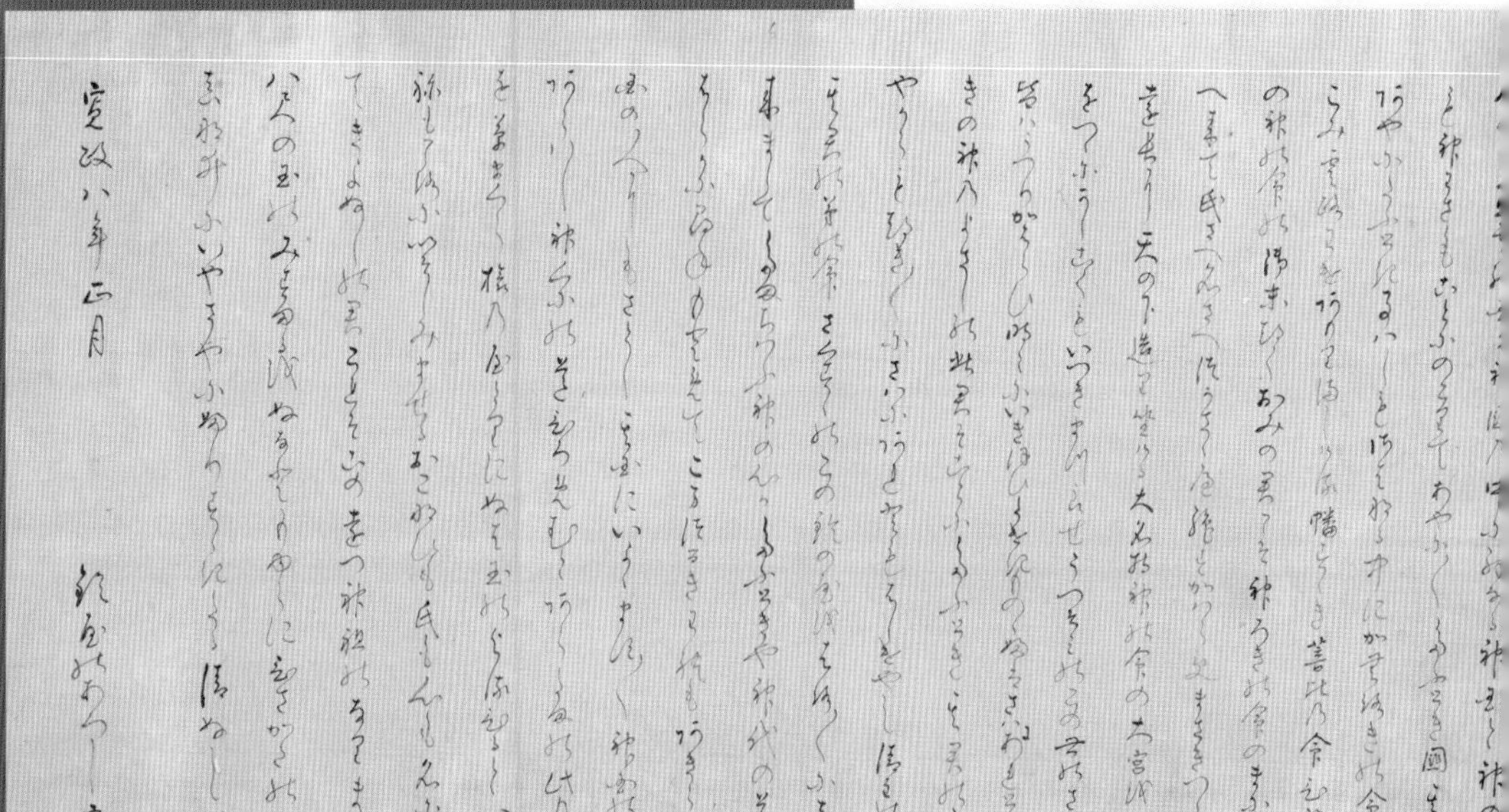

黒澤石斎と、出雲大社の神仏分離

◆中世を通じて日本の神々は仏教と一体化していた。いわゆる神仏習合で、出雲大社も例外ではない。出雲大社では江戸時代初めに、そうした仏教色をすべて排除する神仏分離が断行された。寛文度の造営である。これは境内景観を激変させただけでなく、本願を追放し、祭神が大己貴神に復されるなど、信仰、祭儀の面でも画期的な出来事であった。

◆その際、大きな推進力となったのが伊勢の人、與村《よむら》家の出身で、伊勢外宮の祠官、黒澤石斎《くろさわせきさい》（弘忠）である。藩主、松平直政の求めにより松江藩のお抱え儒者となった。藩政のブレーンとして活躍し、ついには一〇〇〇石取の家老格となった人物である。儒家であり、仏教色を忌避する伊勢神道との接点もあった。伊勢と出雲の思想的接触を生んだ、鍵となる人物といえる。

80 黒澤石斎肖像画《くろさわせきさいしょうぞうが》

自画自賛、馬上の石斎像

一幅
寛文元（一六六一）年
縦八五・〇×横二八・五センチ
黒澤保夫氏（松江歴史館寄託）

五〇歳頃の肖像画。石斎自ら甲冑姿の肖像を緻密に描き、上半に賛文を記す。兜の前立てが巻物である点は、学問で戦おうとする石斎の気概を示すものか。松江藩仕官前の石斎は江戸で幕府馬預を務める黒澤家に仕えており、馬の研究家でもあった。

神仏分離前の出雲大社復元模型（本殿は慶長度造営）

神仏分離後の出雲大社復元模型（寛文度造営による）

◆出雲国に下向し、朱塗りの出雲大社を見た石斎は、まるで仏教施設ではないか、と紀行文『懐橘談』で強く批判した。石斎は林羅山の高弟であり、神儒一致、排仏を主張する儒家神道に造詣が深い。また神宮において、神を仏の上位におく伊勢神道を説いた度会延佳とも通交があった。こうした神道説が、石斎の批判の背景にあったのである。

◆石斎の批判は、かねてから神仏習合に不満のあった出雲大社神職に伝わり、本殿を伊勢神宮のような白木の社殿に戻すべき、という認識が広まっていく。そして信仰が篤かった藩主松平直政のはたらきかけ、幕府寺社奉行の理解を得て、寛文度造営の大事業が遂行されたのである。

◆今日の境内景観・祭神名・全国的な位置付けは、この寛文度がきっかけだったといえよう。

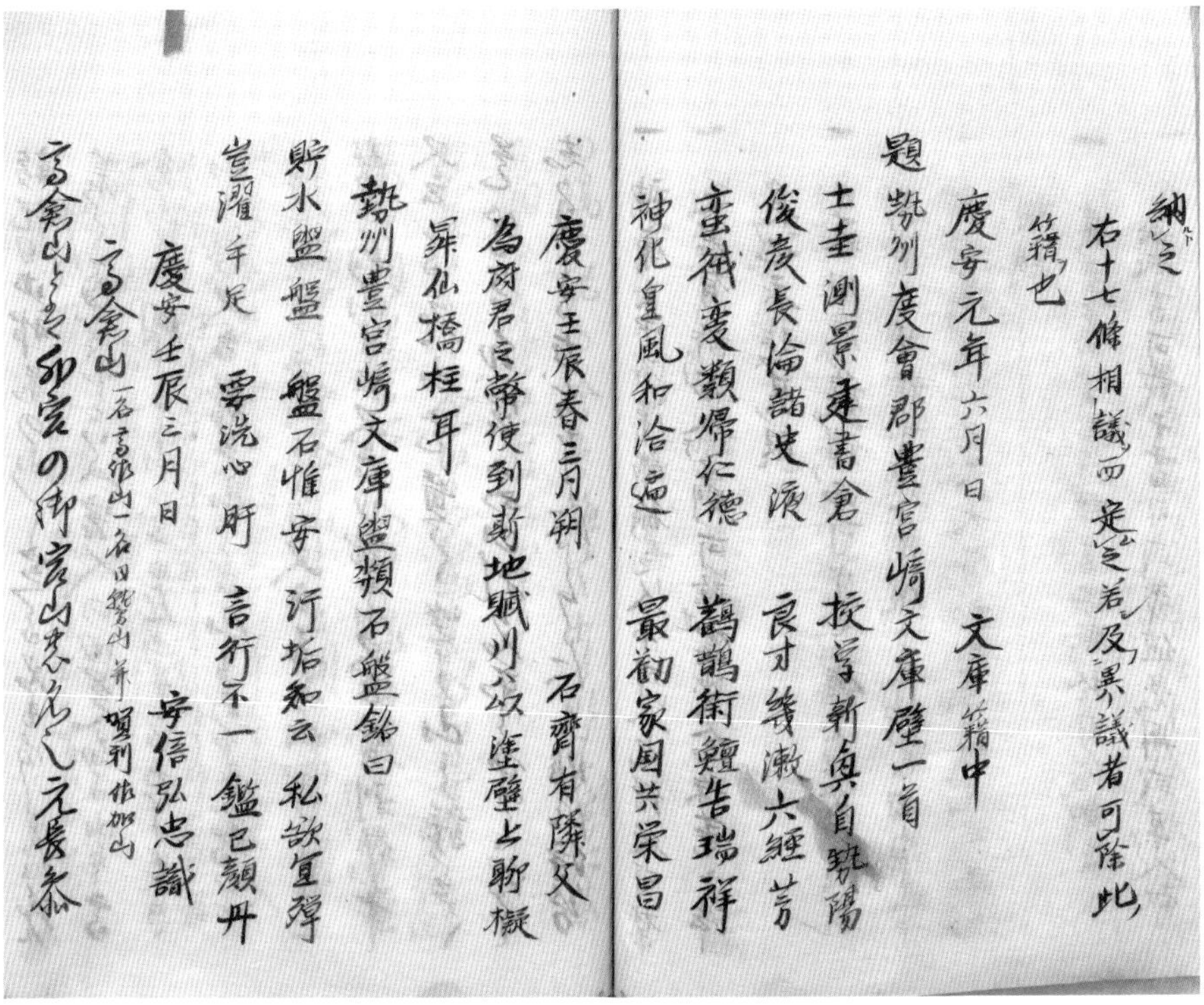

納之
右十七條相議而定之若及異議者可除此
籍也
慶安元年六月日　文庫籍中
題勢州度會郡豊宮崎文庫壁一首
士圭測景建書倉　挍字新員自勢陽
俊彦長論諸史液　良才幾漱六經芳
蛮狨変類帰仁徳　鸛鵲銜鱣告瑞祥
神化皇風和洽遍　最勧家国共栄昌
慶安壬辰春三月朔　石齋有隣父
為府君之帑使到斯地賦川以塗壁上聊擬
昇仙橋柱耳
勢州豊宮崎文庫盥類石盤銘曰
貯水盥盤　盤石惟安　汙垢知去　私欲宜殫
豈濯手足　要洗心肝　言行不一　鑑已顔丹
慶安壬辰三月日　安信弘忠識

豊宮崎文庫に寄せた石斎の壁書き

81 勢州《せいしゅう》古《こ》今《こん》名所《めいしょ》集《しゅう》

五冊
江戸時代（一六六〇年頃）成立
延宝七（一六七九）年写
神宮文庫（三重県伊勢市）

黒澤石斎の兄、與村弘正は、度会延佳らとともに伊勢山田に豊宮崎文庫を設立した主唱者のひとりである。文庫は散逸した神書古典、和漢典籍を収集し、外宮祠官の学問所となる知的センター機関であった。これに倣って出雲大社でも文庫設立の気運が起こっている。

石斎は慶安五（一六五二）年、文庫の壁書きを贈った。その漢詩は、兄弘正が表した『勢州古今名所集』第三巻に載録されている。

本居宣長にとっての、神国出雲

◆江戸時代後期の国学者、本居宣長は伊勢国松阪の人であった。その私塾である鈴屋《すずのや》に、出雲国造家の千家俊信が入門する。この師弟により、伊勢—出雲間で様々な情報が飛び交った。

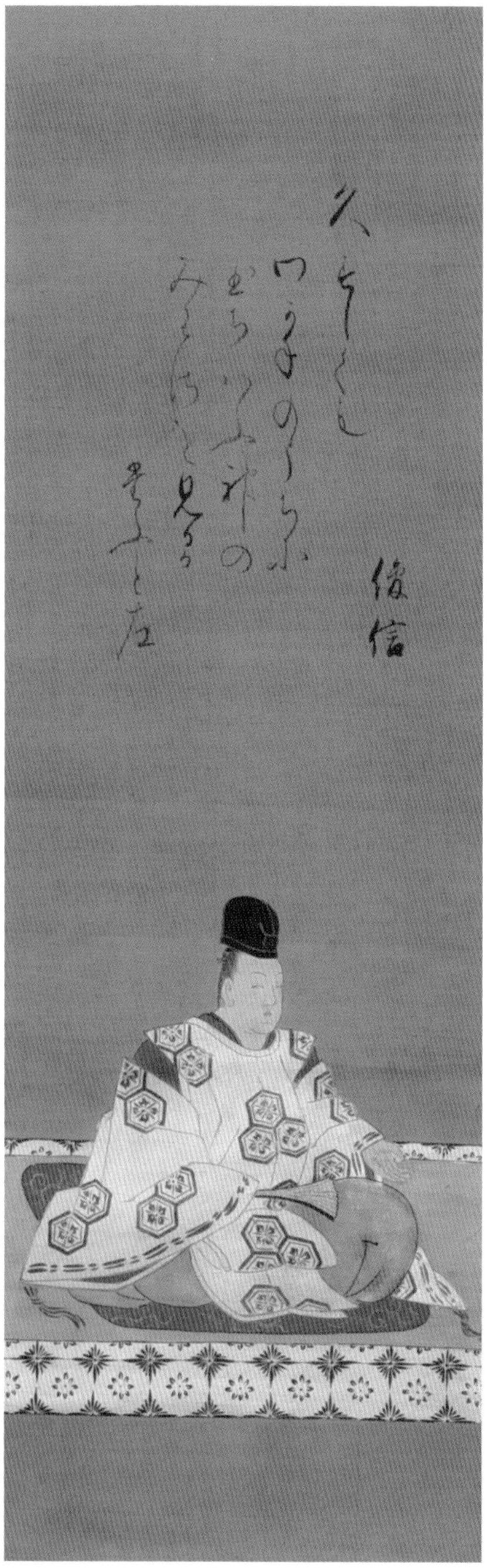

伊勢と出雲の師弟関係

82 本居宣長像《もとおりのりながぞう》

一幅
江戸時代（十八世紀）
縦一〇六・〇×横三五・〇センチ
当館

宣長自身による六一歳自画自賛像を祖型に、名古屋の町絵師、吉川義信が模写したものの一つ。賛は宣長二女の美濃によって、宣長の和歌「敷島の山跡（大和）心を人問ハヽ朝日ににほふやまさくら花」がしたためられる。

義信の模写は単なる複製ではなく、宣長自身から評価され、認められたものであった。これに宣長あるいは親族の賛を入れることで、門人や教えを慕う者にとっては御影（尊崇対象そのもの）になったのである。

83 千家俊信像《せんげとしざねぞう》

一幅
江戸時代（十九世紀）
縦四三・二×横一六・一センチ
当館

出雲国造千家俊勝の二男で、宣長の鈴屋入門後、塾（梅廼舎《うめのや》）を開いて多くの門弟を指導し、『訂正出雲風土記』を刊行した国学者。

本品は左手のひらに「建玉」と書かれ、上部に「くすしくもわか手のうちに玉ちはふ　神のみわさを見るか貴ふとさ」と自賛がある。これは自身の手に文字が浮かび上がったという奇跡体験を表したものである。

◆千家俊信は寛政四（一七九二）年、本居宣長に入門が認められる。その後はもっぱら書簡の往復により古学（国学）の教えを受け、対面して直接教授を受けた機会は三回しかなかった（松阪への遊学逗留が二度、京での講義が一度）。

◆宣長は、入門を認める手紙の中で、「貴国は別而格別之神跡に御座候へば、何とぞ被仰合、古学発興仕候様に御励可被成候」と記している。出雲は格別の神跡地であるから、古学が発展するよう励みなさい、と宣長は俊信入門を喜んだのである。

◆しかし、その頃の出雲大社では宣長が「穢らわしき漢意（からごころ）の神学」と批判する垂加神道が席巻しており、国学が広まる余地はなかった。俊信は初めて宣長に対面し講習を受けた寛政七年以降、積極的に講習を開く。俊信の活動の甲斐あって梅廼舎門人は二百人を超え、出雲国内外の山陰に国学が広まることになる。

◆本居国学を深く学びながらも、俊信はあくまで国造家の人であり、垂加神道による出雲大社の神学を大切にしていた。社家としての古学追究である。師が「手に文字が浮かんだことなどは他人に喧伝すべきではない」と忠告したにも関わらず、それに従わなかったことにも、その精神がうかがえる。

出雲の国は、特別な神の国

84 本居宣長長歌《もとおりのりながちょうか》

一幅
寛政八（一七九六）年
縦三二・〇×横六二・六センチ
千家国造家（島根県出雲市）

宣長が俊信に贈った長歌である。俊信は寛政七（一七九五）年九月〜翌年正月、初めて松阪に逗留し、鈴屋で宣長の教えを直接受ける。本資料は遊学を終えて出雲へ帰る俊信に与えたもので、「千家清主出雲国にかへるに」と題される（清主は俊信の字《あざな》）。

八雲たつ　出雲の国は
神国の　中にことなる　神国と
神の御跡も　神わさも　ことにのこりて
あやに〳〵　たふとき国　…

宣長は、俊信の入門前から出雲大社を重視し、世の人が広く大国主神を崇敬すべきと考えていた。それゆえに俊信の入門を喜び、才覚に期待を寄せたのである。

享和元（一八〇一）年、京にて直接講義を受けた五ヶ月後に宣長は没する。師を追慕する俊信は、受けた書簡三三通をご神体として邸内に「玉鉾社」を設け、宣長の御霊を祭った。

宣長先生の門人リスト

85 鈴屋《すずのや》授業《じゅぎょう》門人《もんじん》姓名録《せいめいろく》

一冊
享和元（一八〇一）年／文政十二（一八二九）年写
縦二五・八×横一七・八㌢
当館

約五〇〇名に及ぶ、本居宣長の門人名を入門順に記載した名簿。寛政四（一七九二）年の項に千家俊信（清主）の名がみえる。

宣長の門人は陸奥国から日向・肥後国まで、全国に及ぶ。半数以上が町人・農民で、武士・神職の門人はそれぞれ七〇人ほどであった。

師への贈り物は欠かさずに

86 ◎音信到来帳《おんしんとうらいちょう》

一冊
寛政十（一七九八）年
縦一四・六×横二〇・六㌢
本居宣長記念館（三重県松阪市）

宣長は几帳面なメモ魔であり、門人らからの贈り物について細かに記録している。寛政十一年十二月十二日の項には千家清主（俊信）から十六嶋海苔が届いたことが記録される。俊信は毎年欠かさず、「御肴代」としての金と、出雲名産の海苔・和布を宣長に贈っていた。

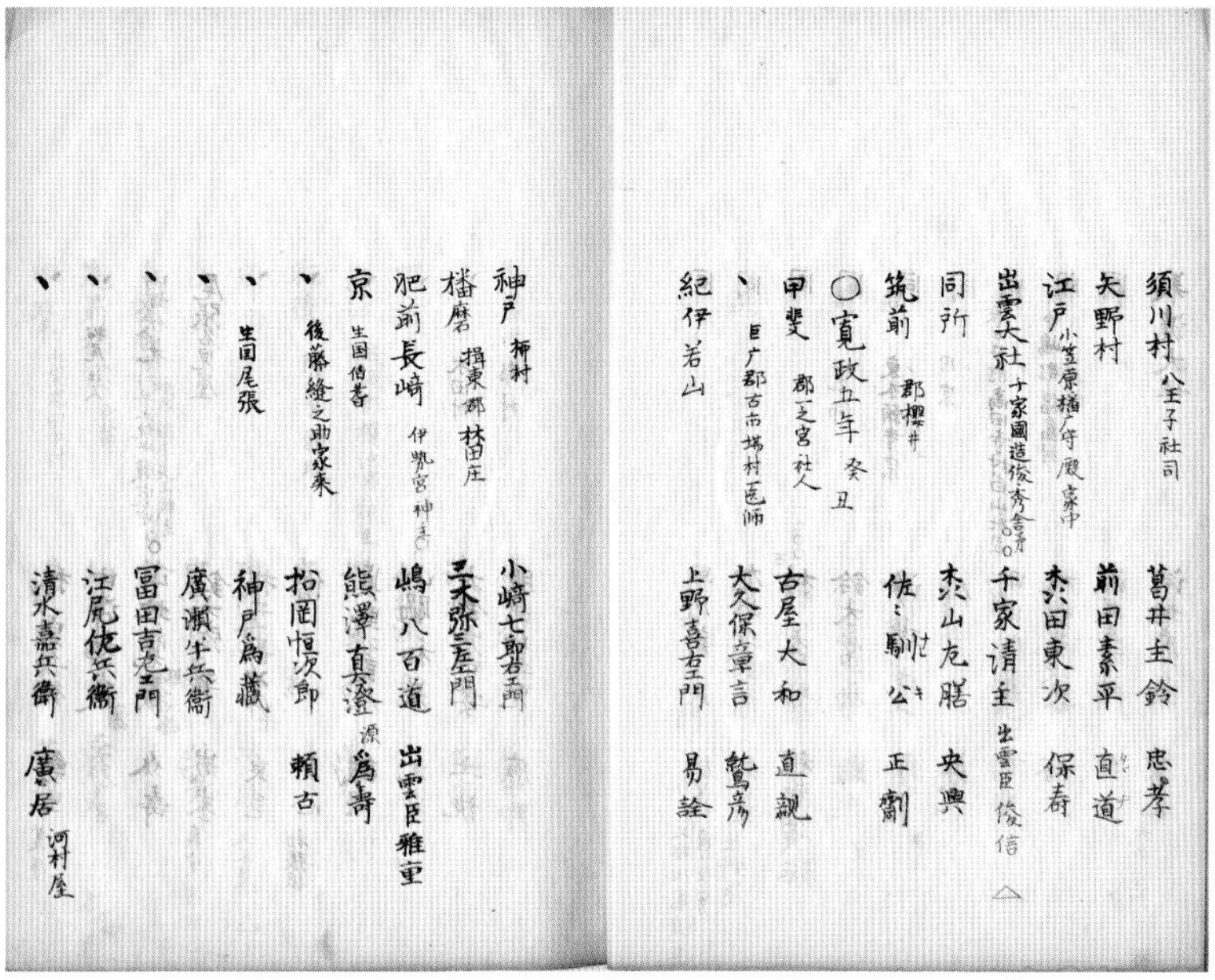

85
鈴屋授業門人姓名録

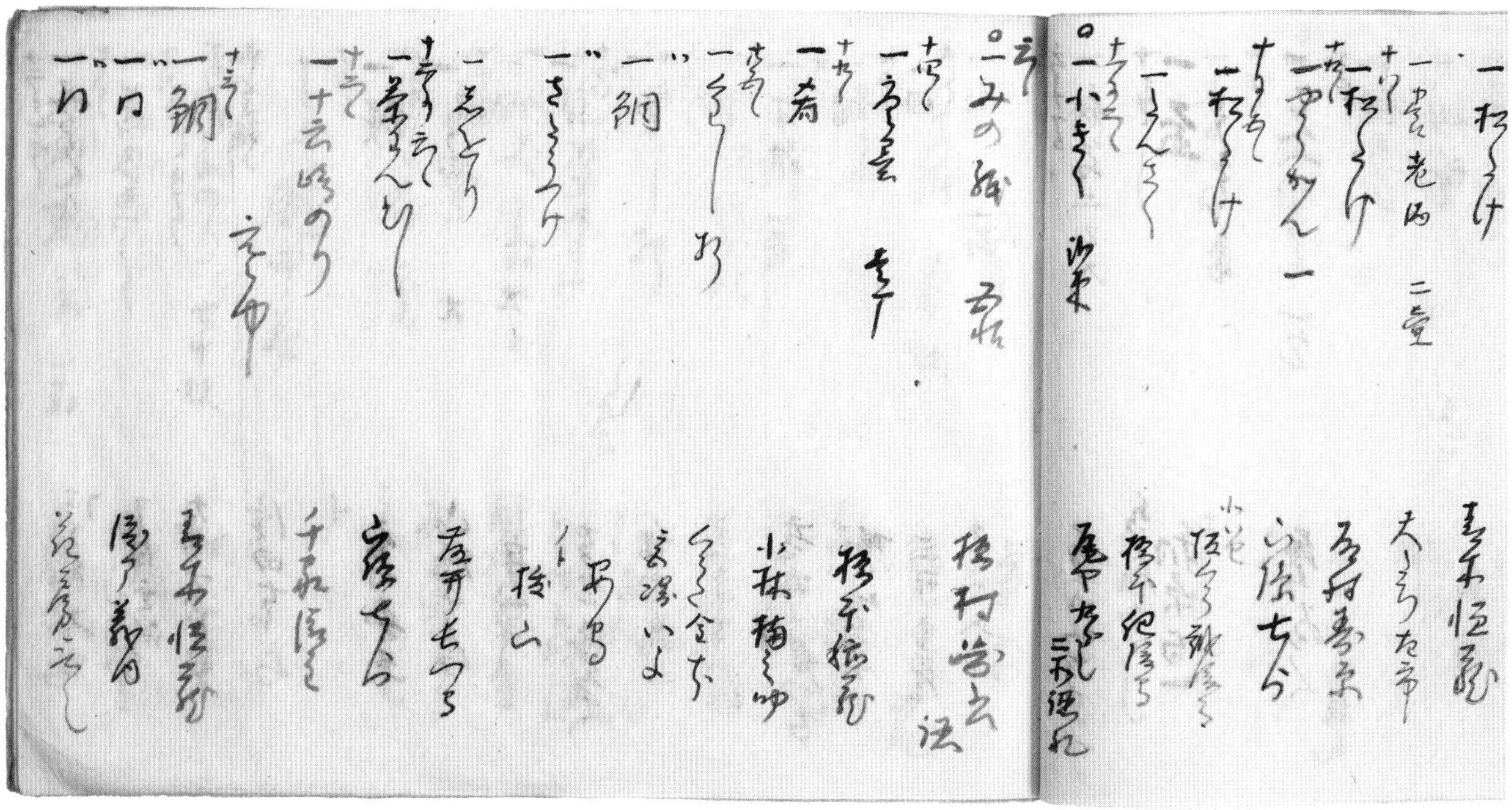

86
音信到来帳

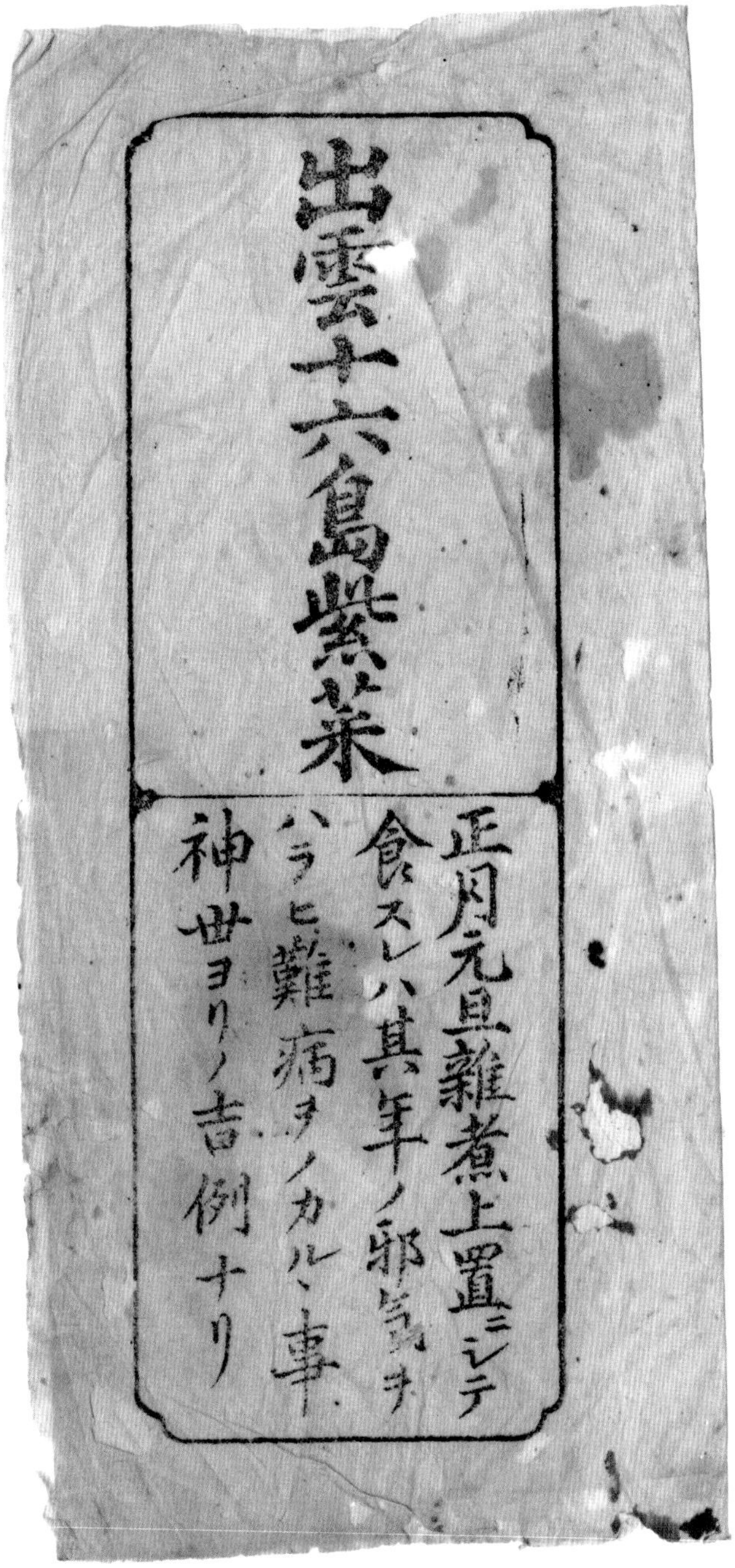

出雲御師が持参した、名産品

87 十六島海苔《うっぷるいのり》

一枚（附　包紙・御祓玉串）
江戸時代末頃
縦九・七×横四・〇センチ
当館

福岡県の古書店で見つかった、江戸時代の十六島海苔。包紙には、「正月の雑煮に加えて食べれば邪気を祓い難病を逃れる」との効能書きがある。出雲大社の御師がお札とセットで配った土産物だが、食べずに保管されていた、極めて珍しい事例である。

十六島《うっぷるい》は島根半島日本海側の地名で、奈良時代の『出雲国風土記』にも当地の紫菜（アマノリ）が極上品であると記される。香りが高くコシが強い特徴があり、波の当たる岩礁で冬の短期間しか採ることができない稀少品。全国的に名を知られた、出雲ブランドの特産品である。本居宣長が記録した『音信到来帳』（作品86）からは、千家俊信が毎年、名産海苔を一箱あるいは一包贈っていたことがわかる。

一方、多くの人に配る御師は高級海苔をそんなに奮発できない。『年々定格時々見合』（作品72）の土産物の項には、「寒海苔、すなわち壱束五把。十六嶋ガヨシ。一枚五ツ切ナリ。」とある。本品のように小さくカットしたものを、もったいをつけて配っていたようである。

教え子からの情報録

88 ◎本居宣長随筆 聞ま、の手ならひ

一冊
天明四（一七八四）年頃～寛政五（一七九三）年頃
縦二五・四×横一八・一センチ
本居宣長記念館（三重県松阪市）

本居宣長による、自筆随筆のうちの一冊。宣長の随筆内容は読んだ書物からの抜き書きや自身の考察、覚書など多岐にわたるが、本書は門人から受けた報告、知らされた情報など、聞き書きばかりを集めたもの。

ここでは千家俊信から知らされた、出雲大社本殿の高さが上古には三二丈（約96メートル）、中古には一六丈（48メートル）あったことや、鎌倉時代の本殿柱に「過大な建築で負担をかけることは自身の意に沿わない」という神託が虫喰いによって表れたことなど、国造家記にある伝承が記載される。

「聞まゝの手ならひ」には五六項目の記述があり、そのうち二〇項目が『玉勝間』に採用された。千家俊信からの聞き書きについても、『玉勝間』十三巻（作品89）に図入りで採録されている。

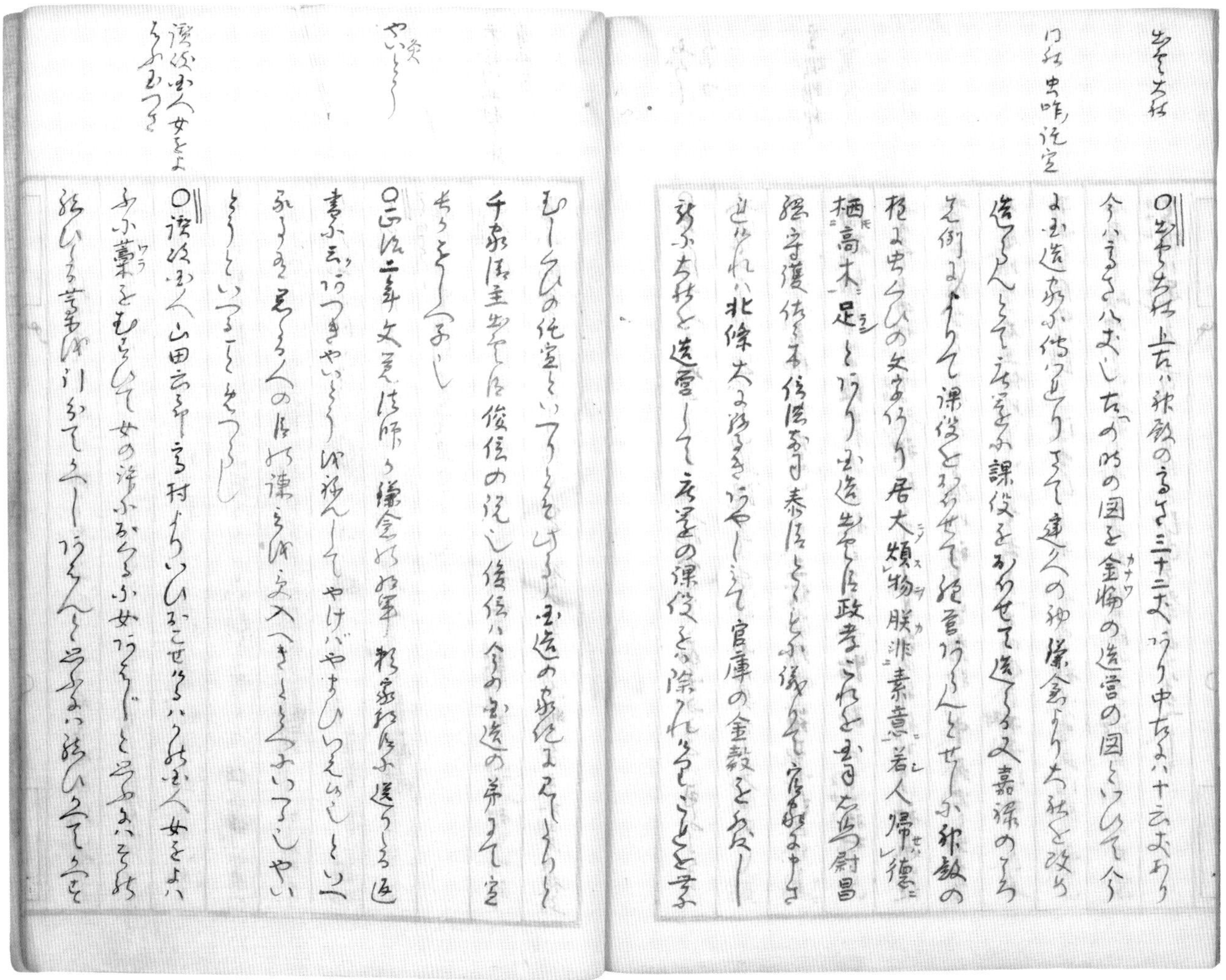

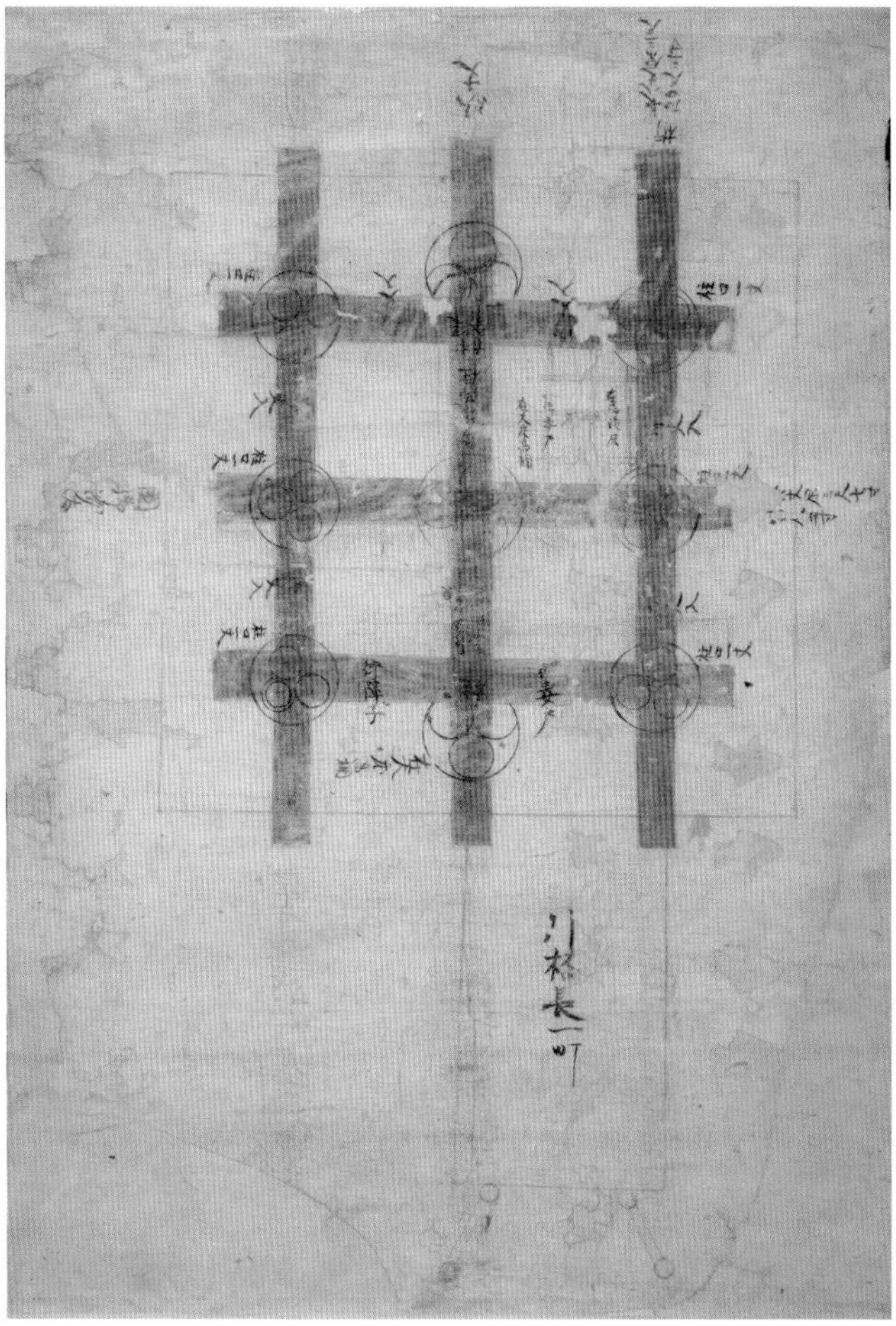

参考　『金輪御造営差図』（千家国造家蔵）

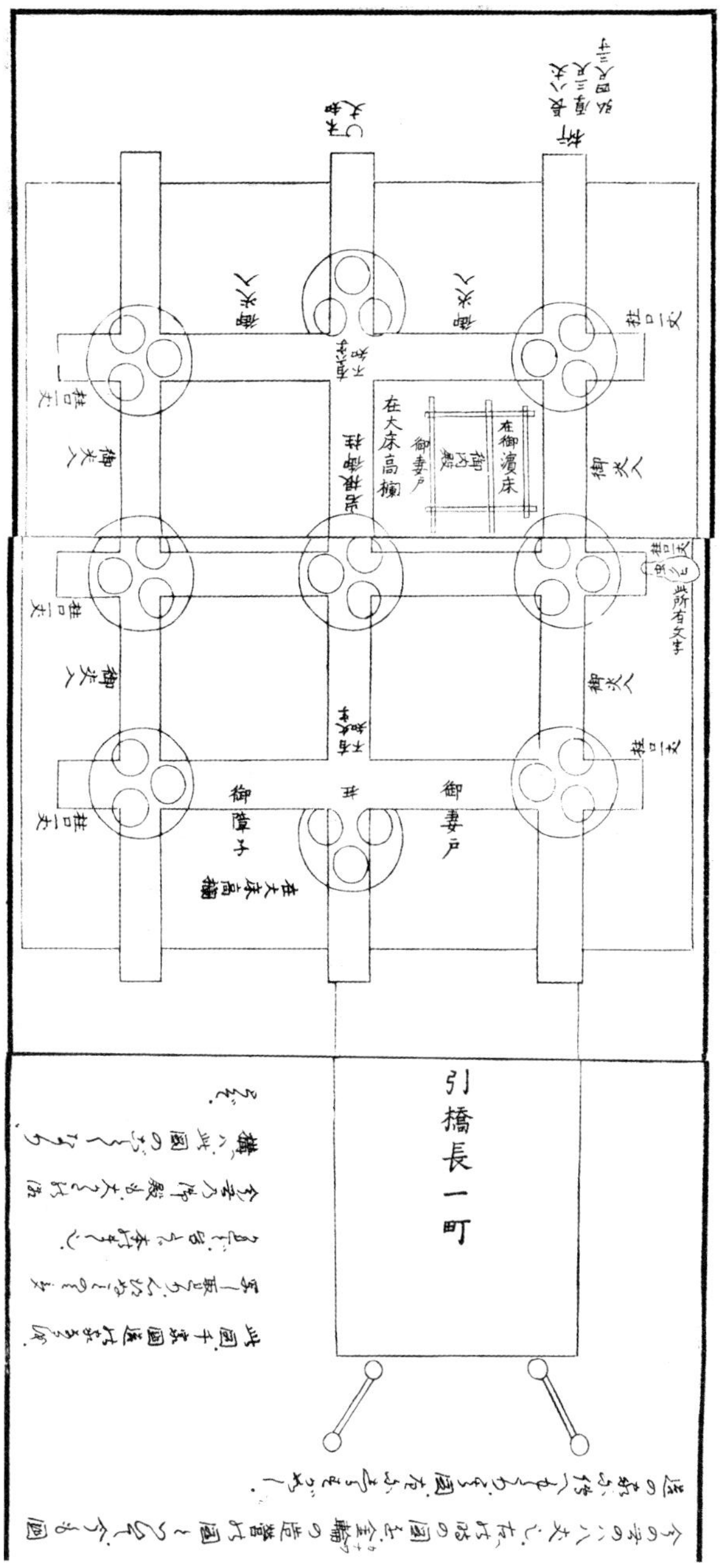

『金輪御造営差図』を世に知らしめた

89 玉勝間《たまがつま》　十三巻

一冊
文化九（一八一二）年
縦二六・四×　横一九・四㌢
当館

『玉勝間』は本居宣長の随筆集で、本文一四冊、目録一冊の全一五巻からなる。長年の古典研究を通じて書きためた、様々な分野に及ぶ随筆を自身で選択・再編集し、一〇〇五項目を採録する。版本として寛政七（一七九五）年から順次刊行、完結したのは宣長没後の文化九（一八一二）年であった。

　このうち十三巻には「出雲の大社の御事」と「同社金輪の造営の図」の項がある。これはいずれも「聞まゝの手ならひ」（作品88）にある、千家俊信からの聞き書きを元にしたものである。加えて千家国造家に「出雲大社、神殿の高さ、上古のは三十二丈、中古には十六丈」あった時の図と伝わる「金輪の造営の図」写しを掲載した。宣長が俊信に宛てた寛政七年二月二十日の書簡には「金輪造営之御図御認被下、千萬辱拝見仕候…」とあって、『玉勝間』刊行事業にあたって図の実見を求めたようだ。

　宣長はこの図について「心得ぬことのみ多かれど」と不信感を隠さないが、平成十二年の発掘調査により出雲大社境内から三本束ねの柱が出土し、同様の本殿建築が実在していたことが明らかになった。

浜田藩主、松平康定と宣長

◆石見国、浜田藩主の松平康定は学問を好み、宣長の古学に憧れていた。寛政七（一七九五）年八月、神宮参拝の道中で松阪を訪ねて宣長に対面し、ついに念願の講釈を受けることとなる。

◆その対面に先立ち、康定候は宣長への贈り物を準備した。それは、隠岐国に伝来する古代の駅鈴を模して鋳造したもの。届けたのは浜田藩の学識ブレーンであり、すでに宣長に入門していた小篠敏《おざさみぬ》であった。敏は藩主の命を受け、宣長の古学と浜田を繋ぐ役割を果たしたのである。

◆宣長にとっても、お殿様から拝領した駅鈴は特別な品であり、大切にされた。今でもこの駅鈴は宣長を象徴するもので、松阪市のシンボルになっている。一方、浜田市でも石見焼で作られた駅鈴モニュメントが浜田城跡に置かれる。駅鈴は両市の交流を物語る品でもある。

参考：本居宣長に贈られた駅鈴
（本居宣長記念館所蔵、写真提供）

浜田城跡にある駅鈴モニュメント

松阪駅前にある駅鈴モニュメント

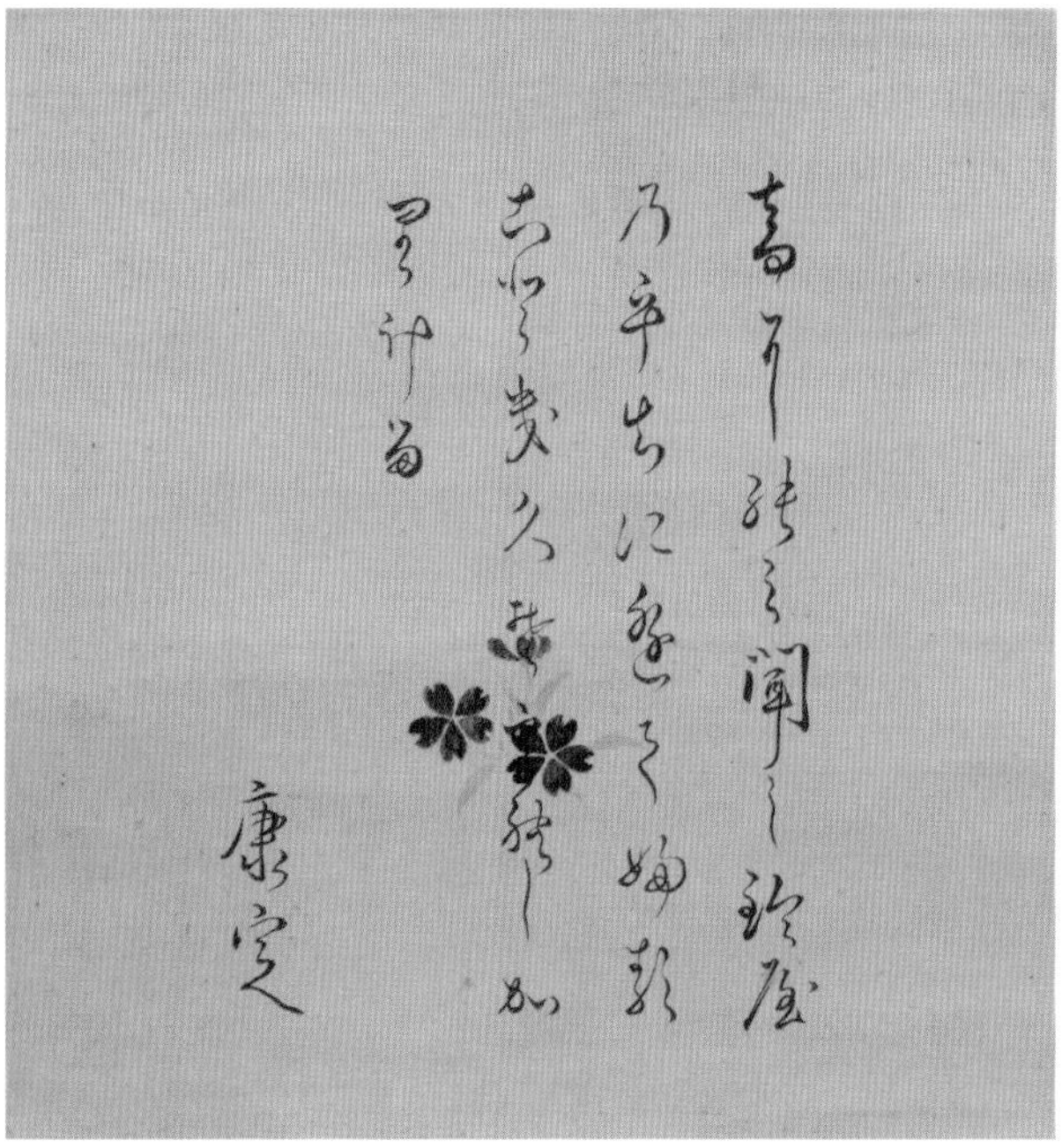

憧れの対面を果たした悦びの歌

90 ◎松平康定色紙《まつだいらやすさだしきし》

一幅
寛政七（一七九五）年
縦一七・五×横一六・五センチ
本居宣長記念館（三重県松阪市）

浜田藩主、松平康定が、初めて松阪で対面がかなった際に本居宣長に贈った色紙。桜絵の入った黄色紙に、

音にのみ聞し鈴屋のをちに逢て
ふることきくそうれしかりける
康定

と歌が自筆される。小篠敏から話を聞かされていた宣長に、遠路の旅路でようやく会うことが叶い、古学の教えを受ける嬉しさが詠まれている。

大名である康定侯は門人録（作品85）に名が挙げられていないものの、鈴屋の弟子に加わりたいと念願していた。対面の前に、駅鈴に添えて贈った色紙には、

かみつ世をかけつゝしぬぶ鈴の屋の
いすずの数にいらまくほしも
康定

と入門の希望が素直に表現されている。

参考：億岐家に伝わる駅鈴

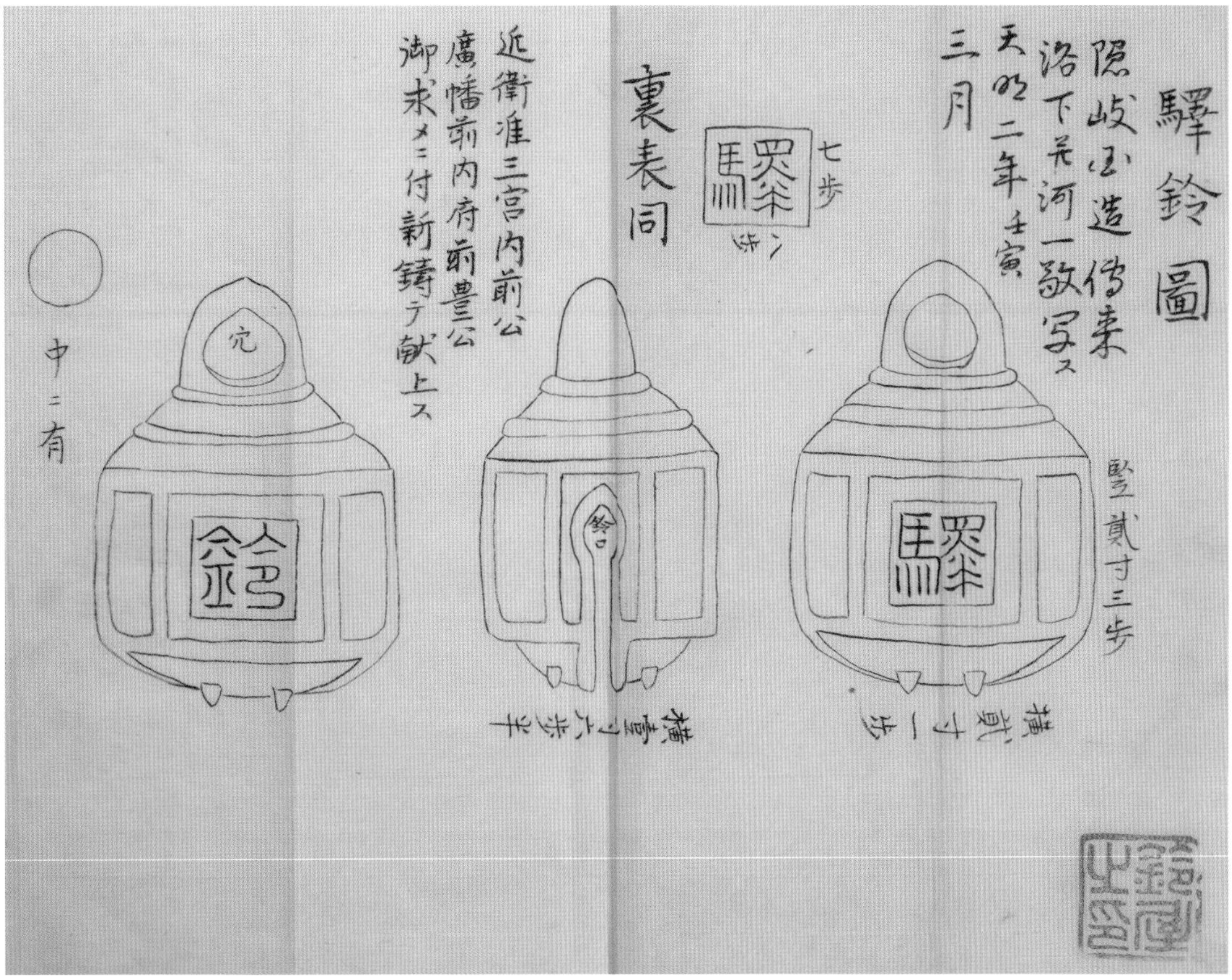

91 隠岐《おき》国造《こくぞう》伝来《でんらい》駅鈴《えきれい》図《ず》

一点
天明二（一七八二）年
縦二〇・九×横二七・六センチ
本居宣長記念館（三重県松阪市）

古代の駅鈴二点が伝わる億岐家は、隠岐国造の裔とされ、玉若酢命《たまわかすみこと》神社（島根県隠岐郡隠岐の島町）の社家である。天明元（一七八一）年、隠岐幸生は駅鈴を持って上京し、好古家の並河一敬に見せた。古代駅制を体現する品が現存することを嘆賞した一敬は駅鈴を模写し、公卿らに見せた。こうして駅鈴の存在は光格天皇の耳に入り、天皇自ら実見することになる。この折に、鋳金家に銘じて模鋳品一五口が製作されたという。

寛政二（一七九〇）年、焼失した御所が再建され、仮御所から新御所への遷幸がおこなわれた際、隠岐国駅鈴が行列に加えられることになった。唐櫃に納められた駅鈴は、古代の朝廷権威を象徴する品だったからである。

そして本居宣長は特別な思いをもって、この遷幸行列を見学していた。宣長は本駅鈴図により、駅鈴の存在を早くから知り、その上で駅鈴が加わった遷幸図を見学した。それゆえ、寛政七（一七九五）年に松平康定から駅鈴を贈られた喜びはひとしおであっただろう、と推察される。

幽冥と顕露の世界

◆『日本書紀』神代巻の第九段は出雲を舞台とした国譲り神話である。その一書（異伝）の第二には、国譲りの代償として大国主神（大己貴神）のために天日隅宮が築かれること、さらに皇孫が「顕露事」を司るのと対比するように、大国主神が「神事」「幽事」を司ること、が記される。

◆ここでいう「幽／顕」の意味については、さまざまな解釈があるが、本居宣長が「幽事とは…冥に神のなしたまふ御所為」「顕事とは、世の人の行ふ事業にして、いわゆる人事」と述べたように、天皇が統治する現実世界を「顕」、大己貴神が支配する目に見えない万物の根源的世界を「幽」ととらえる言説が、平田篤胤ら幕末～明治の国学者・思想家により強く主張された。このような考え方は、大国主神の鎮まる出雲大社の重要性や、出雲という地域像にも大きく影響を与えることになった。

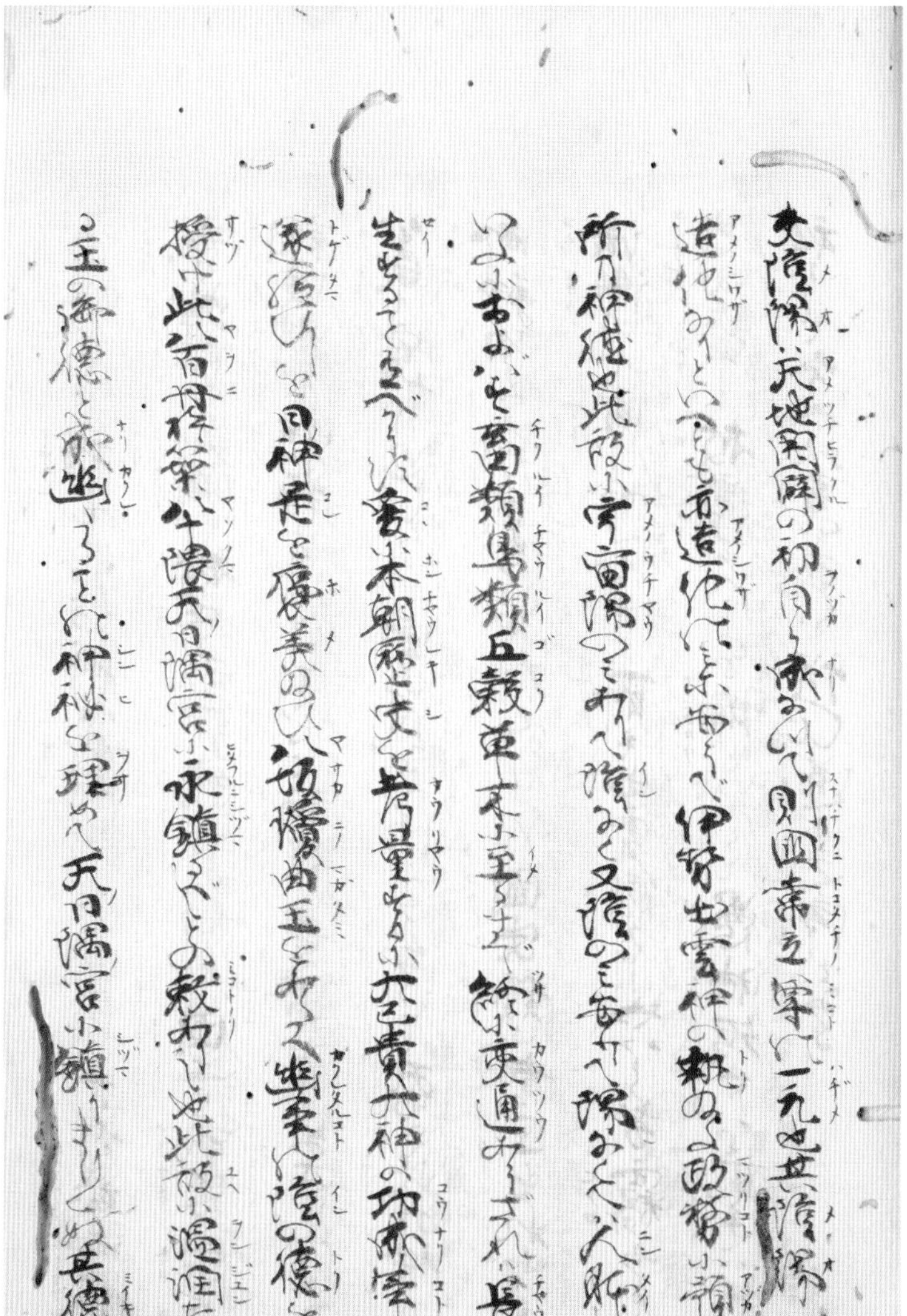

92 大社幽冥誌《たいしゃゆうめいし》 巻一

出雲の神の神徳を説く

一冊
安永二（一七七三）年
縦二八・五×横二一・五センチ
千家国造家（島根県出雲市）

出雲大社の社家で御師を務めた佐々誠正が著した書。三巻からなり、出雲大社の神徳を広く説くことを目的としている。

冒頭で、宇宙の陰陽とは「伊勢出雲神の執玉ふ政務に預所の神徳」と位置付ける。すなわち、大国主神は功績の褒賞として天照大神より八坂瓊曲玉と「幽事の陰の徳を授け」られ、天日隅宮に鎮まった。出雲の神が陰、伊勢の日の神が陽で対置的に分治するという観念が述べられている。

さらに、国譲りと幽顕分治を前提にして、〝毎年の神在月には支配する八百万の神々を集め、幽事における規範秩序を正す〟〝男女の縁を結んで子孫に祭祀を伝える〟といった神徳を説いている。このような出雲大社のおかげを御師が全国各地で広く説くことにより、出雲の神徳は全国民が蒙る偉大なもの、という観念が浸透していった。

神在月の出雲で、神々の縁結び作業

93

出雲国大社之図《いずものくにたいしゃのず》

三枚一組
文久二（一八六二）年
縦三五・五×横七三・六センチ
当館

神在月の出雲大社に神々が集い、人々の縁結びをする様子を描いた錦絵。右上に座した天照大神と大国主神が全体を総覧し、その指示によって全国的に名の通った神々が分担して作業を進めている。

画面左手には神々を出雲へ先導する龍蛇がおり、さらに「龍宮より上る」という書き込みと共に、三宝に乗りとぐろを巻く龍蛇神が描かれる。

人々のご縁を決める神議りの場面を、木札を結び付けて帳簿に記録するという具体的作業に置き換えてコミカルに表現したもので、このような言説が広く全国民衆に流布膾炙していたことがうかがえる。

作者の歌川国久（二代）は幕末から明治時代に活躍した絵師・浮世絵師で、役者絵や横浜を画題とする横浜絵を描いた。

龍蛇の先導で到着した八幡大明神
一枚ずつ木札に男女の名前を書く
男女ペアの木札をしっかり結び付けて
出雲に到着、一年振りの再開を喜ぶ
縁結びの結果を分厚い帳簿に記録する

出雲國大社之圖

千家尊福と出雲信仰

◆明治維新直後の宗教界において、第一線で活躍したのが第八〇代出雲国造、千家尊福《たかとみ》（一八四五〜一九一八）であった。明治五年には新政府が企図した祭政一致を実現する全国教導職の最高位、大教正となって宗教界を牽引した。

◆江戸時代の出雲御師が全国に構築した出雲講などの信者を結集して明治六年、出雲大社敬信講（のちに出雲大社教会・神道大社派・神道大社教会と経て出雲大社教）を設立。尊福みずから全国を巡教し、教会は大いに発展した。全国神道界を二分する祭神論争が決着した明治十五年には出雲大社宮司を辞して神道大社教の初代管長に就く。貴族院議員、東京府知事、司法大臣等を歴任した政界の重鎮でもあった。

◆人の生死、禍福に至るまで大国主神の恩頼によるものであり、それにより死後の安楽を得て、子孫を守護することが叶うと説き、出雲大社、出雲の重要性を広く知らしめる契機となった。

出雲大社境内（勢溜）に立つ千家尊福像

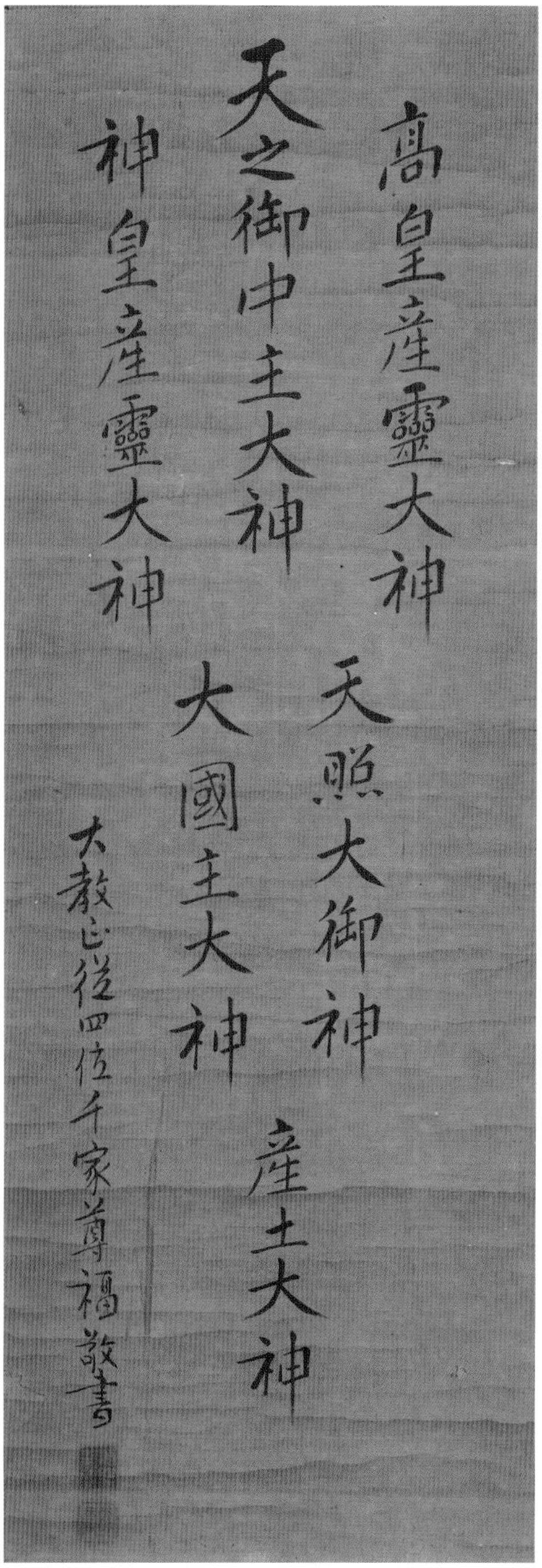

横に並んだ伊勢・出雲の神

94 神号軸

一幅
明治十三〜十五年頃
縦一二一・〇×横四三・二センチ
錦織洋氏（島根県出雲市）

千家尊福の揮毫による、六神号の軸である。上段に造化三神、中段に天照大神と大国主神、下段に産土大神（各地域の氏神）の神名を記す。尊福は明治九年の「出雲大社教会神徳大意」でこの六神を祭るべき神と定めていた。

本品は出雲市内の個人宅に所蔵され、正月の日待祭において床に掲げられる。天照大神と大国主神の二柱が、対となって人々の平安を加護するという素朴な信仰に基づく。出雲大社教の信徒ではない家庭においても、尊福の教えは今もなお息づいている。

国の誕生に関わる神話の舞台となった、
伊勢と出雲。
長い歴史の中で神祭りが継承され、
現在に続く。
神々の聖地は、今も人々の心を
引きつけている。

写真提供：神宮司庁

伊勢と出雲

出品目録

番号	指定	名称	員数	時代	年代・世紀	所蔵者	図録掲載画像提供
序章　神話が語る、鎮座の由来							
1		古事記絵詞 第七幅・第八幅	二幅	江戸	文政九（一八二六）年頃か	山辺神社	学研／DNPアートコミュニケーションズ
2		国史絵画「天孫降臨」「皇大神宮奉祀」	二点	近代	昭和十～十七年頃	神宮徴古館	神宮徴古館
3		倭姫命世記	一冊	江戸	貞享四（一六七八）年写	内神社（当館寄託）	当館撮影
4	●	伊勢二所皇太神御鎮座伝記	一巻	鎌倉	建武二（一三三五）年写	神宮文庫	神宮文庫
5		日本武尊／杉本哲郎画	一点	現代	昭和五十一（一九七六）年	当館	当館撮影
第一章　聖地の黎明							
6		磯山銅鐸拓本	一点	現代	昭和四十年代か	当館	当館撮影
7		井田川茶臼山古墳 副葬品	一六点	古墳	六世紀	三重県埋蔵文化財センター	当館撮影
8		神前山一号墳 副葬品	二点	古墳	六世紀	明和町	当館撮影
9		坂本一号墳 金銅装頭椎大刀（レプリカ・復元品）	二振	現代		明和町	当館撮影
10		伊勢の海士長鮑制ノ図	三枚一組	江戸	万延元（一八六〇）年	三重県総合博物館	当館撮影
11		伊勢志摩国立公園ポスター	二枚	現代	昭和三十一・三十二年	伊勢志摩国立公園協会	当館撮影
12		白浜遺跡 骨角器漁具	三二点	弥生	二世紀頃	鳥羽市教育委員会	当館撮影
13		アワビ加工品（模型）	一式	現代		斎宮歴史博物館	当館撮影
14		海産加工品（模型）	一式	現代		斎宮歴史博物館	当館撮影
15		志摩国木簡 複製品	一一点	現代		斎宮歴史博物館	当館撮影
16		贄遺跡 出土品	一六点	奈良	八世紀	鳥羽市教育委員会	当館撮影
17	●	おじょか古墳 埴製枕	一点	古墳	五世紀	個人	当館撮影
18		おじょか古墳 副葬品	一五点	古墳	五世紀	志摩市教育委員会	当館撮影
19		礫浦宮山古墳 副葬品	三点	古墳	七世紀	南伊勢町教育委員会	当館撮影
20		六大A遺跡 準構造船部材	一点	古墳	五世紀	三重県埋蔵文化財センター	当館撮影
21	●	六大A遺跡 韓式土器	二点	古墳	五世紀	三重県埋蔵文化財センター	当館撮影
22	●	木造赤坂遺跡 陶質土器	一点	古墳	五世紀	三重県埋蔵文化財センター	当館撮影
23		伝 弥陀が谷古墳 副葬品	二点	古墳	五世紀	佛谷寺	当館撮影

24		六大A遺跡　木製紡織具	一二点	古墳	五世紀	三重県埋蔵文化財センター	当館撮影
25	◎	伊勢神島祭祀遺物	七点	古墳～平安	六～九世紀	八代神社	当館撮影
26		寛正遷宮記並同官符	一冊	室町	十六世紀写	神宮文庫	神宮文庫
27		北野遺跡　有孔広口筒形土器	六点	奈良	八世紀	三重県埋蔵文化財センター	当館撮影
28	●	東条一号墳　玉類	二七八点	古墳	六世紀	三重県埋蔵文化財センター	当館撮影
29		天童山八号墳　水晶製切子玉	一五点	古墳	六世紀	三重県埋蔵文化財センター	当館撮影
30		薬師谷一四号墳　副葬品	六一点	古墳	六世紀	津市教育委員会	当館撮影
第二章　古代祭祀の世界							
31		神都名勝誌　巻四	一冊	近代	明治二十八（一八九五）年	斎宮歴史博物館	当館撮影
32		神都名勝誌　巻三	一冊	近代	明治二十八（一八九五）年	斎宮歴史博物館	当館撮影
33		高倉山古墳　副葬品	一三点	古墳	六世紀	神宮徴古館	当館撮影
34	◎	皇太神宮儀式帳	一帖	鎌倉	鎌倉時代写	神宮文庫	神宮文庫
35	◎	等由気太神宮儀式帳	一巻	鎌倉	鎌倉時代写	神宮文庫	神宮文庫
36		斎王群行絵巻	一巻	現代		斎宮歴史博物館	斎宮歴史博物館
37		『延喜式』一条家本複製	一巻	現代		斎宮歴史博物館	斎宮歴史博物館
38	◎	斎宮跡出土　羊形硯	一点	奈良	八世紀	斎宮歴史博物館	当館撮影
39		皇大神宮神嘗祭旧式祭典図	一幅	近代	明治二十七（一八九四）年頃	神宮徴古館	神宮徴古館
40		青木遺跡　古代の神社復元模型	一式	現代		当館	当館撮影
第三章　造営と遷宮							
41		太神宮諸雑事記	一冊	江戸	安政五（一八五八）年写	神宮文庫	神宮文庫
42		遷宮例文	一冊	室町	十五世紀写	神宮文庫	当館撮影
43		文治三年記（建久元年内宮遷宮記）	一巻	鎌倉	十三～十四世紀写	神宮文庫	神宮文庫
44		承安元年正遷宮御装束絵巻物	一巻	江戸	嘉永四（一八五一）年写	神宮文庫	神宮文庫
45		永久四年遷宮外宮装束之図	一巻	江戸	嘉永四（一八五一）年写	神宮文庫	神宮文庫
46		豊受大神宮寛政御遷宮絵巻	一巻	江戸	寛政二（一七九〇）年	神宮文庫	神宮文庫
47		豊受大神宮遷御之図	一巻	江戸	十八世紀	神宮文庫	神宮文庫
48		明治二年両宮遷御之図	二巻	近代	明治十五（一八八二）年頃	神宮文庫	神宮文庫
49	◎	杵築大社造営遷宮旧記注進	一巻	鎌倉	十二～十三世紀	北島国造家	当館撮影
50		出雲大社正遷座之図	一点	近代	明治一四（一八八一）年	個人	当館撮影
51	◎	永宣旨	一巻	江戸	寛文七（一六六七）年	北島国造家	当館撮影
52		神道裁許状	二点	江戸	元禄四（一六九一）年	個人	当館撮影
53	●	伊勢両宮曼荼羅図	一幅	室町	十六世紀	神宮徴古館	神宮徴古館

54	●	杵築大社近郷絵図※（～11／13展示）	一幅	江戸	十七世紀	北島国造家	当館撮影
55		寛永御絵図※（11／15～展示）	一幅	江戸	十七世紀	千家国造家	当館撮影
第四章　信仰と文化							
56		御蔭参大麻降下の図	一幅	江戸	文政十三（一八三〇）年	神宮徴古館	神宮徴古館
57		豊饒御蔭参之図	三枚一組	江戸	慶応三（一八六七）年	三重県総合博物館	当館撮影
58		文政十三年庚寅春御影参道の粧	六枚一組	江戸	文政十三（一八三〇）年頃	伊勢市	当館撮影
59		おかげ参り旗	三旒	江戸		神宮徴古館	神宮徴古館
60		おかげ参り道具	三点	江戸	文政十三（一八三〇）年	大阪歴史博物館	当館撮影
61		伊勢参宮風俗屏風	六曲一双	江戸	十九世紀か	神宮徴古館	神宮徴古館
62		神都鳥瞰図／橋本鳴泉画	一点	近代	昭和九（一九三四）年	伊勢市教育委員会	伊勢市教育委員会
63		参宮風俗図／橋本鳴泉画	五点	近代	二十世紀	神宮徴古館	神宮徴古館
64		伊勢大々神楽之図	一点	江戸		神宮徴古館	神宮徴古館
65		伊勢大々神楽図	一幅	江戸		斎宮歴史博物館	当館撮影
66		朱塗瓶子・五ツ組大盃	一式	江戸		神宮徴古館	当館撮影
67		御祓大麻	一式	江戸	十九世紀	当館	当館撮影
68		天地家用禄	一冊	江戸	十八世紀	森廣家	当館撮影
69		伊勢宮差図	一冊	江戸	安永四（一七七五）年	島根県立図書館	当館撮影
70		御師宿看板	一枚	明治	十九世紀	出雲大社	当館撮影
71		奉幣寄付姓名録	一冊	江戸	安政六（一八五九）年	当館	当館撮影
72		年々定格時々見合	一冊	江戸	嘉永八（一八五五）年	当館	当館撮影
73		御師版木	四点	江戸～近代	十九世紀	出雲市	当館撮影
74		御師版木	一二点	江戸～明治	十九世紀	当館	当館撮影
75		出雲国大社神地略図面	二曲一隻	近代	明治四（一八七一）年頃	平岡邦彦氏	当館撮影
76		本殿座配図	一幅	江戸		出雲大社教	当館撮影
77		神楽之図	一幅	江戸		出雲大社教	当館撮影
78		出雲国大社図	一幅	江戸	十九世紀	当館	当館撮影
79		「出雲国大社之図」版木	一枚	江戸		当館	当館撮影
第五章　伊勢と出雲を結ぶ人							
80		黒澤石斎肖像画	一幅	江戸	寛文元（一六六一）年	黒澤保夫氏	松江歴史館
81		勢州古今名所集	五冊	江戸	延宝七（一六七九）年写	神宮文庫	当館撮影
82		本居宣長像	一幅	江戸	十八世紀	当館	当館撮影
83		千家俊信像	一幅	江戸	十九世紀	当館	当館撮影

84		本居宣長歌	一幅	江戸	寛政八（一七九六）年	千家国造家	当館撮影
85		鈴屋授業門人姓名録	一冊	江戸	文政十二（一八二九）年写	当館	当館撮影
86		音信到来帳	一冊	江戸	寛政十（一七九八）年	本居宣長記念館	当館撮影
87		十六島海苔	一枚	江戸	十九世紀	当館	当館撮影
88		本居宣長随筆　聞ま、の手ならひ	一冊	江戸	十八世紀	本居宣長記念館	当館撮影
89		玉勝間	一冊	江戸	文化九（一八一二）年	当館	当館撮影
90		松平康定色紙	一幅	江戸	寛政七（一七九五）年	本居宣長記念館	当館撮影
91		隠岐国造伝来駅鈴図	一点	江戸	天明二（一七八二）年	本居宣長記念館	当館撮影
92		大社幽冥誌　巻一	一冊	江戸	安永二（一七七三）年	千家国造家	当館撮影
93		出雲国大社之図	三枚一組	江戸	文久二（一八六二）年	当館	当館撮影
94		神号軸	一幅	近代	明治十三～十五年頃	錦織洋氏	当館撮影

図出典

■26ページ多気郡・度会郡の古墳と関連施設の位置図は穂積裕昌『伊勢神宮の考古学』（増補版）二〇二三年図32に基づき作成した。

■39ページ熊野～志摩～伊勢の港津拠点図は穂積裕昌「伊勢・志摩・熊野の海人の実像を追う」『紀伊半島をめぐる海の道と文化交流』二〇二二年に基づき作成した。

■54ページ土師器焼成遺構の分布図は、上村安生「有孔広口筒形土器について」『三重県史研究』第21号、二〇〇六年に基づき作成した。

■75ページ斎王群行絵巻の登場人物は榎村寛之氏（斎宮歴史博物館）の考証・監修による。

■地形図（21・24・26・36・39・46・48・54・64・67ページ）は「地理院地図　自分で作る色別標高図」を使用した。

島根県立古代出雲歴史博物館　企画展

伊勢と出雲

令和五年（二〇二三）十月十三日　発行

編集
発行　島根県立古代出雲歴史博物館
〒六九九-〇七〇一　島根県出雲市大社町杵築東九九-四
ＴＥＬ（〇八五三）五三-八六〇〇㈹
ＦＡＸ（〇八五三）五三-五三五〇
URL：https://www.izm.ed.jp/

販売　ハーベスト出版
〒六九〇-〇一三三　島根県松江市東長江町九〇二-五九
ＴＥＬ（〇八五二）三六-九〇五九
ＦＡＸ（〇八五二）三六-五八八九
URL：https://www.tprint.co.jp/harvest/
E-mail：harvest@tprint.co.jp

印刷　株式会社谷口印刷

落丁本・乱丁本はお取替えいたします。

Printed in Japan
ISBN978-4-86456-485-4　C0021